Wetterfest und robust!

Für die Innenseiten dieses Buches haben wir uns etwas Besonderes einfallen lassen. Die Seiten bestehen aus hochwertigem Landkartenpapier, welches mit einer robusten und wasserabweisenden Beschichtung versehen wurde. Somit übersteht es unbeschadet auch mal ein Regenwetter.

Bitte beachten Sie: wetterfest und wasserabweisend bedeutet nicht wasserfest! Die Seiten sind gut gegen Spritzwasser geschützt und kleben, wenn sie feucht werden, nicht aneinander. Dennoch darf das Buch nicht komplett durchnässt werden.

Bitte verwenden Sie bei Dauerregen zusätzlich einen Regenschutz.

Bodensee-Allgäu

Die schönsten Radtouren zwischen Konstanz und Kempten

Ein original *bikeline*-Radtourenbuch

VERLAG**ESTERBAUER**

bikeline®-Radatlas Bodensee-Allgäu
© 2013 **Verlag Esterbauer GmbH**
A-3751 Rodingersdorf, Hauptstr. 31
Tel.: +43/2983/28982-0, Fax: -500
E-Mail: bikeline@esterbauer.com
www.esterbauer.com
1. Auflage 2013
ISBN: 978-3-85000-340-7

Bitte geben Sie bei jeder Korrespondenz die Auflage und die ISBN an!

Dank an alle, die uns bei der Erstellung dieses Buches tatkräftig unterstützt haben.
Das *bikeline*-Team: Heidi Authried, Beatrix Bauer, Markus Belz, Michael Bernhard, Michael Binder, Veronika Bock, Petra Bruckmüller, Sandra Eisner, Roland Esterbauer, Gabi Glasstetter, Dagmar Güldenpfennig, Tobias Klein, Martina Kreindl, Bettina Müllauer, Eveline Müllauer, Gregor Münch, Karin Neichsner, Niki Nowak, Carmen Paradeiser, Julia Pelikan, Christian Schlechte, Erik Schmidt, Martina Specht, Matthias Thal, Martin Trippmacher, Martin Wischin, Wolfgang Zangerl.

Umschlagbilder: Roland Esterbauer; Nicki Nowak; Tobias Klein
Bildnachweis: © bynicola - Fotolia.com: 84; © fotoping - Fotolia.com: 112; © hirron - Fotolia.com: 15; Isny Marketing GmbH: 123, 144; © Jan Schuler – Fotolia.com: 71; © juergen2008 - Fotolia.com: 129; Kur und Touristik Überlingen GmbH: 44; © Marcel Wenk - Fotolia.com: 100; © Maria Santoro - Fotolia.com: 86; Nicki Nowak: 162; Oberschwaben-Tourismus GmbH: 8, 10, 56, 57, 95, 110, 117, 120, 130, 134, 138; © Rüdiger Jahnke - Fotolia.com: 81; Stefan Dirringer: 6, 21, 22, 32, 34, 67, 68, 108, 109, 149, 152, 153, 155; © Stefan Arendt - Fotolia.com: 146; Tourismus-Marketing GmbH Baden-Württemberg: 24, 26, 73; Tourismus-Marketing GmbH Baden-Württemberg, Achim Mende: 7, 28, 30, 37, 46, 70, 106; Tourismus Meersburg am Bodensee: 74; Touristinfo Leutkirch: 128; Tourist-Information Friedrichshafen: 76, 78; TV Immenstaad, Achim Mende: 58; Veronika Bock: 9, 22, 143, 156, 157, 158, 160, 165; © VRD - Fotolia.com: 25

bikeline® und *cycline*® sind eingetragene Warenzeichen. Alle Daten wurden gründlich recherchiert und überprüft. Erfahrungsgemäß kann es jedoch nach Drucklegung noch zu inhaltlichen und sachlichen Änderungen kommen. Alle Angaben ohne Gewähr. Alle Rechte vorbehalten. Kein Teil dieses Buches darf in irgendeiner Form ohne schriftliche Genehmigung des Verlages reproduziert oder unter Verwendung elektronischer Systeme verarbeitet, vervielfältigt oder verbreitet werden.
Kartografie erstellt mit *axpand*
(www.axes-systems.com)

GPS-Track Download
Die GPS-Tracks zu diesem Buch erhalten Sie nach Registrierung im Internet unter:
www.esterbauer.com

Produktcode: 340-9425-Skp6

Dieses Buch wird empfohlen von:

bikeline

Was ist bikeline?

Wir sind ein Team von Redakteuren, Kartografen, Geografen und anderen Mitarbeitern, die allesamt begeisterte Radfahrerinnen und Radfahrer sind. Ins „Rollen" gebracht hat das Projekt 1987 eine Wiener Radinitiative, die begonnen hat Radkarten zu produzieren. Heute tun wir dies als Verlag mit großem Erfolg. Mittlerweile gibt's bikeline® und cycline® Bücher in fünf Sprachen und in vielen Ländern Europas.

Um unsere Bücher immer auf dem letzten Stand zu halten, brauchen wir auch Ihre Hilfe. Schreiben Sie uns, wenn Sie Unstimmigkeiten oder Änderungen in einem unserer Bücher entdeckt haben.

Wir freuen uns auf Ihre Rückmeldung (redaktion@esterbauer.com),

Ihre bikeline-Redaktion

Vorwort

In diesem Buch haben wir verschiedenste Touren in den Regionen nordöstlich des Bodensees und im westlichen Allgäu für Sie ausgesucht. Diese 20 Touren führen entlang der schönsten Wege, durch die idyllischsten Landstriche und sehenswertesten Orte in diesen Gebieten. Am wunderschönen Bodensee werden Sie ständig begleitet von der prächtigen Aussicht auf den See, wunderbar blühenden Blumen und Sträuchern und mittelalterlich anmutenden Seehäfen. Die höher gelegenen Bodenseegebiete sind übersät mit Weingärten und Obstbäumen, was vor allem im Herbst sehr beeindruckend ist. Das Allgäu – als eine äußerst gastfreundliche Region – erwartet Sie mit wunderbarer Landschaft, erstklassigen Wegen und leckeren Spezialitäten – vor allem Käse und Bier!

Präzise Karten, genaue Streckenbeschreibungen, zahlreiche Stadt- und Ortspläne, Hinweise auf das kulturelle und touristische Angebot der Region und ein umfangreiches Übernachtungsverzeichnis – in diesem Buch finden Sie alles, was Sie zu einer Radtour in der Region Bodensee-Allgäu brauchen – außer gutem Radlwetter, das können wir Ihnen nur wünschen.

Kartenlegende

Radrouten

Hauptroute, wenig KFZ-Verkehr
- ──── asphaltiert (main cycle route, low motor traffic)
- ─ ─ ─ nicht asphaltiert (main cycle route, unpaved road)
- ······ schlecht befahrbar (main cycle route, bad surface)

Radweg / Hauptroute, autofrei
- ──── asphaltiert (cycle path, without motor traffic, paved road)
- ─ ─ ─ nicht asphaltiert (cycle path, unpaved road)
- ······ schlecht befahrbar (cycle path, bad surface)

Ausflug od. Variante
(excursion or alternative route, low motor traffic)
- ──── asphaltiert (excursion or alternative route, paved road)
- ─ ─ ─ nicht asphaltiert (excursion, unpaved road)
- ······ schlecht befahrbar (excursion, bad surface)

Ausflug od. Variante, autofrei / Radweg
(excursion or alternative route, without motor traffic /cycle path)
- ──── asphaltiert (excursion or alternative route, paved road)
- ─ ─ ─ nicht asphaltiert (excursion, unpaved road)
- ······ schlecht befahrbar (excursion, bad surface)

- ──── sonstige Radrouten (other cycle routes)
- ooooo Radweg in Planung (planned cycle path)
- xxxxx Radweg gesperrt (closed cycle path)
- ∞∞∞ Fährverbindung (ferry connection)

KFZ-Verkehr (vehicular traffic)
- ●●●●● Radroute auf mäßig befahrener Straße (cycle route with moderate motor traffic)
- ●●●●● Radroute auf stark befahrener Straße (cycle route with heavy motor traffic)
- ||||||| Radfahrstreifen (cycle lane)
- ──── mäßig befahrene Straße (road with motor traffic)
- ──── stark befahrene Straße (road with heavy motor traffic)

Steigungen / Entfernungen (gradient / distance)
- ▶ starke Steigung (steep gradient, uphill)
- ▶ leichte bis mittlere Steigung (light gradient)
- 3,2 Entfernung in Kilometern (distance in km)
  Durch Rundungen können Differenzen zu den tatsächlich gefahrenen Kilometern entstehen.
- ●●●●● Kopfsteinpflaster (cobbled street)
- ═══ Tunnel (Tunnel)
- 5424 UTM-Gitter (2 km) (UTM-grid)
- ➤ Routenverlauf (cycle route direction)
- ▭ Stadt-/Ortsplan (city map)
- ⑤ Wegpunkt (waypoint)

Maßstab 1 : 50.000
1 cm ≙ 500 m   1 km ≙ 2 cm

Radinformationen
- 🔧 Fahrradwerkstatt* (bike workshop*)
- 🚲 Fahrradvermietung* (bike rental*)
- 🚲 überdachter Abstellplatz* (covered bike stands*)
- 🚲 abschließbarer Abstellplatz* (lockable bike stands*)
- ⚠ Gefahrenstelle (dangerous section)
- ❓ Text beachten (read text carefully)
- 🔼 Treppe* (stairs*)
-)(Engstelle* (narrow pass, bottleneck*)

Nur in Ortsplänen
- 🅿 Parkplatz* (parking lot*)
- 🅿 Parkhaus* (garage*)
- ✉ Post* (post office*)
- 🅐 Apotheke* (pharmacy*)
- 🅗 Krankenhaus* (hospital*)
- 🅕 Feuerwehr* (fire-brigade*)
- 🅤 Polizei* (police*)
- 🎭 Theater* (theatre*)

* Auswahl (* selection)

0 1 2 3 4 5 6 7 8 9 10 km

Wichtige bzw. sehenswerte thematische Informationen

- Schönern sehenswertes Ortsbild (picturesque town)
- (i) Einrichtung im Ort vorhanden (facilities available)
- Hotel, Pension (hotel, guesthouse)
- Jugendherberge (youth hostel)
- Campingplatz (camping site)
- Naturlagerplatz* (simple tent site*)
- Tourist-Information (tourist information)
- Einkaufsmöglichkeit* (shopping facilities*)
- Kiosk* (kiosk*)
- Gasthaus (restaurant)
- Rastplatz* (resting place*)
- Unterstand* (covered stand*)
- Freibad (outdoor swimming pool)
- Hallenbad (indoor swimming pool)
- Kirche; Kloster (church, monastery)
- Schloss, Burg (palace, castle)
- Ruine (ruins)
- Museum (museum)
- Ausgrabungen (excavation)
- andere Sehenswürdigkeit (other place of interest)
- Tierpark (zoo)
- Naturpark, -denkmal (nature reserve, monument)
- Aussichtspunkt (panoramic view)

Topographische Informationen

- Kirche (church)
- Kapelle (chapel)
- Kloster (monastery)
- Schloss, Burg (castle)
- Ruine (ruins)
- Turm (tower)
- Funk- und Fernsehanlage (TV/radio tower)
- Kraftwerk (power station)
- Umspannwerk (transformer)
- Windmühle; Windkraftanlage (windmill; windturbine)
- Wassermühle (water mill)
- Wegkreuz (wayside cross)
- Höhle (cave)
- Bergwerk (mine)
- Leuchtturm (lighthouse)
- Sportplatz (sports field)
- Denkmal (monument)
- Flughafen (airport, airfield)
- Schiffsanleger (boat landing)
- Quelle (natural spring)
- Kläranlage (water treatment plant)
- Staatsgrenze (international border)
- Landesgrenze (country border)
- Kreisgrenze, Bezirksgrenze (district border)

- Wald (forest)
- Felsen (rock, cliff)
- Sumpf; Heide (marshy ground; heath)
- Weingarten (vineyard)
- Friedhof (cemetary)
- Garten* (garden)
- Gewerbe-, Industriegebiet (commercial area)
- Steinbruch*, Tagebau* (quarry, open cast mining)
- Gletscher (glacier)
- Düne, Strand (dunes, beach)
- Watt (shallows)
- Damm, Deich (embankment, dyke)
- Staumauer (dam, groyne)
- Autobahn, Schnellstraße (motorway, expressway)
- Hauptstraße (main road)
- untergeordnete Hauptstraße (secondary main road)
- Nebenstraße (minor road)
- Fahrweg (carriageway)
- Weg (track)
- Straße geplant/in Bau (road planned/under construction)
- Eisenbahn m. Bahnhof (railway with station)
- Schmalspurbahn (narrow gage railway)
- Höhenlinie 100m/50m (contour line)

5

Inhalt

- 3 Vorwort
- 4 Kartenlegende
- 7 Die Region Bodensee-Allgäu
- 11 Zu diesem Buch

15	Tour 1	Vom Bodensee zum Aachtopf	38 km
25	Tour 2	Bodanrück-Tour	54 km
37	Tour 3	Von Ludwigshafen nach Überlingen	40,5 km
40		Zum Aussichtsturm Hohenbodman	
45	Tour 4	Auf dem Schwäbischen Bäderradweg	72 km
57	Tour 5	Durch das Naturschutzgebiet Oberteuringen	53 km
67	Tour 6	Rund um Hagnau	31 km
73	Tour 7	Auf dem Bodensee-Radweg	18,5 km
81	Tour 8	Tettnanger Hopfenschleife	41,5 km
89	Tour 9	Vom Bodensee nach Ravensburg und zurück	62 km
97	Tour 10	Um die Seen	30 km
105	Tour 11	Leiblachtalrunde	24 km
109	Tour 12	Wasserroute	36,5 km
115	Tour 13	Von Wangen nach Leutkirch	65,5 km
127	Tour 14	Von Leutkirch im Allgäu nach Bad Wurzach	20 km
133	Tour 15	Von Bad Wurzach nach Wangen	51,5 km
138		Ausflug Waldburg	
143	Tour 16	Argental-Runde	45 km
149	Tour 17	Bähnlerunde	35 km
156	Tour 18	Leiblach-Runde	24 km
160	Tour 19	Tobelbachrunde	33 km
165	Tour 20	Um die Kalzhofener Höhe	20,5 km

- 169 Übernachtungsverzeichnis
- 179 Ortsindex

Stadtpläne

Bad Saulgau	56
Bad Wurzach	132
Friedrichshafen	80
Immenstaad	58
Isny	124
Kißlegg	136
Konstanz	27
Leutkirch	126
Lindau	99
Lindenberg i. Allgäu	150
Ludwigshafen	38
Markdorf	64
Oberstaufen	166
Radolfzell	16
Ravensburg	94
Singen	20
Tettnang	84
Wangen	116

Die Region Bodensee-Allgäu

Die Gebiete nordöstlich des Bodensees und das Westallgäu eignen sich bestens zum Radfahren. Zahlreiche gut ausgebaute Radwege, sehr wenige Teilstücke im Verkehr und nur vereinzelte Abschnitte auf unbefestigten Wegen durch Wald und Wiese. Die Strecken am Bodensee verlaufen ohne Steigung mit andauerndem wunderschönen Ausblick auf den See und die Alpen. Die Touren in den höher gelegenen Bodensee-Regionen bieten eine noch bessere Fernsicht über das gesamte Gebiet bis zu den Schweizer Alpen und außerdem eine Fülle an Obst und Wein. Das westliche Allgäu ist zwar reich an Steigungen aber dafür auch an unbeschreiblich schöner Landschaft. Die sympathischen kleinen Städte, idyllischen Dörfer, unzähligen Bauernhöfe und lieblichen Almen laden ein zu Besichtigungen und auch zu Ruhepausen bei einem Glas Bier oder einer deftigen Allgäuer Jause!

Der Bodensee

Streckencharakteristik

Länge
Die Gesamtlänge der Touren in diesem Buch beträgt rund **796 Kilometer**. Die kürzeste Tour ist 18,5 Kilometer lang, die längste 72 Kilometer.

Wegequalität & Verkehr & Steigungen
Dieser Punkt wird bei jeder Tour einzeln beschrieben.

Beschilderung
Dieser Punkt wird bei jeder Tour einzeln beschrieben.

Tourenplanung

Zentrale Infostellen
- www.allgaeu-bodensee-portal.de
- **Internationale Bodensee Tourismus GmbH**, Hafenstr. 6, D-78462 Konstanz, ✆ +49(0)7531/909490, Fax: 909494, www.bodensee.eu
- **Allgäu GmbH**, Allgäuer Str. 1, D-87435 Kempten, ✆ +49(0)8323/8025931 u. ✆ 0800/2573678 (innerhalb Deutschlands), www.allgaeu.info

An- & Abreise mit der Bahn
Die Ausgangs- und Endpunkte der einzelnen Touren sind fast immer gut mit der Bahn zu erreichen oder liegen nahe bei einem Ort mit Bahnanbindung oder befinden sich auf einer weiterführenden Tour. Aufgrund der sich stän-

dig ändernden Preise und Bedingungen für Fahrradtransport bzw. -mitnahme empfehlen wir Ihnen, sich bei nachfolgenden Infostellen über Ihre ganz persönliche Anreise mit der Bahn zu informieren.

Informationsstellen
Reise Service Deutsche Bahn AG:
☏ 01805/996633 (€ 0,14/Min. aus dem Festnetz, Tarif bei Mobilfunk ggf. abweichend), Mo-So 8-20 Uhr, Auskünfte über Zugverbindungen, zur Fahrradmitnahme (Tastenwahl: 15 oder Stichwort: Fahrrad), Fahrpreise im In- und Ausland, Buchung von Tickets und Reservierungen, www.bahn.de, www.bahn.de/bahnundbike

Automatische DB-Fahrplanauskunft:
☏ 0800/1507090 (gebührenfrei aus dem Festnetz), ☏ 0180/5221100 (gebührenpflichtig aus dem Mobilfunknetz, den jeweiligen Tarif erfahren Sie bei Ihrem Netzbetreiber)

ADFC, Allgemeiner Deutscher Fahrrad-Club e.V.: weitere Infos und aufgeschlüsselte Einzelverbindungen unter www.adfc.de/bahn

Allgäu - Panorama

Österreichische Bundesbahnen:
CallCenter ☏ 05/1717 (österreichweit zum Ortstarif), www.oebb.at

Schweizer Bundesbahnen:
Rail-Service ☏ 0041/900300300 (CHF 1,19/Min.), www.sbb.ch

Fahrradtransport
Hermes-Privat-Service:
☏ 0900/1311211 (€ 0,60/Min.)
www.privatpaketservice.de
Unter der Rubrik „Koffer/Fahrradversand" erfahren Sie die genauen Zustellzeiten und die aktuellen Preise für den Fahrradversand.

Übernachtung
Im Gebiet Bodensee und Westallgäu gibt es eine Fülle an allen möglichen Übernachtungsbetrieben – in der Hochsaison ist es allerdings notwendig Quartiere im Voraus zu buchen! Bei unseren Recherchen haben wir eine größtmögliche Auswahl für Sie zusammengestellt. Für alle, die Alternativen oder einfach noch mehr Anbieter suchen, gibt es nachfolgende Internet-Adressen, die auch Beherbergungen der etwas anderen Art anbieten:

Der ADFC-Dachgeber funktioniert nach dem Gegenseitigkeitsprinzip: Hier bieten Radfreunde anderen Tourenradlern private Schlafplätze an. Mehr darüber unter www.dachgeber.de

Das **Deutsche Jugendherbergswerk** stellt sich unter www.djh.de mit seinen vierzehn Landesverbänden vor.

Auch die **Naturfreunde** bieten mit ihren **Naturfreundehäusern** eine Alternative zu anderen Beherbergungsarten an, mehr unter www.naturfreunde.de

Unter www.camping-in.de oder www.campingplatz.de finden Sie flächendeckend den **Campingplatz** nach Ihrem Geschmack. Weiterhin bietet **Bett+Bike** unter www.bettundbike.de zusätzliche Informationen zu den beim ADFC gelisteten Beherbergungsbetrieben in ganz Deutschland.

Mit Kindern unterwegs

Die unterschiedlichen Touren in diesem Buch stellen verschiedene Ansprüche an den erwachsenen Radfahrer und natürlich an die mitreisenden Kinder. Allgemein sind die Touren in diesem Gebiet steigungsreich und eher anspruchsvoll. Deshalb empfehlen wir für die in diesem Buch ausgewählten Radtouren bei Kindern ein Mindestalter von 12 Jahren. Die Touren 1, 2, 7 und 10 sind auch für Jüngere geeignet. Die Touren 3, 4 und 20 sind für Kinder gar nicht zu bewältigen, da sehr viele starke Steigungen vorkommen.

Das Rad für die Tour

Den besten Komfort bieten Reiseräder mit einer auf Ihre Körpergröße abgestimmten

Beschilderung

Rahmenhöhe. Diese Räder gewährleisten auch bei großer Beladung des Rades einen ruhigen Lauf und sind mit sehr guten Bremsen, einer Schaltung mit großem Übersetzungsbereich und stabilen Gepäckträgern vorne und hinten zur gleichmäßigeren Gewichtsverteilung ausgestattet. Auch ein stabiler Fahrradständer ist wichtig, vor allem wenn Sie Gepäck auf dem Fahrrad mitführen. Für einen unbeschwerten Radurlaub sollte auf jeden Fall ein Fahrradcheck vor der Tour erfolgen.

Versuchen Sie, vor der Abreise eine bequeme Sitzposition auf Ihrem Rad zu finden, wobei Sie dem Sattel besonderes Augenmerk schenken

sollten. Bei richtiger Sattelneigung und Sitzposition können schmerzvolle Erfahrungen vermieden werden.

Sie sollten die Bereifung der Tour entsprechend anpassen. Je mehr unbefestigte Wege zu bewältigen sind, desto breiter und profilstärker sollte die Bereifung ausfallen. Viele asphaltierte Strecken erlauben hingegen auch schmalere Reifen. Hinweise zur Oberfläche der Wege und zu den Steigungen finden Sie in diesem **bikeline**-Radtourenbuch in der Einleitung und auf den Abschnittsseiten.

Auch einen Kartenhalter oder eine Lenkertasche werden Sie auf Ihrer Tour sehr gut brauchen können. Wasserdichte und somit auch staubdichte Hinterradtaschen mit einem unkomplizierten Befestigungssystem erweisen sich bei längerer Fahrt als zweckmäßig. Achten Sie auch auf genügend Möglichkeiten, Trinkflaschen an Ihrem Rad zu befestigen.

Und da selbst das beste Fahrrad vor Pannen nicht gefeit ist, empfiehlt es sich, immer eine kleine Fahrradapotheke mitzuführen. Eine Grundausstattung an Werkzeug und

Waldburg

Zubehör sollte folgende Teile beinhalten: Ersatzschlauch und/oder Flickzeug, Kompaktwerkzeug, Luftpumpe, Brems- und Schaltseil, Öl, Ersatzkettenniete und einen Putzlappen. Details zu all diesen Fragen klären Sie am besten mit Ihrem Fahrradhändler und überlassen den Service im Zweifelsfall dem Profi.

Bekleidung
Für eine gelungene Radtour ist die Bekleidung ein wichtiger Faktor. Der Markt für Outdoorbekleidung aus verschiedensten Materialien ist mittlerweile unübersehbar, deswegen hier nur einige Grundregeln.

In erster Linie gilt das „Zwiebelprinzip": Mehrere Schichten erfüllen verschiedene Funktionen und lassen sich separat tragen und vielfältig kombinieren. Die unterste Schicht soll Schweiß vom Körper weg führen, darüber folgen bei Bedarf eine wärmende Schicht und zuletzt die äußerste Hülle, die Wind und Regen abhalten, trotzdem aber dampfdurchlässig sein soll.

Als Materialien kommen entweder Kunstfasern (leicht, wenig Feuchtigkeitsaufnahme) oder hochwertige Wolle (etwas schwerer, wärmt aber auch im nassen Zustand und nimmt kaum Geruch an) in Frage. Baumwolle ist als Sportbekleidung weniger geeignet (nimmt viel Feuchtigkeit auf und braucht sehr lange zum Trocknen).

Nicht sparen sollte man bei der Radhose, ein gutes Sitzpolster ist hier entscheidend.

Radreiseveranstalter
Eurobike, Mühlstr. 20, A-5162 Obertrum am See, ✆ 0043/6219/7444, Fax: 8272, eurobike@eurobike.at, www.eurobike.at

Pedalo, Kickendorf 1a, A-4710 Grieskirchen, ✆ 0800/2400999 (gebührenfrei aus A+D), ansonsten ✆ 0043/7248/635840, info@pedalo.com, www.pedalo.com

Austria Radreisen, J.-Haydn-Str. 8, A-4780 Schärding, ✆ 0043/7712/55110, Fax: 4811, office@ausria-radreisen.at, www.austria-radreisen.at

velociped, Alte Kasseler Str. 43, D-35039 Marburg, ✆ 0049/6421/886890, Fax: 8868911, info@velociped.de, www.velociped.de

velotours Touristik, Bücklestr. 13, D-78467 Konstanz, ✆ 0049/7531/98280, Fax: 982898, info@velotours.de, www.velotours.de

Weiss & Nesch, Schönbuchstr. 51, D-72202 Nagold-Vollmaringen, ✆ 0049/7459/93004-0, Fax: -44, www.weiss-nesch.de

Zu diesem Buch

Dieser Radreiseführer enthält alle Informationen, die Sie für den Radurlaub in der Region Bodensee - Allgäu benötigen: Exakte Karten, eine detaillierte Streckenbeschreibung, ein ausführliches Übernachtungsverzeichnis, Stadt- und Ortspläne und die wichtigsten Informationen zu touristischen Attraktionen und Sehenswürdigkeiten.

Und das alles mit der *bikeline*-Garantie: die Routen in unseren Büchern sind von unserem professionellen Redaktionsteam vor Ort auf ihre Fahrradtauglichkeit geprüft worden. Um höchste Aktualität zu gewährleisten, nehmen wir nach der Befahrung Korrekturen von Lesern bzw. offiziellen Stellen bis Redaktionsschluss entgegen, die dann jedoch teilweise nicht mehr an Ort und Stelle verifiziert werden können.

Die Radtour ist nicht in Tagesetappen, sondern in logische Abschnitte aufgeteilt, weil die Tagesleistung zu sehr davon abhängt, wie sportlich oder genussvoll Sie die Strecke in Angriff nehmen möchten.

Die Karten

Die Detailkarten sind im Maßstab 1 : 50.000 erstellt. Dies bedeutet, dass 1 Zentimeter auf der Karte einer Strecke von 500 Metern in der Natur entspricht. Zusätzlich zum genauen Routenverlauf informieren die Karten auch über die Beschaffenheit des Bodenbelages (befestigt oder unbefestigt), Steigungen (leicht oder stark), Entfernungen sowie über kulturelle, touristische und gastronomische Einrichtungen entlang der Strecke.

Allerdings können selbst die genauesten Karten den Blick auf die Wegbeschreibung nicht ersetzen. Komplizierte Stellen werden in der Karte mit diesem Symbol ⚠ gekennzeichnet, im Text finden Sie das gleiche Zeichen zur Markierung der betreffenden Stelle wieder. Beachten Sie, dass die empfohlene Hauptroute immer in Rot und Violett, Varianten

  **Alle GPS-Tracks zum Download**

Die neue Wanderführer - Serie

Jetzt wasserfest und GPS-Track Download

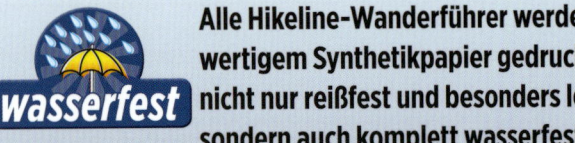

Alle Hikeline-Wanderführer werden auf hochwertigem Synthetikpapier gedruckt, welches nicht nur reißfest und besonders leicht ist, sondern auch komplett wasserfest ist. Dadurch lassen sich die Bücher bequem in der Jackentasche tragen und auch bei Regen problemlos verwenden. Wenn das Buch stark durchnässt wurde, lassen Sie es einfach mit aufgefächerten Seiten trocknen.

- wasserfest und reißfest
- GPS-Tracks zum Download
- kompaktes und handliches Format (10,5 x 16 cm)
- geschützte Spiralbindung
- klare, leicht lesbare Landkarten
- optimaler Wandermaßstab mit UTM-Netz
- detaillierte Darstellung der Wegekategorien
- Wegpunkte verknüpfen Karte und Text
- genaue Wegbeschreibungen
- prägnante Informationen zu Orten und Sehenswürdigkeiten
- zahlreiche Zentrums- und Ortspläne
- Höhenprofile zu jeder Tour
- umfassendes Übernachtungsverzeichnis bei Fernwegen
- gründlich recherchiert und laufend aktualisiert

GPS-Tracks zum Download

Mit dem Kauf eines Buches, das mit dem Logo "GPS-Tracks" auf dem Cover gekennzeichnet ist, erhalten Sie einen Registrierungscode, wie Sie an folgendem Beispiel sehen:

 Die GPS-Tracks zu diesem Buch erhalten Sie nach Registrierung im Internet unter: www.esterbauer.com

Produktcode: 123-wIsC-h999

Den eingedruckten Produktcode können Sie unter www.esterbauer.com eintragen. Registrierte Benutzer erhalten darauf hin per eMail einen Link, mit dem der Download des betreffenden GPS-Tracks gestartet werden kann.

Über 80 Titel zu den schönsten Wanderregionen und Fernwanderwegen finden Sie unter:

www.hikeline.com

Verlag Esterbauer GmbH, A-3751 Rodingersdorf, Hauptstr. 31, Tel: (+43) 2983/28982-0, Fax: -500, E-mail: hikeline@esterbauer.com und Ausflüge hingegen in Orange dargestellt sind. Die genaue Bedeutung der einzelnen Symbole wird in der Legende auf den Seiten 4 und 5 erläutert.

Höhen- und Streckenprofil

Das Höhen- und Streckenprofil gibt Ihnen einen grafischen Überblick über die Steigungsverhältnisse, die Länge und die wichtigsten Orte entlang der Radroute. Es können in diesem Überblick nur die markantesten Höhenunterschiede dargestellt werden, jede einzelne kleinere Steigung wird in dieser grafischen Darstellung nicht berücksichtigt. Die Steigungs- und Gefälleverhältnisse entlang der Route finden Sie im Detail mit Hilfe der Steigungspfeile in den genauen Karten.

Der Text

Der Textteil besteht im Wesentlichen aus der genauen Streckenbeschreibung, welche die empfohlene Hauptroute enthält. Stichwortartige Streckeninformationen werden von dem Zeichen ~ begleitet. Manche besonders markante oder wichtige Punkte auf der Strecke sind als Wegpunkte 1, 2, 3, ... durchnummeriert und – zur besseren Orientierung – mit demselben Symbol in den Karten wieder zu finden.

Unterbrochen wird dieser Text gegebenenfalls durch orangefarbige Absätze, die Varianten und Ausflüge behandeln.

Ferner sind alle wichtigen **Orte** zur besseren Orientierung aus dem Text hervorgehoben. Gibt es interessante Sehenswürdigkeiten in einem Ort, so finden Sie unter dem Ortsbalken die jeweiligen Adressen, Telefonnummern und Öffnungszeiten.

Die Beschreibung der einzelnen Orte sowie historisch, kulturell oder naturkundlich interessanter Gegebenheiten entlang der Route trägt zu einem abgerundeten Reiseerlebnis bei. Diese Textblöcke sind kursiv gesetzt und unterscheiden sich dadurch auch optisch von der Streckenbeschreibung.

TIPP Textabschnitte in Violett heben Stellen hervor, an denen Sie Entscheidungen über Ihre weitere Fahrstrecke treffen müssen, z. B. wenn die Streckenführung von der Wegweisung abweicht oder mehrere Varianten zur Auswahl stehen u. ä.

AUSFLUG Sie weisen auch auf Ausflugstipps, interessante Sehenswürdigkeiten oder Freizeitaktivitäten etwas abseits der Route hin.

Übernachtungsverzeichnis

Auf den letzten Seiten dieses Radtourenbuches finden Sie zu fast allen Orten entlang der Strecke eine Vielzahl von Übernachtungsmöglichkeiten vom einfachen Zeltplatz bis zum 5-Sterne-Hotel.

Tour 1   Vom Bodensee zum Aachtopf   *38 km*

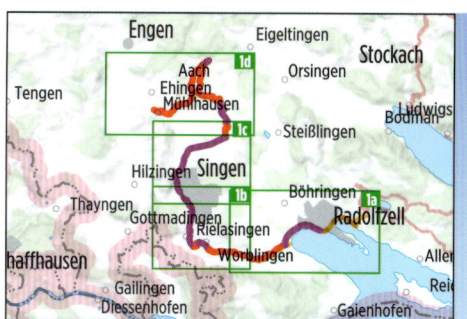

Charakteristik
Länge: 38 km
Start: Radolfzell
Ziel: Mühlhausen
Wegbeschaffenheit: Die Route verläuft zum Großteil auf Radwegen und kleinen Straßen entlang der Radolfzeller Aach.
Verkehr: Der Radweg verläuft meist auf ruhigen Radwegen und Straßen. Es gibt keinerlei Verkehrsbelastung.
Beschilderung: Es gibt keine durchgehende Beschilderung, abschnittsweise folgen Sie den weißen Radschildern mit grünem Fahrrad.
Steigungen: Die Strecke verläuft mit stetiger leichter Steigung.
Anschlusstour(en): Tour 2

Die Strecke führt Sie vom Bodensee entlang der Radolfzeller Aach nach Singen, wo Sie der beeindruckenden Ruine Hohentwiel einen Besuch abstatten können. Auf dem weiteren Weg kommen Sie über Volkertshausen nach Aach, wo der berühmte Aachtopf Sie erwartet. Das Ende der Tour ist schließlich am Bahnhof Mühlhausen-Ehingen erreicht.

Beim Aachtopf

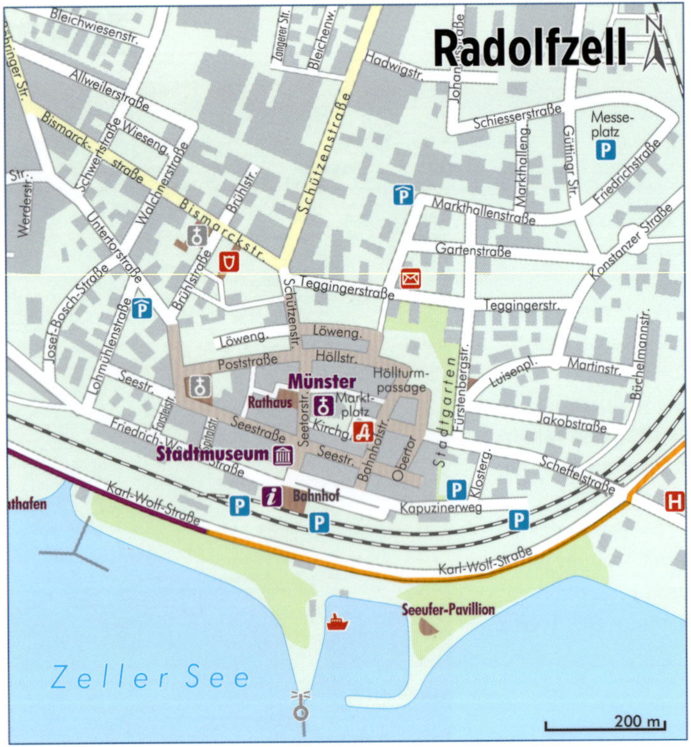

Radolfzell

PLZ: D-78315; Vorwahl: 07732

- **Tourist-Information**, Bahnhofpl. 2, ☎ 81500, www.radolfzell.de
- **Stadtmuseum Radolfzell in der alten Stadtapotheke**, Seetorstr. 3, ☎ 81530, ÖZ: Di-So 10-12.30 Uhr u. 14-17.30 Uhr, Do bis 20 Uhr
- **Münster Unserer Lieben Frau**, Marktplatz. Der Bau des spätgotischen Münsters begann 1436, Fresken von 1500 zeigen die älteste Ansicht von Radolfzell. Sehenswürdigkeiten der Innenausstattung: Hausherrenaltar von 1750, Hausherrenschrein aus dem 15. Jh. und der frühbarocke Rosenkranzaltar.
- **Österreichisches Schlösschen**, neben Münster. Renaissancebau mit Staffelgiebel, 1619 begonnen und im 18. Jh. fertiggestellt.
- **Naturschutzgebiet Halbinsel Mettnau**, Naturpfad ab Haus Christine, Strandbadstr. 62. Seit über 50 Jahren steht das Gebiet unter Naturchutz, dessen Schilfwiesen ein Paradies für seltene Vögel sind.
- **Strandbad Mettnau**, Strandbadstr. 106, ☎ 151879
- **Seebad Mettnau**, Mettnaustr. 2, ☎ 10548
- **Fahrrad Mees**, Höllturmpassage, ☎ 2828, **Fahrrad Joos**, Schützenstr. 11-14, ☎ 823680
- **Rad&Tat Radsport**, Scheffelstr. 10a, ☎ 55522, **Spezialverleih Hampel**, Friedrichstr. 8, ☎ 979732

Radolfzell, die Stadt am Ende des Zeller Sees, stand lange Zeit unter österreichischer Herrschaft. Da-

Radolfzell, Münster

von zeugt das im 17./18. Jahrhundert errichtete Österreichische Schlösschen. Fixpunkt eines Altstadtspaziergangs ist auch das gotische Münster Unserer Lieben Frau.

Der Kneipp- und Heilsport-Kurort Radolfzell ist durch die Mettnaukur zum Mekka für Erholungsbedürftige geworden. Schon im 14. Jahrhundert gab es hier nachweislich Barbiere und Bader, die sich als Chirurgen betätigten, nachdem ein Konzilsbeschluss heilkundigen Nonnen und Mönchen diesen Zweig der Medizin verboten hatte. Dessen ungeachtet entstand das erste Krankenhaus der Stadt auf kirchliche Initiative hin. 1386 erhielt das Heilig-Geist-Spital ein eigenes Gebäude.

1 Am Bahnhof Radolfzell durch die Unterführung ans Bodenseeufer ~ halten Sie sich rechts auf den asphaltierten Radweg Richtung Moos ~ an den Bahngleisen und am Seepark entlang ~ am Jachthafen und am Seebad vorbei ~ an der Gabelung halblinks, weg von den Schienen ~ in der Rechtskurve geradeaus weiter in den unbefestigten Weg ~ an der Landstraße links auf den straßenbegleitenden Radweg ~ links am Kreisverkehr vorbei auf dem Radweg weiter ~ es geht durch den Schilfgürtel im Naturschutzgebiet Aachried ~ Sie kommen geradewegs nach **Moos** ~ mitten im Ort endet der Radweg, die Route führt nach rechts in die **Bohlinger Straße**.

AUSFLUG Links kommen Sie auf der Dorfstraße zum See.

Links in die **Mühlestraße** dem weiß-grünen Radschild folgend ~ am Fußballplatz vorbei hinaus aus Moos ~ nach der Linkskurve kommen Sie zu einem kleinen Gebäude auf der rechten Seite, danach rechts einbiegen **2** ~ auf dem Kiesweg Richtung Singen ~ im starken Linksbogen direkt an der Aach ~ bald darauf eine Rechts-Linkskombination und im weiten Rechtsbogen durch die Felder ~ bei der Gärtnerei gelangen Sie auf Asphalt und halten sich links ~ bei der nächsten Möglichkeit rechts Richtung Singen ~ auf dem **Ziegelhüttenweg** nähern Sie sich Bohlingen ~ auf der **Fabrikstraße** kommen Sie in den Ort hinein ~ an der Vorfahrtsstraße links, **Bohlinger Dorfstraße**.

Bohlingen
PLZ: 78224; Vorwahl: 07731

ℹ Verwaltungsstelle, Am Runden Turm 20, ✆ 22160, www.bohlingen.com

⛪ Ortsburg mit spätgotischer **Pfarrkirche St. Pankratius** (Erweiterungen im 18., 19. u. 20. Jh., acht große, vom ortsansässigen Künstler Robert Seyfried geschaffenen Dreiecksfenster). Der markante Rundturm (15. Jh.) ist der letzte und älteste Teil einer Burganlage, die sukzessive erneuert wurde.

⛪ Spätgotische, barockisierte **Friedhofskapelle St. Martin**

✱ Ehemaliges **bischöflich-konstanzisches Jagdschloss und Amtshaus** (1686), heute ein Internat

Von der Bohlinger Dorfstraße rechts in die **Ledergasse** ~ auf dieser verlassen Sie den Ort **3** vor dem eingezäunten Gelände nach rechts, am Schützenvereinsgebäude vorbei ~ Linkskurve und gekiest an der Aach entlang ~ Linkskurve und danach schnurgerade, den Abzweig nach links liegen lassen ~ es geht an einigen Wasserbecken und Fischerhütten entlang ~ im Rechtsbogen wieder an die Aach und nun an ihr entlang ~ der Weg wird wieder asphaltiert ~ es geht am Freibad von Worblingen entlang ~ auf dem **Herdweg** gelangen Sie an die **Hittisheimer Straße**, hier links gleich rechts in den Weg **Oberwiesen** an den Sportplätzen vorbei nun am Wasser entlang rechts über die Holzbrücke zu den Häusern und gleich links auf die **Inselstraße** an der **Lindenstraße** links leicht bergauf über die Brücke rechts in die **Arlener Straße** rechts in die **Eichendorffstraße**.

Arlen

Radhaus Arlen - TRI4YOU.COM, Eichendorffstr. 9, 07731/8229018

Auf der Eichendorffstraße am Radhaus Arlen vorbei **4** rechts in den unbefestigten schmalen Uferweg an Sportplätzen vorbei und an der Aach entlang unter der Bahn hindurch bei der folgenden Brücke rechts über den Fluss und gleich wieder links auf den unbefestigten Weg am Fluss entlang an der folgenden Vorfahrtsstraße rechts auf den Begleitweg mittels Fußgängerüberweg die Landstraße queren und dann links an ihr entlang nach der ersten Brücke rechts in den Radweg.

Rielasingen

Auf dem Radweg rechts über eine kleine Brücke links halten am Aachufer entlang bei

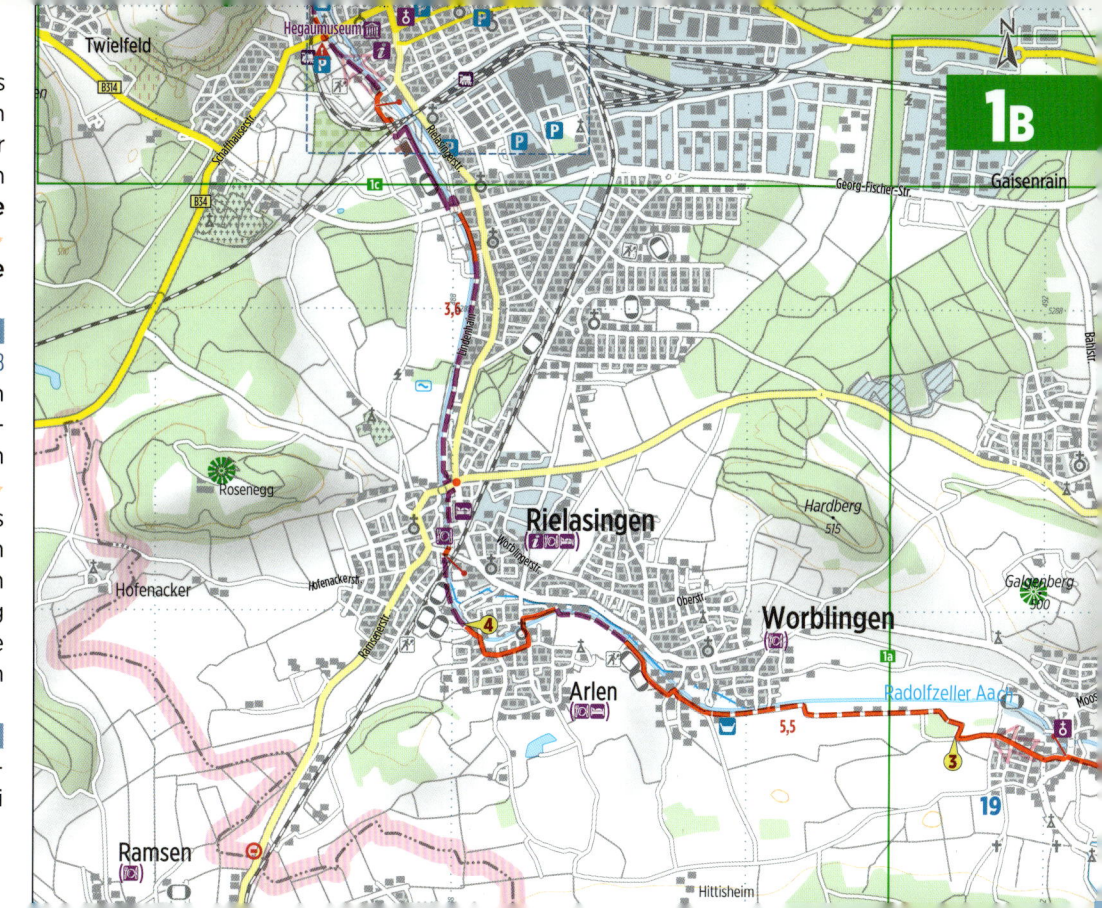

der nächsten großen Straßenbrücke links unter dieser hindurch, dann im spitzen Winkel rechts zur Brücke zurück und auf dem Radweg über die Brücke ⚬ am anderen Ufer gleich wieder rechts ⚬ am Fußballplatz vorbei ⚬ links haben Sie einen schönen Ausblick zur Burg Hohentwiel ⚬ an der Bahn führt die Route nach links ⚬ links an den Gleisen entlang ⚬ an der Vorfahrtsstraße rechts unter der Bahn hindurch auf der **Schlachthausstraße** ⚬ nach der Rechtskurve noch vor der Brücke links in den unbefestigten Weg ⚬ nach den letzten Häusern auf dem Radweg weiter.

INS ZENTRUM **Bei der Radlerbrücke führt die Route am Ufer entlang weiter. Wenn Sie rechts fahren, können Sie das Zentrum von Singen besuchen.**

Singen
PLZ: 78224; Vorwahl: 07731

Tourist-Information, August-Ruf-Str. 3, ✆ 85262, www.in-singen.de

Archäologisches Hegau-Museum, Am Schlossgarten 2, ✆ 85267, ÖZ: Di-Sa 14-18 Uhr, So/Fei 14-17 Uhr. Durch langjährige Bemühungen eines Privatmannes konnte ein Museum entstehen, das die Lebenswelt der Menschen im Hegau zwischen der letzten Eiszeit und dem Frühmittelalter zeigt.

Festungsruine Hohentwiel, Auf dem Hohentwiel 2a, ÖZ: April-Mitte Sept., Mo-So 9-19.30 Uhr; Mitte Sept.-Ende Okt., Mo-So 10-18 Uhr; Nov.-Ende März, Mo-So 10-16 Uhr. Die Ruine befindet sich auf dem markanten Vulkangipfel über Singen. Die Festungsanlage war bis ins 18. Jh. eine der mächtigsten in Deutschland und galt als uneinnehmbar. Die Grundsteine wurden im Jahr 914 gelegt.

Aachbad, Schaffhauser Str. 34, ✆ 907888

Städtisches Hallenbad, Waldeckstr. 4, ✆ 924492

Singen

Auf dem Radweg gelangen Sie an die **Schaffhauser Straße** ⚠ diese überqueren und links halten ∼ gleich wieder rechts in die **Parkstraße** ∼ nach ca. 200 m endet der Asphalt ∼ Sie radeln an der Bahn entlang ∼ rechts am anderen Ufer das Freibad von Singen ∼ **5** an der Kreuzung bei der Bahnunterführung rechts über die Brücke ∼ danach links auf den asphaltierten Uferweg ∼ unter der Straßenbrücke hindurch ∼ unbefestigt an der Aach entlang ∼ beschildert ist die Strecke hier mit weißem Rad auf rotem Hintergrund ∼ kurz vor der nächsten Brücke auf Asphalt ∼ links über die

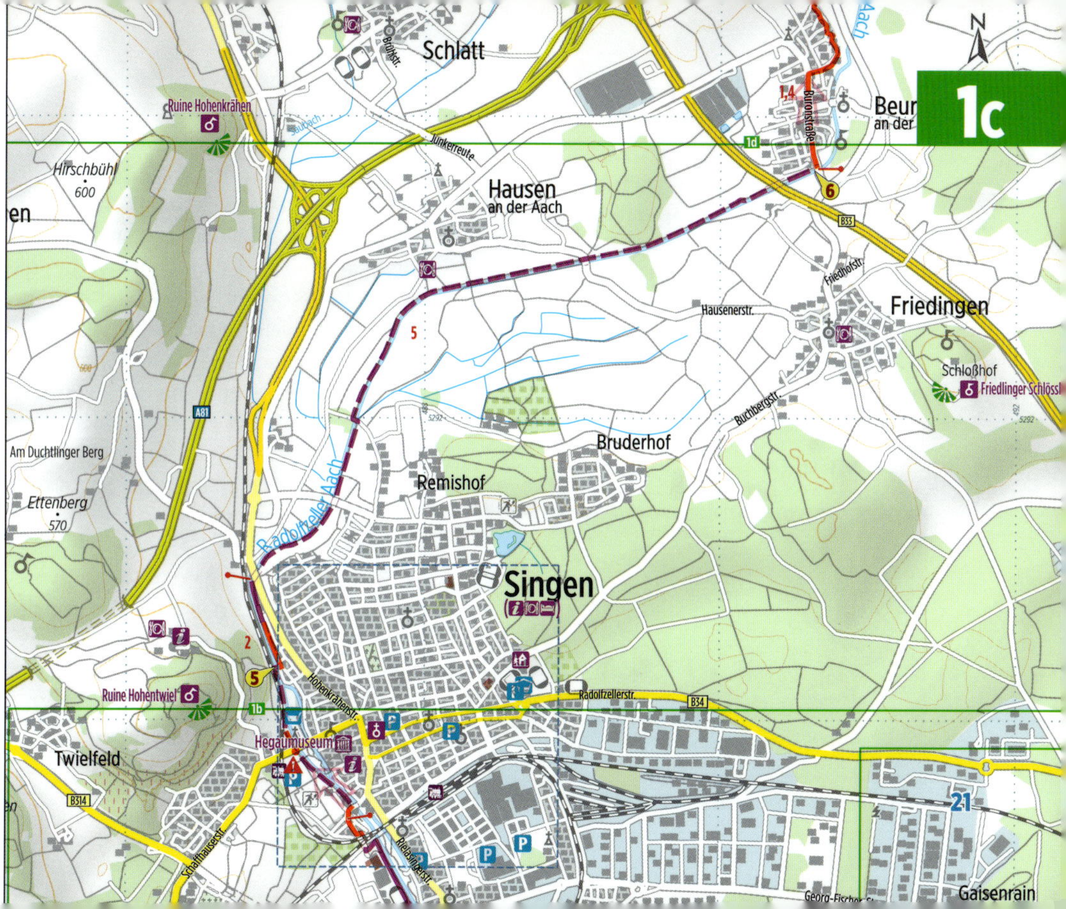

1c

Brücke und gleich wieder rechts immer am Fluss entlang ohne Asphalt ↪ geradeaus über den Querweg bei Hausen an der Aach ↪ die Kreisstraße einfach überqueren und weiterhin am Ufer entlang ↪ nach der Unterquerung der B 33 auf Asphalt weiter ↪ **6** an der Kreuzung bei der Aachbrücke links auf die **Buronstraße** ↪ durch Beuren hindurch.

Beuren an der Aach
PLZ: 78224; Vorwahl: 07731

- **Schlössle Meldegg**. Das Schloss befindet sich auf einer Insel in der Aach und entstand im 16. Jh., vermutlich aus einer Wasserburg aus dem 15. Jh.

Kurz vor dem Aachtopf

- **St. Bartholomäus**. Die neuromanische Pfarrkirche entstand in den Jahren 1839-1841.
- **St. Wendelinskapelle** (1761/62)

Nach dem Gasthaus rechts in die **Rebenstraße** ↪ weiter auf der **Haasenäckerstraße** ↪ geradeaus durch den Kreisverkehr ↪ am Ende der Straße rechts auf den Wirtschaftsweg ↪ die Landstraße überqueren ↪ links auf den unbefestigten Parallelweg zur Landstraße ↪ die A 98 unterqueren ↪ danach gleich rechts auf den unbefestigten Weg ↪ an der Aach links ↪ rechts über den Fluss ↪ links zu den Häusern von Volkertshausen ↪ an der **Hegaustraße** links ↪ rechts in die **Mühlenstraße** und an der Vorfahrtsstraße links zur Kirche hin.

Volkertshausen

7 Bei der Kirche weiter in der Linkskurve ↪ über die Aach auf der **Friedenstraße** ↪ an der Hauptstraße rechts dem Schild folgen ↪ links in die **Mühlhausener Straße** ↪ es geht bergauf ↪ aus Volkertshausen hinaus und weiterhin leicht bergauf ↪ rechts halten an der Baumreihe entlang ↪ am Fußballplatz vorbei ↪ am Waldrand rechts auf Kies entlang ↪ es geht

Der Aachtopf

bergab ↪ Sie kommen auf Asphalt ↪ leicht bergauf mit schönem Ausblick auf Aach ↪ bei der Gabelung links zu den Häusern hin ↪ an der T-Kreuzung links in den Ort hinein.

Aach
PLZ: 78267; Vorwahl: 07774

- **Stadtverwaltung**, Hauptstr. 16, ✆ 93090, www.aach.de
- **Historische Altstadt** mit dem unteren Tor (1150) auch als Gefängnis verwendet
- Gotische **Pfarrkirche St. Nikolaus**. Die Barockisierung aus dem 18. Jh. wurde 1885 wieder rückgängig gemacht.
- **Alter Turm**, Ruine einer der ältesten Burgen des Hegau (11. Jh.)
- **Aachtopf**, mit ca. 8.000 l/s die stärkste Quelle Deutschlands

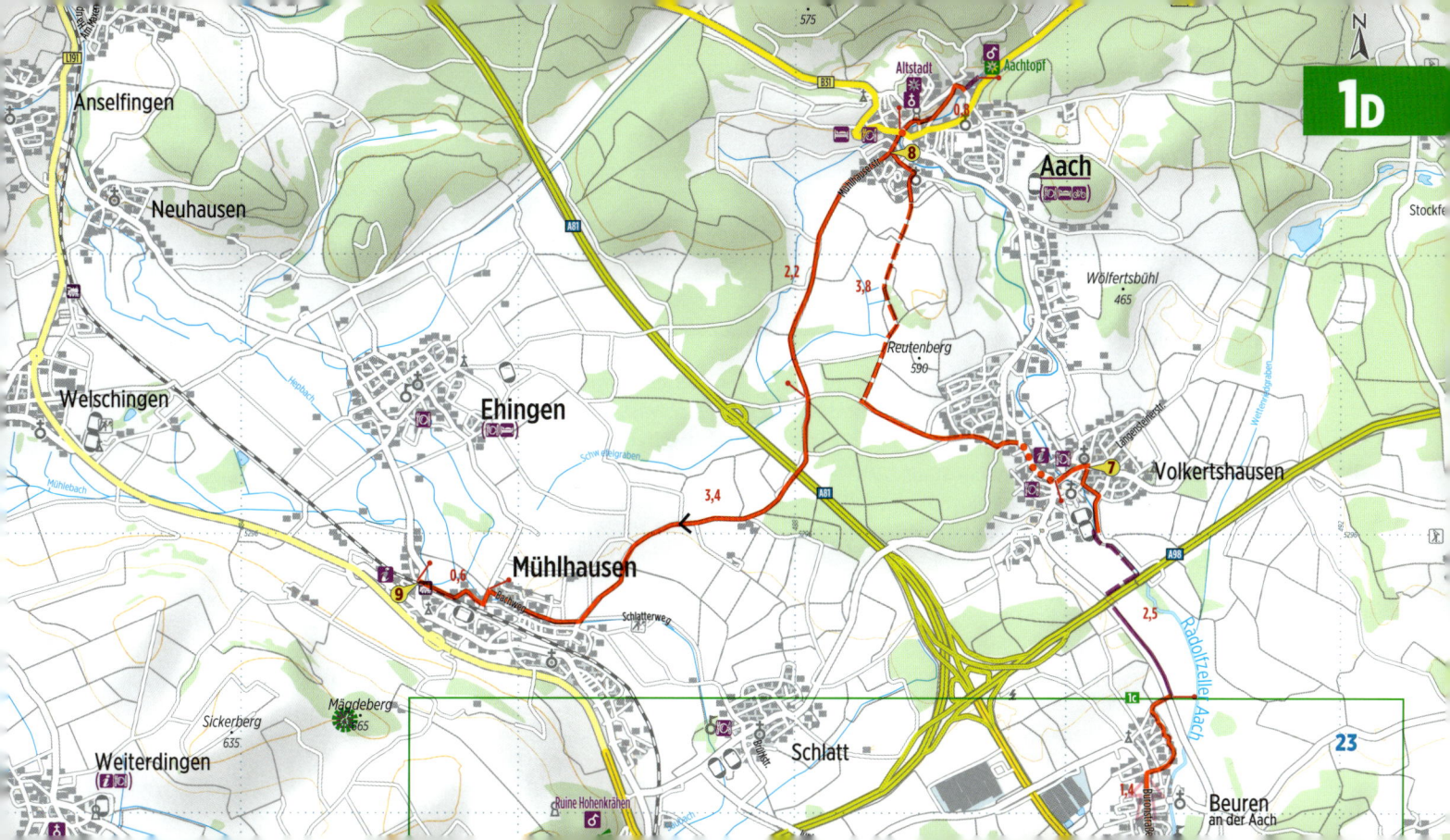

PLANUNG An der Kreuzung mit der Mühlhauser Straße kommen Sie rechts zum unbedingt sehenswerten Aachtopf und links zum Ende der Tour, dem Bhf Ehingen.

Zum Aachtopf

8 Rechts auf die **Mühlhauser Straße** ~ die B 31 bei der Aachbrücke überqueren ~ auf der **Mühlenstraße** ~ durch das Haus hindurch und dann am E-Werk vorbei ~ über die Wiese und an der Straße rechts halten und gleich wieder rechts ~ noch vor der Brücke links ~ so gelangen Sie direkt zum Aachtopf.

Der Aachtopf

Der Großteil des Wassers, das östlich der Stadt Aach aus dem Quelltopf hinter dem kleinen See austritt, war bereits einmal an der Oberfläche, nämlich als Donau. In der Nähe von Tuttlingen versickert der Fluss zu einem großen Teil, circa ein Drittel des Jahres sogar zur Gänze. Durch das poröse Kalkgestein der Schwäbischen Alb sucht sich das Wasser seinen Weg und tritt 12-19 Kilometer entfernt und 170 Meter tiefer wieder an die Oberfläche. Mit zwei bis sieben

Hohentwiel mit Singen im Hintergrund

Tagen geht dieser unterirdische Transfer so schnell, dass das Wasser kaum gefiltert wird und speziell nach Hochwässern ganz trüb ist. Ein Zusammenhang der Flüsse Donau und Aach war schon zu Beginn des 18. Jahrhunderts vermutet worden, aber erst 1877 konnte der Beweis erbracht werden, indem man größere Mengen Kochsalz in die Sickerstellen der Donau schüttete und einige Tage später beobachten konnte, wie das salzige Wasser in der Aachquelle wieder zum Vorschein kam.

Zum Bahnhof

8 Links auf die **Mühlhauser Straße** ~ es geht leicht bergauf und aus dem Ort hinaus ~ Sie radeln auf dem Landwirtschaftsweg und folgen dem roten Radschild mit weißem Rad darauf ~ durch die Felder und Wiesen verläuft dieser schöne Weg ~ vorbei an einem Rastplatz ~ durch ein kurzes Waldstück bergab ~ an der folgenden Wegkreuzung geradeaus in den Wald ~ auf einer Brücke über die A 81 ~ Sie setzen Ihren Weg durch die Felder fort ~ in der Rechtskurve vorbei am Waldhof ~ von hier oben haben Sie einen wunderbaren Ausblick auf den Hegau und auf die Felsen des Hohenkrähn und die Festung Hohentwiel. Sie kommen hinunter zu den Häusern ~ unter der Hochspannungsleitung hindurch an eine Wegkreuzung ~ noch vor der Brücke rechts auf den Bachweg ~ geradeaus über die Kreuzung ~ Linksknick weiter auf dem **Bachweg** ~ über die Brücke und rechts in die **Weidenstraße** ~ Linksbogen ~ Rechtsbogen und an der Bahn entlang bis zum Bahnhof Mühlhausen **9**.

Mühlhausen

Tour 2   Bodanrück-Tour   54 km

Charakteristik
Länge: 54 km
Start: Konstanz
Ziel: Konstanz
Wegbeschaffenheit: Die Route verläuft auf ruhigen Uferwegen, Landwirtschaftswegen und ruhigen Sträßchen. Unbefestigte Abschnitte kommen beim Mindelsee und vor und hinter Hegne vor.
Verkehr: Der Radweg verläuft auf ruhigen Wegen und kleinen Landstraßen dahin. Es gibt nahezu keine Verkehrsbelastung.

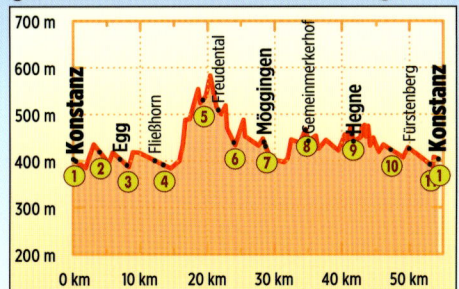

Beschilderung: Es gibt keine durchgehende Beschilderung, nur teilweise gibt es weiß-grüne Radschilder.
Steigungen: Die Strecke verläuft mit einigen leichten Steigungen. Der stärkste Anstieg auf dieser Tour erwartet Sie zwischen Wallhausen und Freudental.
Anschlusstour(en): Tour 1

Diese Tour startet im berühmten Konstanz und führt auf dem Bodensee-Radweg an der wunderbaren, blühenden Insel Mainau vorbei - hier sollten Sie ein paar Stunden zur Besichtigung einplanen. Danach geht es weiter am Seeufer nach Wallhausen, wo die Route Richtung Westen abzweigt, nach Möggingen. Hier startet der Abschnitt entlang des Mindelsees und danach radeln Sie durch den Forst zurück nach Konstanz.

25

Konstanz

PLZ: 78462; Vorwahl: 07531

Tourist-Information, Bahnhofpl. 43, ✆ 133030, www.konstanz-tourismus.de

Katamaran-Reederei Bodensee GmbH & Co. KG, ✆ 3639320. Ganzjährige Verbindung zwischen Friedrichshafen und Konstanz

Archäologisches Landesmuseum, Benediktinerpl. 5, ✆ 98040, ÖZ: Di-So 10-18 Uhr. Aspekte der Landesarchäologie von den Pfahlbauten bis zur Burgenforschung, archäologische Funde aus den mittelalterlichen Städten Baden-Württembergs.

Rosgarten-Museum, Rosgartenstr. 3-5, ✆ 900246, ÖZ: Di-Fr 10-18 Uhr, Sa, So/Fei 10-17 Uhr. Das modern gestaltete historische Museum für Stadt und Region. Urgeschichtliche Sammlungen, mittelalterliche Kunst, sowie vielerlei über die Stadtentwicklung. Außerdem sehen Sie alles über das Wohnen und Arbeiten vom Mittelalter bis heute.

Hus-Museum, Hussenstr. 64, ✆ 29042, ÖZ: April-Sept., Di-So 11-17 Uhr, Okt.-März, Di-So 11-16 Uhr. Bilder und Dokumente zum Leben des Kirchenkritikers Jan Hus, der nach seiner Weigerung, die von ihm in „De ecclesia" vertretenen Wyclifschen Lehre zu widerrufen, beim Konstanzer Konzil 1415 durch Verbrennung hingerichtet wurde, Außerdem wird die Geschichte der Hussitenbewegung behandelt. Audiovisuelle Einführung.

Bodensee-Naturmuseum, im Sea-Life Konstanz, Hafenstr. 9, ✆ 900915. Einziges Naturmuseum am See. Ausstellungsthemen: Die Entstehung des Sees und die Eiszeiten, der See und seine Umwelt, Streifzüge durch die Lebensräume am See. Streicheltiere, Mikroskope, ein Fernrohr u.v.m. laden zum Anfassen und Mitmachen ein.

Konstanz, Imperia

Städt. Wessenberg-Galerie, Wessenbergstr. 43, ✆ 900921, ÖZ: Di-Fr 10-18 Uhr, Sa, So 10-17 Uhr. Hochrangige Kunstsammlungen aus den Bereichen Malerei und Grafik des Bodenseegebietes und des deutschen Südwestens. Es werden etwa 6.000 Exponate präsentiert; Sonderausstellungen.

Münster Unserer Lieben Frau, Münsterplatz, ÖZ: tägl. 8-18 Uhr. Im kunsthistorisch bedeutendsten Gebäude der Stadt, das seit 1956 den Rang einer Basilika minor besitzt, tagte 1414-18 das Konzil. Der älteste Teil des Hauses, die Krypta, stammt aus dem 9. Jh., die neugotische Turmpyramide wurde 1856 aufgesetzt.

Niederburg, Stadtteil zwischen Münster und See. Dank der Tatsache, dass Konstanz von Feuer und Krieg verschont blieb, hat sich der mittelalterliche Charakter dieses Ortsteils erhalten. Bürgerhäuser aus dem 13. bis 16. Jh. und verwinkelte Gassen sind hier in ungewohnter Zahl vorhanden und bilden die Hauptattraktion der Stadt.

Christuskirche, Konzilstraße. Die einzige Barockkirche in Konstanz, 1604-07 zusammen mit dem jesuitischen Kolleg und Gymnasium entstanden. Seit Auflösung des Ordens 1773 ist die Kirche unverändert erhalten geblieben.

Steigenberger Inselhotel, Auf der Insel 1. Im ursprünglich von den Dominikanern 1236 errichteten Kloster lebte einst der spätmittelalterliche Mystiker Heinrich Suso. Außerdem wurde hier Jan Hus während des Konzils gefangengehalten und 1838 Ferdinand von Zeppelin geboren. Heute ist die Anlage ein renommiertes Luxushotel in einmaliger Atmosphäre.

Universität, auf dem Giessberg, 4 km nördlich der Rheinbrücke. Der 1964 begonnene Gebäudekomplex beeindruckt durch Lebendigkeit und Vielfalt, Tausende von Fenstern gestatten den Blick in das Innenleben der „gläsernen Universität". Von der Aussichtskanzel bietet sich ein überwältigender Rundblick.

Haus zur Kunkel, Münsterpl. 5. Die um 1300 entstandenen berühmten Weberfresken, frühe profane Wandmalereien, zeigen die einstige Verarbeitung von Leinwand und Seide sowie Szenen des Alltags. Das Haus zur Kunkel bzw. die Wandmalereien sind nur im Rahmen einer Führung durch die Tourist-Information Konstanz möglich, Buchung unter ✆ 133026.

- **Stadttheater Konstanz**, Inselg. 2-6, ✆ 900150, Spielzeit: ganzjährig, ältestes Theater Deutschlands
- **Sea-Life**, Hafenstr. 9/Klein-Venedig, ✆ 01805/66690101, ÖZ: tägl. ab 10 Uhr. Anhand von 30 naturgetreu gestalteten Süß- und Salzwasserbecken mit tausenden Bewohnern wird hier der Lauf des Rheins von der Quelle in den Bergen bis zur Mündung in die Nordsee dargestellt.
- **Naturschutzgebiet Wollmatinger Ried**, 2 km westlich der Stadt am Bodanrück, ✆ 78870. Der wertvolle Naturraum mit Europa-Diplom umfasst 757 ha zum Teil unberührte Uferlandschaft und Flachwasserzone, wo sich Tier- und Pflanzenarten mit ganz speziellen Ansprüchen erhalten konnten.
- **Rheinstrandbad beim Kurbad**, Spanierstr. 7, ✆ 66268
- **Bodensee-Therme**, Zur Therme 2, ✆ 363070
- **Schwaketenbad**, Schwaketenstr. 35, ✆ 363010
- **Kultur-Rädle**, Konstanzer Bahnhof, Ladenzeile, ✆ 27310
- **Radsport Müller**, Fritz-Arnold-Str. 5, ✆ 22428
- **velotours**, Bücklestr. 13, ✆ 98280
- **Radcenter**, Untere Laube 32, ✆ 16053

Konstanz

„Konstanz! Welch schmucker Name, welch schöne Erinnerung! Es ist die am prächtigsten gelegene Stadt Europas, ein leuchtendes Siegel, das Norden und Süden, Osten und Westen Europas vereint. Fünf Nationen trinken aus dem See, den der Rhein schon als Strom verlässt. Konstanz ist ein Klein-Konstantinopel, am Eingang eines mächtigen Sees, auf beiden Ufern des noch friedlichen Rheins; unermesslich ist der Rundblick, und Fluss, See und Stadt bieten tausend wundervolle Ansichten." So beschrieb Gerard de Nerval 1851 in seinen Tagebuchnotizen die Stadt im Zentrum des Bodensees. Nicht nur die fast zentrale Lage am See an der Spitze der Halbinsel Bodanrück macht das rund 85.000 Einwohner zählende Konstanz zur kulturellen Hauptstadt. Die Schweiz ist nahe, der kulturelle Austausch mit der Nachbarstadt Kreuzlingen rege. Die Zusammenarbeit der beiden Kleinstädte hat die paar Meter Bodenseewasser und den Grenzbalken zwischen ihnen längst überwunden. Dieser geografischen Nähe verdankt Konstanz übrigens auch die Schonung im Zweiten Weltkrieg. So profitierten nicht nur die Konstanzer von der Neutralität der Schweiz, die von alliierten Bombenteppichen verschont blieb, sondern auch die Besucher dieser bis heute unversehrten Stadt. Neben dem „Konzil" am Hafen – die Statue der Imperia – lockt das Münster Unserer Lieben Frau mit seiner Stilvielfalt. In den Jahren 1052-89 errichtet, wurde die dreischiffige romanische Säulenbasilika im 14. und 15. Jahrhundert im Sinne der Gotik umgestaltet. In dieser Epoche kamen auch die Seitenkapellen dazu. Aus Spätgotik und Renaissance stammt die Orgelempore. Die Flügel des Hauptportals werden von 20 Nussbaumholzreliefs geziert, die – wie das Chorgestühl – vom Konstanzer Meister Symon Haider stammen. Seit dem Anfang des 16. Jahrhunderts zieht ein Holzkruzifix über der Eingangshalle die Aufmerksamkeit auf sich: der sogenannte „Konstanzer Herrgott". Von 1846-60 erhielt das Gotteshaus schließlich einen neugotischen Turmaufsatz, unter dem sich die heutige Aussichtsplattform befindet. Von den anderen Kirchen ist die ebenfalls dreischiffige romanische Stephanskirche hervorzuheben, die im 15. Jahrhundert im spätgotischen Stil umgebaut wurde.

Auch an weltlichen historischen Bauten mangelt es in Konstanz nicht. Im Jahr 1294 empfand man fünfstöckige Gebäude als ungewöhnlich hoch, daher hieß der Wolkenkratzer in der Zollernstraße fortan „Hohes Haus". Auf dem Weg zum Rathaus steht ein weiterer hoher Wohnturm: das Haus zum Goldenen Löwen in der Hohenhausgasse. Die Fassade des Gebäudes aus der Mitte des 15. Jahrhunderts dekorieren Malereien aus dem Jahr 1580. Neben einem mittelalterlichen Bürgerhaus in der Katzgasse stößt man auf das „Haus zur Katz", dem ältesten Rustika-Sandsteinquaderbau Deutschlands.

Mit einer kunsthistorischen Rarität wartet das „Haus zur Kunkel" am Münsterplatz auf: Die Fresken aus dem frühen 14. Jahrhundert im zweiten Stock haben keine religiösen Motive zum Inhalt, sondern den mittelalterlichen Alltag! Die Darstellungen zeigen Leinen- und Seidenweberinnen bei der Arbeit. Außerdem besitzt die Altstadt noch ein Stadttor aus dem 14. Jahrhundert, das bis heute Schnetztor genannt wird.

Übrigens: Die Gegend des heutigen Konstanz ist seit der Jungsteinzeit besiedelt, der letzte

Schritt zum kulturellen Zentrum wurde erst 1965 mit der Gründung der Universität auf dem Gießberg gesetzt.

1 Sie starten die Tour am Bahnhof Konstanz ↝ halten Sie sich am **Bahnhofplatz** rechts ↝ zur Linken befindet sich die Altstadt von Konstanz ↝ auf dem Begleitweg links an der **Konzilstraße** entlang ↝ folgen Sie dem weißen Radschild mit grünem Fahrrad ↝ auf dem linksseitigen Radweg unterqueren Sie die Straßenbrücke und danach auf dem Begleitweg entlang der Straße über die Rheinbrücke ↝ am anderen Ufer im Linksbogen unter der Brücke hindurch ↝ auf die **Seestraße** auffahren und nun am Bodensee entlang ↝ die Straße biegt links ab und der Radweg führt geradeaus weiter am Ufer entlang ↝ links in die **Hebelstraße** ↝ auf dieser bis zur Kreuzung mit der **Beethovenstraße**, hier rechts ↝ am Park links in den **Salesianerweg** ↝ rechts halten in den Park hinein ↝ Linkskurve und an der folgenden Gabelung rechts ↝ rechts über eine kleine Brücke und gleich links ↝ am Ende des Weges an der T-Kreuzung mit der **Hermann-von-Vicari-Straße** rechts ↝ folgen Sie dem Straßenverlauf in der Links- und Rechtskurve

Insel Mainau

2 beim folgenden Kreisverkehr geradeaus über die Jakobstraße ↝ im Linksbogen weiter auf der **Lindauer Straße** ↝ an der Vorfahrtsstraße rechts, die **Fischerstraße** ↝ gleich links in den **Felchengang** ↝ an der Vorfahrtsstraße links Richtung Überlingen ↝ leicht bergauf ↝ rechts in die **Hoheneggstraße** ↝ an der Brauerei vorbei ↝ die Straße endet hier und Sie fahren nun auf dem Anliegerweg entlang des Seeufers weiter ↝ nach ca. 1,5 km links in die **Bachgasse** ↝ rechts auf die **Mainaustraße** ↝ vorbei am Parkplatz und weiter auf der gekiesten Mainaustraße, Rad- und Fußweg ↝ durch die wunderschöne Allee ↝ an Sportplätzen entlang ↝ **3** bei dem großen Parkplatz besteht die Möglichkeit einen kurzen Abstecher rechts auf die Insel Mainau zu machen, allerdings nur zu Fuß.

Insel Mainau
PLZ: 78465; Vorwahl: 07531

- Blumeninsel Mainau GmbH, ✆ 3030, www.mainau.de
- **Schloss Mainau.** In den Jahren 1732-46 noch als Besitz des Deutschen Ritterordens entstanden, bildet die Anlage ein typisches Beispiel für den Bodensee-Barock. In den Ausstellungsräumen präsentieren internationale KünstlerInnen ihre Arbeiten. Aussichtsreiche Schlossterrasse.
- **Schlosskirche St. Marien**, nördlich oberhalb vom Rosengarten. 1732-39 von G. G. Bagnato erbaut und im Inneren von F. J. Spiegler mit üppiger Barockzier ausgestattet. Die Altäre stammen von J. A. Feuchtmayer.
- **Park und Gärten**, ÖZ: Sommer 7-20 Uhr, Mainauer Herbst und Winter: 9-18 Uhr. Die wichtigsten Bereiche: Straße der Wild- und Strauchrosen, Arboretum mit Mammutbäumen, Rosengarten und Kinderland.

Rund eine Million Menschen besuchen Jahr für Jahr die Insel Mainau. Denn das 45 Hektar große Inselchen ist ein einziger Park mit verschiedensten Blumenattraktionen. Nach einer Orchideenschau im Palmenhaus erfüllt der Duft von einer Million Hyazinthen, Narzissen und Tulpen die laue Luft des Mainauer Früh-

jahrs. Auf Stiefmütterchen, Vergissmeinnicht und Primeln folgt im Mai die Rhododendren- und Azaleenblüte. Den sommerlichen Besucher erfreuen naturgemäß die 1.300 Rosensorten der Insel; einige davon zählen über 500 Jahre, die „Straße der Wild- und Strauchrosen" gilt als einzigartige Sammlung. Spektakuläre gärtnerische Erfolge bringt das besondere Mikroklima der Insel in der warmen Jahreszeit hervor: Palmen, Bananenstauden, Mandarinen-, Orangen- und Zitronenbäume tragen hier nördlich der Alpen tatsächlich Früchte.

Neben der Brücke auf die Insel steht eine bronzene Gruppe, die die Kreuzigung darstellt. 1577 geschaffen, wurde das Kunstwerk von den Schweden im Zuge des Dreißigjährigen Krieges versenkt. Da es unversehrt wieder geborgen wurde, heißt es bis heute „Schwedenkreuz". Damit auch die Kinder den Weg über die 1857 errichtete Brücke auf die Insel freudig angehen, wurden ein „Kinderland" mit meterhohen Blumenfiguren und ein Tiergehege eingerichtet. Für September und Oktober verspricht der Blütenkalender von Mainau die Blüte von 20.000 Dahlien.

Die Route führt geradeaus weiter auf der wunderschönen Allee ~ Sie kommen schließlich zu einer Gabelung, folgen Sie hier den Schildern nach rechts ~ bei der nächsten Möglichkeit wiederum rechts ~ es geht leicht bergab in der Linkskurve weiter auf dem Weg mit Ausblick auf den Überlinger See ~ in der Linkskurve auf der **Großherzog-Friedrich-Straße** geht es kurz stark bergauf ~ bei den ersten Häusern rechts in die erste Straße, **Am See** ~ durch das Siedlungsgebiet von Litzelstetten.

Litzelstetten
PLZ: 78465; Vorwahl: 07531

- **Tourist-Info**, Großherzog-Friedrich-Str. 10, ☎ 94237913
- **Strandbad Konstanz-Litzelstetten**, ☎ 43166
- **Fahrrad Reichel**, Martin-Schleyer-Str. 6c, ☎ 43339

An der T-Kreuzung mit dem Weg **Holdersteig** rechts und an der darauffolgenden Gabelung links halten ⮕ es geht leicht bergab ⮕ vorbei am Strandbad ⮕ Sie lassen die Häuser hinter sich und nun geht es übers freie Feld mit guter Sicht auf den See ⮕ an der T-Kreuzung bei dem einzelnen Haus rechts und gleich darauf eine Linkskurve ⮕ es folgt eine Rechts-Linkskurve, **Am Fließhorn** ⮕ es geht durch die kleine Siedlung **Metzgersbrunn** ⮕ zur Rechten befindet sich ein Campingplatz ⮕ geradeaus an der Viererkreuzung und weiter auf der **Fließhornstraße** ⮕ Sie erreichen Dingelsdorf.

Dingelsdorf
PLZ: 78465; Vorwahl: 07533

- **Verkehrsverein Dingelsdorf**, Rathauspl. 1, ☎ 5750
- **Bodensee-Schifffahrtsbetriebe GmbH**, Hafenstr. 6, 78462 Konstanz, ☎ 07531/36300, die Betriebszeiten finden Sie unter www.bsb.de

Es geht leicht bergauf ⮕ **4** rechts in die Straße **Zur Schiffslände** ⮕ an der folgenden Gabelung links halten (rechts geht es zur Schiffsstation) ⮕ an der folgenden T-Kreuzung links,

Jachthafen Wallhausen

Zur Halde leicht bergauf und rechts in die Straße **Zum Klausenhorn** ⮕ gleich wieder rechts halten und bergab ⮕ links in die **Hornwiesenstraße** ⮕ auf dieser aus Dingelsdorf hinaus ⮕ geradeaus über die Kreuzung in die **Birkenallee** ⮕ in der Linkskurve vorbei am Campingplatz Klausenhorn ⮕ auf dem gekiesten Radweg nun über die Wiesen ⮕ im weiten Linksbogen zur Straße hin ⮕ beim Strandbad gelangen Sie an die Vorfahrtsstraße ⮕ an der **Walhauser Straße** rechts in den nächsten Ort ⮕ beim Segelhafen biegen Sie in der Linkskurve der Straße rechts ab ⮕ weiterhin am Hafen entlang und an der Bodenseewerft vorbei.

Wallhausen
PLZ: 78465; Vorwahl: 07533

- **Tourist-Info im Rathaus**, Kapitän-Romer-Str. 4, ☎ 936816
- **Strandbad Wallhausen**, ☎ 0171/9726600
- **Jekjal**, Strandbad Minigolf, ☎ 1853

Links in die Straße **Seehang** ⮕ es geht leicht bergauf ⮕ in der Linkskurve dann kurz stark bergauf ⮕ bei der Gabelung links halten **Obere Bündt** ⮕ rechts in den **Tobelweg** ⮕ an der Kreuzung links und im Linksbogen zur Vorfahrtsstraße hin ⮕ an der **Heinrich-von-Tettingen-Straße** rechts auf den straßenbegleitenden Radweg ⮕ die nächste Möglichkeit biegen Sie rechts ein in den **Burghofweg**. Nach dem Wanderparkplatz endet der Asphalt, zur Rechten befindet sich ein Rastplatz ⮕ auf der Forststraße durch den Wald ⮕ bald am Waldrand entlang mit einer schönen Aussicht nach rechts ⮕ an der kommenden Viererkreuzung führt die Route nach links ⮕ wieder in den Wald hinein ⮕ an der folgenden Gabelung rechts ⮕ es geht leicht bergauf ⮕ bei der nächsten Gabelung links auf dem Hauptweg bleiben ⮕ rechts halten ⮕ im Rechtsbogen an den Waldrand, kurz am Wald entlang ⮕ links zur Landstraße hin ⮕ diese unterqueren und weiter auf Asphalt ⮕ im Rechts-Links an die T-Kreuzung mit der **Langenrainer Straße**, **5** rechts abbiegen

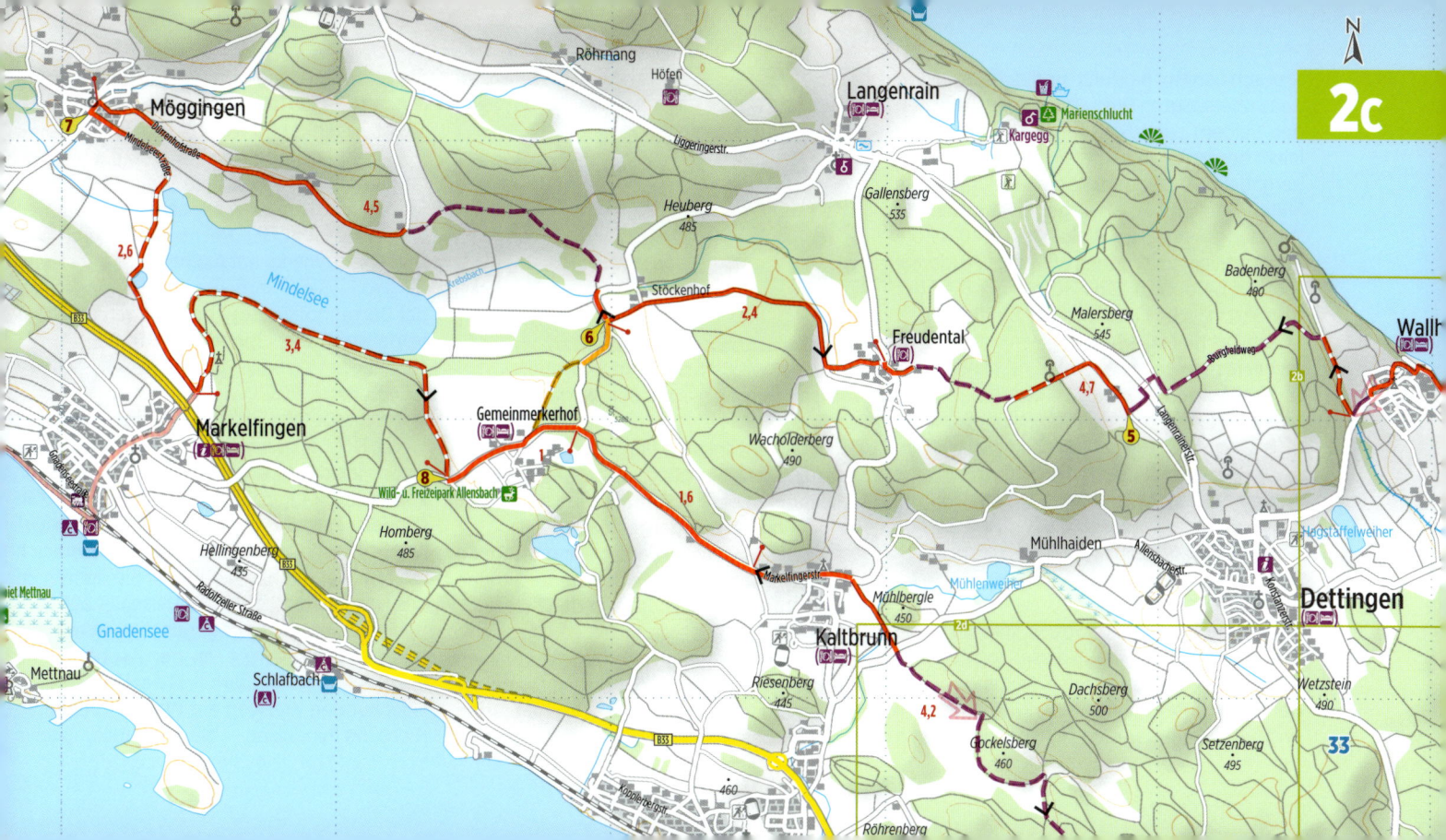

durch den Hof hindurch und danach links in den unbefestigten Weg abbiegen ↷ zwischen den Feldern zum Wald hin ↷ es geht stetig leicht bergauf ↷ in den Wald hinein und leicht bergab ↷ an der kommenden Gabelung rechts halten ↷ leicht bergab ↷ geradeaus über die Kreuzung ↷ aus dem Wald hinaus ↷ über die Felder mit einem schönen Blick auf Freudental ↷ leicht bergab zu den Häusern hin ↷ an der Vorfahrtsstraße, **Langenrainer Straße**, rechts in den Ort hinein.

Freudental

⛪ **Schloss Freudental**, Schlossstr. 1, ✆ 07533/9491100. Das Schloss wurde Ende des 17. Jhs. unter dem Freiherrn Franz Dominik von Prassberg erbaut. Es wechselte oftmals den Besitzer, war u. a. auch Kriegsgefangenenlager und Kinderheim und sogar eine Töpferei war hier untergebracht. Im 20. Jh. wurde es aufwändig renoviert und auch in den letzten Jahren wurde zahlreiche Änderungen und Zubauten ausgeführt. Es wird seit 2004 als Seminar- und Veranstaltungshaus geführt und ist für Hochzeiten sehr beliebt.

In der Rechtskurve der Straße links ab in die **Stöckenhofstraße** ↷ auf dieser rechts ↷ im Linksbogen verlassen Sie Freudental ↷ an der Baumreihe entlang ↷ starke Rechtskurve und bergab ↷ im weiten Linksbogen ↷ durch

Freudental

ein kurzes Waldstück ↷ am Reiterhof vorbei ↷ leicht bergab ↷ an der Vorfahrtsstraße rechts **6**.

VARIANTE Hier besteht links die Möglichkeit, die Route abzukürzen, um gleich nach Kaltbrunn zu gelangen. Diese Alternative ist nur in der Karte orangefarben dargestellt.

Auf der Hauptroute kurz am Waldrand entlang ↷ in der Rechtskurve ein kleines Gerinne überqueren und gleich links in den Forstweg ↷ es geht leicht bergauf in der Linkskurve am Waldrand entlang ↷ in den Wald hinein ↷ leicht bergab und wieder bergauf ↷ an der Wegkreuzung links halten ↷ leicht bergab und hinaus aus dem Wald ↷ geradeaus über

die Wegkreuzung am Waldrand Richtung Mindelsee ↷ an der T-Kreuzung vor dem alten Steinhaus links und weiter in der Rechtskurve ↷ es geht leicht bergab ↷ bergauf am Waldrand entlang ↷ nach dem Waldstück haben Sie einen schönen Ausblick nach links auf den Mindelsee ↷ in der Rechtskurve durch den **Dürrenhof**, wieder auf Asphalt ↷ es geht leicht bergab ↷ Sie kommen nach Möggingen auf der **Dürrenhofstraße** ↷ bei der Kirche links zur Vorfahrtsstraße, **Liggeringer Straße**.

Möggingen
PLZ: 78315; Vorwahl: 07732

⛪ **Pfarrkirche St. Gallus** (1749), neoromanisch mit einem Turm aus dem 19. Jh., die Gruftkapelle der Herren von Bodman ist hier untergebracht

7 Von der Liggeringer Straße links in die **Mindelseestraße** ↷ geradeaus aus dem Ort hinaus ↷ an der Gabelung nach dem wirklich letzten Hof rechts halten ↷ Sie fahren in das Naturschutzgebiet Mindelsee ↷ auf dem gekiesten Anliegerweg geht es durch die schöne Landschaft ↷ an der Asphaltstraße links Richtung Wildpark ↷ in der Rechtskurve links auf den Kiesweg am Waldrand entlang, Richtung Mindelsee ↷ bei der Gabelung links halten ~ in der Rechtskurve an den See und nun am Ufer entlang ~ bleiben Sie auf dem unteren Weg direkt am Ufer ~ an der Gabelung rechts halten weg vom See ~ es geht bergauf ~ am Waldrand entlang kommen Sie an die Vorfahrtsstraße ~ **8** hier beim Parkplatz des Wildparks links auf die Straße ~ auf der Kreisstraße fahren Sie zwischen den **Gemeinmerker Höfen** hindurch ~ folgen Sie weiterhin dem Verlauf der Kreisstraße durch den Wald ~ an der Straßengabelung rechts Richtung Allensbach dem weißen Radschild mit grünem Rad folgend ~ auf diesem Landwirtschaftsweg am Waldrand entlang ~ es geht leicht bergauf ~ auf der **Markelfinger Straße** kommen Sie nach Kaltbrunn, leicht bergab.

Kaltbrunn

Am Ortsende biegen Sie rechts ein Richtung Hegne ~ dieser schöne Weg führt durch die Wiesen, an einem kleinen Waldstück vorbei ~ links zur Vorfahrtsstraße hin ~ diese überqueren und weiter auf dem Kiesweg ~ zum Wald hin und am Waldrand entlang ~ folgen Sie dem Wegverlauf in einer scharfen Rechtskurve ~ an der folgenden Gabelung links am Waldrand weiter ~ in der Rechtskurve

zum nächsten Waldrand und daran entlang ~ rechts halten weiterhin am Waldrand entlang und an der folgenden Gabelung links in den Wald hinein ~ im Wald leicht bergauf ~ bergab kommen Sie schließlich bei Hegne heraus ~ vorbei an Rastplatz und Parkplatz ~ **9** links halten auf den Asphaltweg ~ beim Gasthaus biegen Sie links ein.

TIPP: Geradeaus kommen Sie nach Hegne.

Auf dem Asphaltweg zum Waldrand hin ~ Rechtskurve und in der folgenden Linkskurve rechts in den Kiesweg ~ am Sportplatz vorbei und in den Wald hinein ~ auf der Lichtung rechts halten auf den Kiesweg mit Grasstreifen in der Mitte ~ Linkskurve ~ an der T-Kreuzung rechts wieder in den Wald hinein ~ wenn Sie vom Wald heraus kommen, halten Sie sich links, am Waldrand entlang ~ folgen Sie dem Verlauf des Forstweges am Waldrand entlang ~ an der Weggabelung links halten, weiterhin am Waldrand entlang ~ an der Asphaltstraße halten Sie sich rechts ~ bei den Gärten links auf den Radweg zur Landstraße hin ~ diese mittels Ampel überqueren ~ links zur **Dettinger Straße** und rechts ~ auf dieser kommen Sie zu den ersten Häusern von **Wollmattingen**, ein Ortsteil von Konstanz ~ **10** links einbiegen und wieder weg von den Häusern durch die Felder ~ bei der folgenden Gabelung rechts ~ Sie kommen zu einer kleinen Siedlung, hier rechts ~ an der Vorfahrtsstraße, **Litzelstetter Straße**, links und gleich den nächsten Weg rechts ab ~ Linksbogen und am Bad vorbei ~ gleich danach rechts auf die **Schwaketenstraße** ~ am Sportplatz entlang ~ links auf den straßenbegleitenden Radweg ~ an der Vorfahrtsstraße links auf den Radweg ~ rechts in den **Buhlenweg** Richtung Fürstenberg ~ an der Ampelkreuzung links in den **Bulachweg** ~ nach der Rechtskurve links in den **Sonnentauweg** ~ nach dem Rechts-Links weiter auf dem Sonnentauweg durch das Siedlungsgebiet ~ an der T-Kreuzung mit dem **Taborweg** rechts ~ links in den **Alten Bannweg** ~ bei der Gärtnerei rechts zur Vorfahrtsstraße hin ~ an dieser links auf den Begleitweg ~ überqueren Sie die Wollmatinger Straße, um in die **Schneckenburgstraße** zu gelangen ~ auf dieser durch das immer dichter werdende Stadtgebiet von Konstanz ~ die Bahn queren und danach rechts auf den straßenbegleitenden Radweg ~ an der folgenden Ampelkreuzung links in die **Markgrafenstraße** ~ an den Wohnblöcken entlang ~ rechts in die **St.-Gebhard-Straße** ~ rechts halten zur Vorfahrtsstraße hin ~ diese mittels Ampel überqueren und gleich rechts in den Park ~ auf dem Radweg durch die Grünanlage ~ nachfolgend über die Rheinbrücke ~ bei dem kommenden kleinen Kreisverkehr nehmen Sie die dritte Ausfahrt **11** ~ am Rheinufer entlang ~ auf dem Radweg entlang der Straße **Rheinsteig** weiter zur nächsten Brücke ~ noch vor der Brücke links ab in einem Bogen unter der Straße hindurch, um ins Zentrum zu gelangen ~ auf dem Begleitweg zur **Konzilstraße** entlang.

INS ZENTRUM: Zur Linken befindet sich die Altstadt Konstanz'.

Der Radweg endet, es geht auf der Straße weiter bis zum Bahnhof Konstanz, der sich direkt am Bodenseeufer befindet **1**.

Konstanz

Tour 3   Von Ludwigshafen nach Überlingen   40,5 km

Charakteristik
Länge: 40,5 km
Start: Ludwigshafen
Ziel: Überlingen
Wegbeschaffenheit: Die Route verläuft zum Großteil auf Asphalt, vor und hinter Winterspüren kommen kurze unbefestigte Wegstücke vor.
Verkehr: Die Route verläuft meist auf ruhigen Straßen und Wirtschaftswegen, Verkehr kommt in Ludwigshafen und hinter Deutwang vor.
Beschilderung: Es gibt keine Beschilderung für diese Tour.
Steigungen: Die Strecke verläuft steigungsreich, vor allem beim Verlassen des Bodenseeufers.
Anschlusstour(en): Tour 4

Vom Ufer des Bodensees in Ludwigshafen geht es hinauf nach Hohenfels und Herdwangen. Hinter Schönach starten Sie die Abfahrt zum Bodensee nach Überlingen – eine schöne aber anstrengende Tour, die mit wunderbaren Ausblicken überrascht.

Lenk-Relief in Ludwigshafen

Ludwigshafen

PLZ: 78351; Vorwahl: 07773

🛈 **Tourist-Information**, Hafenstr. 5, ✆ 930040, www.bodman-ludwigshafen.de

✳ **Das Lenk-Relief**, auch Ludwigs Erbe genannt, zeigt eine Gesellschaftssatire des Künstlers Peter Lenk, der aus der Gemeinde Bodman-Ludwigshafen stammt. Das 10x4 m große Relief an der Rathauswand in Form eines Triptychons ist eine Abrechnung mit der Habgier. Eröffnet wurde es im Herbst 2008 und ist seither ein extrem diskutierter Publikumsmagnet.

🏊 **Naturstrandbad**, Überlinger Straße, ✆ 5116

🚉 **Bahnhof**

Die zweite Hälfte der Doppelgemeinde Bodman-Ludwigshafen wurde 1155 erstmals urkundlich erwähnt, allerdings unter dem Namen Sernatingen. Der Ort am Nordende des Sees entwickelte sich bald zu einem wichtigen Warenumschlagplatz im Nord-Süd-Verkehr. Erst als 1826 der badische Großherzog Ludwig den Hafen ausbauen ließ, erhielt der Ort seine neue Bezeichnung.

1 Sie starten diese Tour in Ludwigshafen am Bahnhof ∿ rechts auf die **Bahnhofstraße** ∿ links in die **Sernatingenstraße** ∿ an der Hauptstraße rechts ∿ links in den **Johann-**

38

Hüglin-Weg ~ leichtes Rechts-Links ~ an der **Mühlbachstraße** rechts ~ auf der Siedlungsstraße gelangen Sie an die **B 31** und fahren hier links ~ ein kurzes Stück an der Straße entlang ~ rechts in die **Bergstraße** und dem Namen nach beginnt nun das Bergauf ~ in der Rechtskehre und dann am Hang entlang mit einem wunderbaren Ausblick auf Ludwigshafen ~ in den Wald hinein und in einigen Kehren stark bergauf ~ Sie kommen aus dem Wald heraus an eine Viererkreuzung ~ hier biegen Sie links ein ~ es geht unter der Straßenbrücke hindurch ~ erst am Waldrand entlang noch ein wenig bergauf ~ in den Wald und dann geht es endlich bergab ~ kurz aus dem Wald heraus ~ **2** in einer weiten Rechtskurve am **Hofgut Unterlaubegg** vorbei und wieder in den Wald ~ an der Gabelung im Wald geradeaus weiter ~ über eine Lichtung ~ am Waldrand entlang ~ Sie lassen bald den Forst hinter sich und kommen auf dem Ziegelhüttenweg an die **Bonndorfer Straße** ~ hier links nach Winterspüren.

Winterspüren

An der **Linzgaustraße** rechts auf den Begleitweg ~ an der Ortschaft entlang ~ beim Sportplatz biegen Sie links ein den Schildern des Schwäbische-Alb-Weges folgend ~ an den Sportplätzen vorbei ~ am Waldrand entlang ~ **3** an der Gabelung bleiben Sie rechts unten und fahren auf Kies in den Wald ~ der Weg ist mit Schlaglöchern übersät ~ er führt zur **Hahnenmühle** ~ dort in einer Linkskehre zum Hof hin und weiter auf Asphalt in der Rechtskurve ~ es geht stark bergauf ~ an der T-Kreuzung rechts ~ bergauf kommen Sie an die **Steigstraße** ~ hier rechts nach Deutwang hinein.

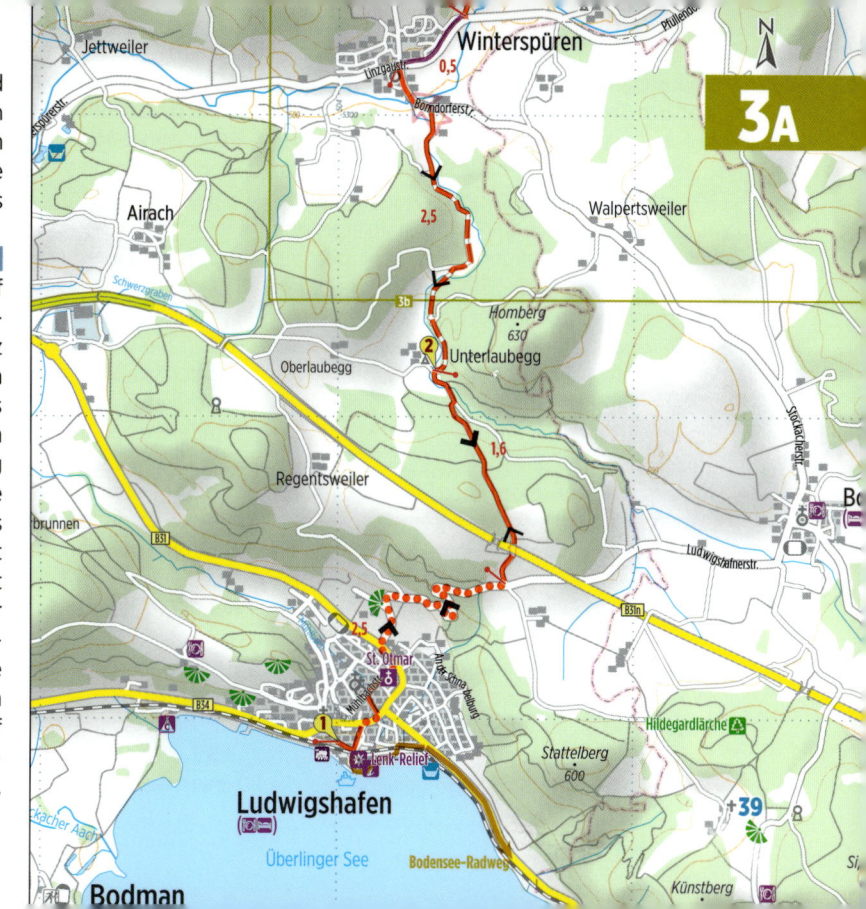

Deutwang

Auf der Straße durch den Ort Richtung Kalkofen ⤳ auf der **Schernegger Straße** aus dem Ort hinaus ⤳ auf der Straße im mäßigen Verkehr leicht bergauf und wieder bergab nach der Linkskurve 4 links in den Anliegerweg mit 3,5 t Beschränkung ⤳ es geht bergauf ⤳ bergab kommen Sie nach Liggersdorf ⤳ es geht vorbei an der Solaranlage und an den Firmengebäuden ⤳ Rechtskurve ⤳ links auf die Ortsstraße ⤳ in den Ort hinein ⤳ Sie gelangen an die Vorfahrtsstraße und fahren geradeaus auf.

Hohenfels-Liggersdorf

In der Rechtskurve kommen Sie an die Hauptstraße ⤳ erst rechts und gleich wieder links, **Selgetsweiler Straße** ⤳ direkt am Ortsende beginnt ein Radweg links entlang der Straße ⤳ vorbei an den Weiherhöfen und am Friedhof ⤳ links am Kreisverkehr entlang ⤳ Sie folgen dem Verlauf der Kreisstraße ⤳ es geht am Waldrand entlang und wieder zurück an die Straße und an ihr entlang ⤳ entlang der **Hohenfelsstraße** kommen Sie nach Herdwangen ⤳ der Radweg endet ⤳ Sie gelangen an die Vorfahrtsstraße ⤳ hier links und gleich rechts in die **Dorfstraße**.

Herdwangen-Schönach

Es geht bergab ⤳ vorbei am Gasthaus Linkskurve und kurz stark bergauf zur Kirche hin ⤳ an Kirche und Rathaus vorbei ⤳ links Richtung Kleinschönach auf die **Lindenstraße** ⤳ am Ortsende beginnt links ein Radweg an der Straße entlang ⤳ auf diesem Radweg radeln Sie durch den Wald ⤳ mal etwas ab von der Straße, um den Rastplatz herum ⤳ am Waldrand entlang und wieder zurück an die Straße ⤳ es geht bergauf zu den Häusern von **Stockfeld** ⤳ gleich wieder bergab ⤳ über eine Brücke ⤳ vorbei an der Feuerwehr und bergauf ⤳ so kommen Sie nach Kleinschönach ⤳ an der Vorfahrtsstraße rechts Richtung Owingen.

Kleinschönach

Auf der **Pfullendorfer Straße** ans Ortsende ⤳ rechts auf den Radweg ⤳ entlang der Straße weiter nach Großschönach.

Großschönach

Auf der **Aachtalstraße** durch die Ortschaft ⤳ 5 kurz vor Ortsende rechts in den Landwirtschaftsweg ⤳ es geht bergab ⤳ Sie gelangen an die Vorfahrtsstraße, hier rechts ⤳ ein kurzes Stück auf der Kreisstraße bergauf ⤳ noch vor der argen Steigung biegen Sie links ein auf den Wirtschaftsweg, **Alter Kirchweg** ⤳ es geht stark bergauf ⤳ an der Vorfahrtsstraße links ⤳ bergauf gelangen Sie nach Taisersdorf.

Taisersdorf

Auf der Dorfstraße leicht bergauf ⤳ gegen Ortsende kurz steil bergab ⤳ auf der Kreisstraße verlassen Sie den Ort endgültig und radeln weiter Richtung Owingen ⤳ Sie folgen hier dem weißen Radschild mit grünem Fahrrad darauf ⤳ auf der Kreisstraße haben Sie einen wunderbaren Ausblick auf ⤳ bergauf an einem Ferienhof vorbei ⤳ es geht an den Feldern entlang ⤳ Sie kommen an eine Kreuzung 6.

AUSFLUG Hier können Sie links einen Ausflug zum Aussichtsturm Hohenbodman unternehmen – wo Sie eine sagenhafte Aussicht erwartet.

Zum Aussichtsturm Hohenbodman

Biegen Sie an der Kreuzung links ab ⤳ auf der Kreisstraße nähern Sie sich den Häusern von Hohenbodman ⤳ in der Linkskurve bergauf in den Ort hinein ⤳ auf der **Lindenstraße** durch

3B
Mindersdorf
Tannenbergstraße
Ratzenweiler
Weiherhöfe
Pfeifferberg
685
Liggersdorf
Mühlhausen
Steighöfe
Selgetsweiler
Selgetsweiler Str.
Ortsstr.
Deutwang
Hohenfels
5,5
Schernegg
Kalkofen
Alberweiler
Sonnenberg
Loghöfe
Vogelsang
Ebratsweiler
Hahnenmühle
Josenberg
715
1,5
Schlosser
3
3c
Herdenbach
zreute
Einöde
Strohberg
555
Mahlspüren
im Tal
2,5
Bodenseestraße
Oberndorf
Herdwangen
0,5
Frickenweiler
Mahlspürer Aach
3a
Pfullendorferstr.
Winterspüren
Linzgaustr.
0,5
Breitenerlen
Seelfingen
Bornndorferstr.
Rickelsberg
695
Vorstatt
Heggelbach
Walpertsweiler
2,5
Waldsteig
Meisenberg
615
41

3c

Hohenbodman ↝ rechts auf die **Turmstraße** ↝ geradewegs zum Parkplatz beim Hohenbodman-Turm.

Aussichtsturm Hohenbodman

6 Auf der Hauptroute fahren Sie auf den Wald zu ↝ Sie haben einen wunderbaren Ausblick auch von hier ↝ am Neuhof vorbei in den Wald hinein ↝ im Wald geht's bergab ↝ sehr kurvenreich bergab ⚠ gute Bremsen sind vonnöten ↝ Sie gelangen schließlich an die Vorfahrtsstraße in Owingen ↝ rechts auf die **Hauptstraße** und vor der Kirche links Richtung Überlingen.

Owingen

7 Rechts in die **Kreuzstraße** ↝ es geht bergab ↝ Sie verlassen Owingen ↝ rechts an der Allee entlang ↝ an der Stoppstraße links und gleich wieder rechts Richtung Golfplatz ↝ auf der Anliegerstraße bergauf ↝ Sie können schon den Golfplatz sehen ↝ Sie radeln nun durch den Golfplatz ↝ bergab kommen Sie an die Vorfahrtsstraße ↝ hier geradeaus über die Kreuzung in den Anliegerweg, die **Alte Owinger Straße** ↝ es geht leicht bergab mit schönem Ausblick auf den Bodensee ↝ Sie kommen an einem Hof vorbei ↝ unter der B 31 hindurch ↝ auf der 30 km/h Zone der Alten Owinger Straße kommen Sie nach Überlingen ↝ scharfe Linkskurve ↝ es geht stetig bergab zwischen den Häusern hindurch ↝ Rechtsbogen und Linksbogen ↝ auf die Vorfahrtsstraße bergab zu ↝ Sie fahren geradeaus auf die **Hägerstraße** auf Richtung Stadtmitte ↝ geradeaus durch den Kreisverkehr auf die **Obertorstraße** ↝ rechts kommen Sie zum Bahnhof Überlingen **8**.

Überlingen
PLZ: 88662; Vorwahl: 07551

- **Kur- und Touristik Überlingen GmbH**, Landungspl. 5, ✆ 9471522, www.ueberlingen.de
- **Städtisches Museum**, Krummebergstr. 30, ✆ 991079, ÖZ: Di-Sa 9-12.30 Uhr und 14-17 Uhr, So/Fei 10-15 Uhr. Meisterwerke der bildenden Kunst von der Gotik bis zum Klassizismus sind ausgestellt. Internationale Beachtung finden die Krippensammlung sowie 50 Puppenstuben aus der Zeit der Renaissance bis zum Jugendstil als Spiegelbild bürgerlicher Wohnkultur.
- **St. Nikolaus-Münster**, Münsterplatz, ÖZ: 8-18 Uhr. Mit dem Bau der querschifflosen Pfeilerbasilika wurde im 14. Jh. begonnen, ihre Vollendung erfuhr sie um 1586. Der Hochaltar (1613-16 von J. Zürn) gilt als Meisterwerk der Schnitzkunst.
- **Rathaussaal**, Hofstatt/Münsterplatz, Mai-Sept., Mo-Fr 11 Uhr, Mo-Do 14 Uhr, Okt.-April, Mi 11 Uhr, Di und Do 14 Uhr. Der Ratssaal ist bekannt durch die Schnitzereien des Jakob Russ aus Ravensburg (1490-94). Im Vorraum ist die Darstellung „Vier Zehntbauern" aus 1534 zu sehen.
- **Stadtgarten**, Bahnhofstraße. Am Hang, überragt vom Gallerturm (16. Jh.), erstreckt sich die 1875 angelegte Grünanlage mit reicher subtropischer Vegetation, einem Rosengarten und einer Kakteensammlung.
- **Strandbad Ost**, Strandweg, ✆ 0176/61719405
- **Strandbad West**, Bahnhofstr., ✆ 301990
- **Strandbad Nußdorf**, Zur Forelle, ✆ 915329
- **Radsportstudio**, Hägerstr. 7, ✆ 3210
- **2-Rad-Shop Wehrle**, Nußdorf, Zum Hecht 4, ✆ 5737
- **W+H Fahrräder**, Zum Degenhardt 29, ✆ 948255

In der 21.000-Seelen-Gemeinde Überlingen begegnet einem auf Schritt und Tritt ihre lange Geschichte. Die Befestigungslinie der 1180 von Friedrich I. Barbarossa gegründeten Stadt ist mit ihren Wällen, Gräben und Türmen leicht auszumachen. Nicht nur im Stadtgarten, der außerdem neben Rosen auch – kurios, aber wahr – Rehe und Kakteen beherbergt. Sehenswert ist in Überlingen auch das gotische Franziskanertor aus dem Jahr 1494. Die nahe gelege-

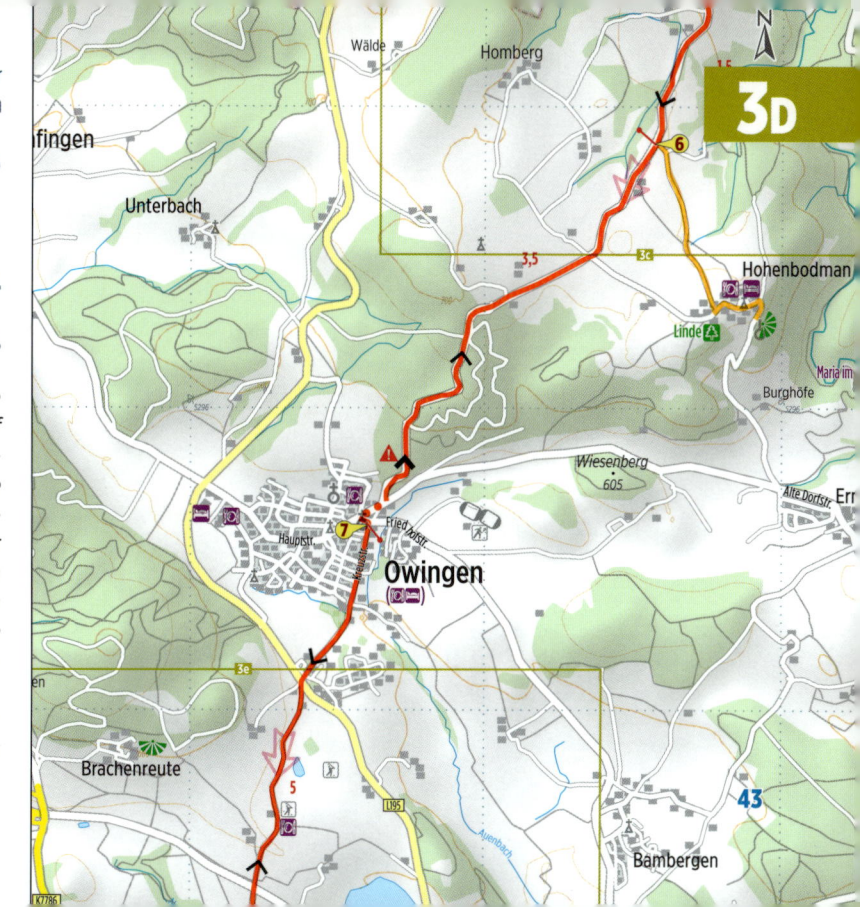

3E

Überlingen

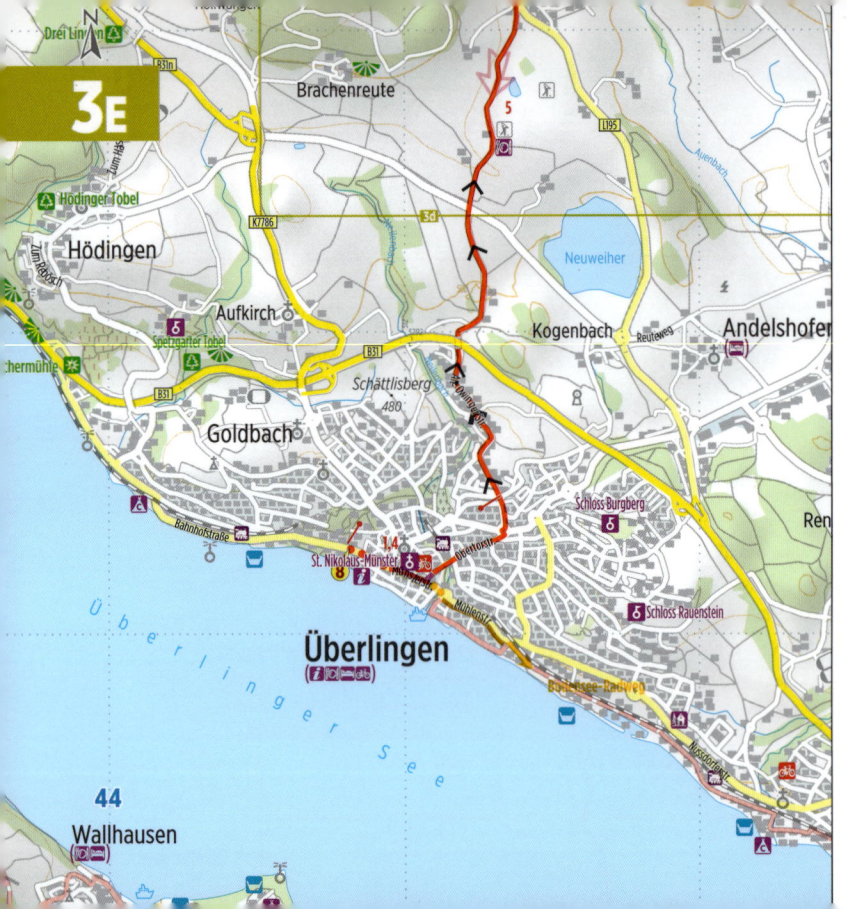

ne Franziskanerkirche schmücken innen barocke Figuren von Joseph Anton Feuchtmayer. Auch für den viergeschossigen Schnitzaltar des Münsters St. Nikolaus zeichnen keine Unbekannten verantwortlich – die Brüder Zürn schufen ihn 1613-16. Im 14. Jahrhundert als querschifflose Pfeilerbasilika begonnen, wurde der Bau 1429 zur fünfschiffigen Hallenkirche erweitert, um im Lauf des folgenden Jahrhunderts zur Basilika zu mutieren. Charakteristisch für das Wahrzeichen ist sein ungleiches Turmpaar. Unweit davon steht das Rathaus mit seinem Ratssaal aus dem ausgehenden 15. Jahrhundert. Das holzgeschnitzte Arkadenfries des Saales zeigt 41 Statuetten von Ständevertretern – ein Zeugnis für den Reichtum der Handelsstadt. Gehandelt wurde mit Wein, Salz und Getreide, woran der „Greth", ein 1788 unmittelbar am See errichtetes klassizistisches Kornhaus, erinnert.

Tour 4   Auf dem Schwäbischen Bäderradweg   72 km

Von Überlingen vorbei an der wunderschönen Basilika Birnau und am Schloss Maurach führt die Route vom Bodenseeufer hinauf zum berühmten Schloss Salem. Durch das Tal der Deggenhauser Aach kommen Sie bald ins idyllische Rotachtal. Hinter Wilhelmsdorf erreichen Sie Pfrungen und radeln am Pfrungener Ried entlang nach Riedhausen und Bolstern. Dahinter erwartet Sie das beeindruckende Kloster Sießen, von wo Sie auf einer wunderschönen Allee nach Bad Saulgau radeln. (Infos auf www.schwaebische-baederstrasse.de)

Charakteristik
Länge: 72 km
Start: Überlingen
Ziel: Bad Saulgau
Wegbeschaffenheit: Die Route verläuft zum Großteil auf ausgebauten Radwegen entlang von Straßen, auf ruhigen Nebenstraßen und auf Wirtschaftswegen. Ein längerer unbefestigter Abschnitt erwartet Sie entlang der Rotach bis Haslachmühle.
Verkehr: Der Radweg verläuft meist auf ruhigen Radwegen und Straßen dahin. Kurze Abschnitt im Verkehr kommen manchmal vor, um Feldwege zu verbinden.

Beschilderung: Sie treffen auf Schilder der Schwäbischen Barockstraße, des Bodensee-Radweges und auf Bäderradwegschilder.
Steigungen: Die Strecke führt stetig bergauf, es kommen einige kurze starke Steigungen vor.
Anschlusstour(en): Tour 3, 5

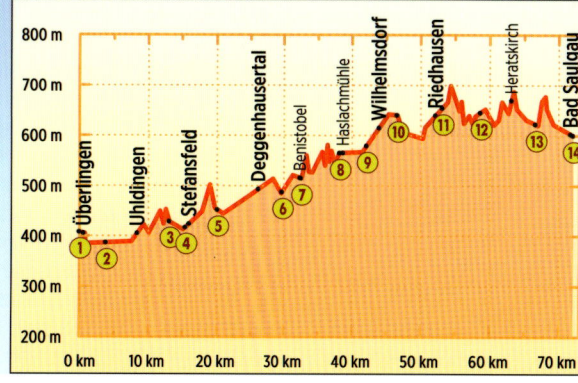

45

Überlingen
s. S. 42

1 Sie starten in Überlingen auf der Durchfahrtsstraße, **Bahnhofstraße** und **Klosterstraße** ∾ es geht am alten Bahnhof Ost vorbei ∾ noch vor dem Bahnübergang rechts auf den **Strandweg** ∾ rechts der Bahn bleiben ∾ am Hafen auf Asphalt weiter ∾ an der T-Kreuzung in der Nähe der Gleise nach rechts ∾ **2** gleich darauf ein Linksbogen ∾ auf Höhe des Campingplatzes Nußdorf verlassen ∾ in ruhiger Landschaft immer entlang der Bahnlinie am **Schloss Maurach** vorbei ∾ an der Kreuzung beim Bahnübergang rechts weiter.

AUSFLUG Vorher sollten Sie allerdings nach links über die Bahn abzweigen und der Klosterkirche Birnau einen Besuch abstatten.

Basilika Birnau

Die berühmte Basilika Birnau gilt als die schönste Barockkirche am Bodensee und liegt beherrschend inmitten von Weinbergen. Die Wallfahrtskirche und das Propsteigebäude wurden 1746-50 von Peter Thumb erbaut, die farbenfrohen Fresken stammen von Gottfried Bernhard Goez, die Bildhauerarbeiten und Stukkaturen von Joseph Anton Feuchtmayer.

Vorbei am Campingplatz Birnau-Maurach ∾ geradeaus über die Kreuzung und danach schnurgerade ∾ vor der Bundesstraße links auf den Radweg ∾ rechts halten unter der B 31 hindurch entlang der L 201 ∾ an der großen Kreuzung im Linksbogen auf dem Radweg weiter ∾ Sie befinden sich in **Oberuhldingen** ∾ weiterhin an der Landstraße entlang ∾ am Bahnhof rechts auf den Radweg.

Uhldingen-Mühlhofen
PLZ: 88690; Vorwahl: 07556

- **Tourist-Information**, Schulstr. 12, ✆ 92160, www.seeferien.de
- **Hafen Unteruhldingen**, Schiffsanlegstelle für Bootstouren zur Blumeninsel Mainau
- **Pfahlbaumuseum**, Ortsteil Unteruhldingen, Strandpromenade 6, ✆ 928900, ÖZ: April-Sept., tägl. 9-19 Uhr; Okt., tägl. 9-17 Uhr, März u. Nov., Sa, So 9-17 Uhr. Die größte Pfahlbautenanlage Europas besteht aus sechs rekonstruierten Pfahldörfern aus der Steinzeit um 3500 v. Chr. und aus der Bronzezeit um 1000 v. Chr. Sie geben Einblick in die Wohnkultur und Lebensweise einstiger Bauern und Fischer. Direkt vor dem Museum befinden sich Stellpätze für Fahrräder und eine Imbissmöglichkeit.
- **Reptilienhaus**, Ehbachstr. 4, ✆ 929700, ÖZ: April-Nov., tägl. 9.30-18 Uhr, Nov.-März, Sa, So/Fei 11-17 Uhr
- **Naturstrand Unteruhldingen**, neben dem Pfahlbaumuseum
- **Hallenbad Uhldingen-Mühlhofen**, ✆ 966989

Der Bodensee-Radweg führt am Pfahlbaumuseum, das direkt am Seeufer im Ortsteil Unteruhldingen liegt, vorbei ∾ auf dem Radweg aus dem Ort hinaus ∾ entlang der Hauptstraße nach Mühlhofen ∾ beim Kreisverkehr nehmen Sie die zweite Ausfahrt Richtung Salem, weiterhin entlang der Hauptstraße ∾ kurz nach dem Kreisverkehr endet der Radweg ∾ unter der Eisenbahnbrücke hindurch ∾ am Ortsende links auf den Radweg entlang der Straße ∾ es geht bergauf ∾ am Ortsende weiter Richtung Mimmenhausen ∾ am Olsenweiher vorbei ∾ nach dem Wald geht es bergab ∾ am Bifangweiher vorbei ∾ der Radweg endet am Ortsbeginn von Mimmenhausen ∾ **3** hier rechts in den **Bachweg** ∾ gleich links, **Im Winkel** ∾ an der Gabelung rechts halten durch das Siedlungsgebiet.

Basilika Birnau

46

Schättlisberg
480
Schloss Burgberg
Rengoldshausen
Deisendorfer Weiher
Krähenberg
450
Tüfingen
Salem
Schloss Salem
Schlossstr.
3,8
4A
Leopoldsberg
480
Laubenberg
500
Deisendorf
Poststr.
Mohren
485
Mendlishausen
Engeweiher
Mendlishauser Weiher
Markgrafenweiher
Affenberg
Bifangweiher
Neuberg
470
Im Winkel
Bodenseestr.
Alte Neu
4b
Schloss Rauenstein
Obertorstr.
Münsterstr.
Mühlenstr.
erlingen
2,5
Nussdorferstr.
Nußdorf
Nellenfurbach
B31
3,6
Kloster Birnau
Birnau
Schloss Maurach
Obermaurach
Apfelberg
460
Vogelsberg
440
Killenweiher
Mühlhofen
4
Dingelsdorf
Überlinger See
See
1,8
1,6
Seefelden
Bahnhofstr.
Kanalweg
Aachstr.
Hallendorf
Fließhorn
Oberdorf
Gebhardsweiler
L219
47

Mimmenhausen
PLZ: 88682; Vorwahl: 07553

Feuchtmayerhaus Salem, Tüfinger Str. 10, ✆ 96910 Fr. Wenzel, ✆ 823-12 Fr. Stark, Gemeinde Salem. ÖZ: April-Okt., Sa, So/Fei 11-17 Uhr, im Winterhalbjahr sind Führungen nach Voranmeldung möglich.

An der **Bahnhofstraße** kurz rechts und gleich wieder links in die **Friedhofstraße** ~ an der T-Kreuzung links und gleich rechts, **Kolpingstraße** ~ an der Kreuzung **Zum Dachsenberg** links ~ rechts befindet sich ein toller Spielplatz mit Rastmöglichkeit ~ an der Vorfahrtsstraße rechts, **Bodenseestraße** ~ hier folgen Sie dem Bäderstraßenschild ~ gleich wieder links in den **Langen Weg** ~ schnurgerade über die Felder ~ der Radweg endet beim Parkplatz von Schloss Salem ~ **4** hier können Sie links das Schloss besuchen.

Schloss Salem

Schloss und Kloster Salem, ✆ 07553/9165336, ÖZ: April-Nov., Mo-Sa 9.30-18 Uhr, So/Fei 10.30-18 Uhr, Führungen täglich. 1134 wurde das Zisterzienserkloster gegründet und erhielt seinen Namen nach dem biblischen „Ort des Friedens". Im 17. Jh. bei einem Brand weitestgehend zerstört – wurde das im Barockstil neu errichtete Abteigebäude im 18. Jh. Kloster zu einem Kunstzentrum. Viele Maler, Bildhauer und Baumeister waren im Rahmen der Dekoration der Abteigebäude tätig. 1802 erfolgte die Säkularisation und seither trägt die Anlage den Namen Schloss Salem. Im Schloss untergebracht ist ein Internat, die Innenräume des ehemaligen Klosters können im Rahmen von Führungen besichtigt werden, das Münster und die Schlossanlage sind so wie die Museen ohne Führung zugänglich, wie z. B. die Historische Schmiede, das Brennereimuseum oder der Schauweinberg usw.

Die Route führt geradeaus vor an die L 205 ~ kurz rechts ~ nach der Brücke links in die **Markgrafenstraße** ~ dem Verlauf im weiten Rechtsbogen folgen ~ an der **Heiligenberger-straße** links auf den straßenbegleitenden Radweg ~ auf diesem fahren Sie Weildorf entgegen.

Weildorf
PLZ: 88682; Vorwahl: 07553

Pfarrkirche St. Peter und Paul mit einem geschnitzten Kreuzweg von Josef A. Feuchtmayer

Mitten im Ort biegen Sie rechts ein in die **Franz-Ehret-Straße** ~ es geht bergauf ~ in der starken Linkskurve biegen Sie rechts ein in den Weg **Vorder Halden** ~ an der Gabelung links ~ Linkskurve und hinaus aus dem Ort ~ der Asphalt endet ~ auf Kies radeln Sie nun auf den Wald zu ~ im Wald bergauf bis zur Rechtskurve und danach bergab ~ am Waldrand entlang ~ unten angekommen im Linksknick und anschließender Rechtskurve an eine Gabelung ~ halten Sie sich rechts, **Lindenstraße** ~ nach einer Linkskurve und Rechts-Linksschwenk gelangen Sie an die **Beurener Straße** in Altenbeuren.

Altenbeuren

5 Biegen Sie rechts ab ~ aus dem Ort hinaus ~ an der folgenden Kreuzung mit der Vorfahrtsstraße links auf den straßenbegleitenden Radweg zur **Mennwanger Straße**, L 204 entlang dieses Radwegs passieren Sie immer wieder einzelne Höfe ~ zur Rechten die Höfe von Mennwangen ~ die Deggenhauser Aach ist ständiger Begleiter auf diesem Weg durch die wunderbare Landschaft ~ Sie radeln mittlerweile entlang der **Wittenhofer Straße** ~ so erreichen Sie Untersiggingen ~ über die Brücke und entlang der Straße durch den Ort hindurch Richtung Markdorf.

Untersiggingen

Am Ortsende beginnt links entlang der Straße ein Radweg ~ in einer Rechtskurve endgültig aus dem Ort hinaus ~ entlang der Wittenhofer Straße bergauf ~ entlang der **Badener Straße** kommen Sie nach Wittenhofen.

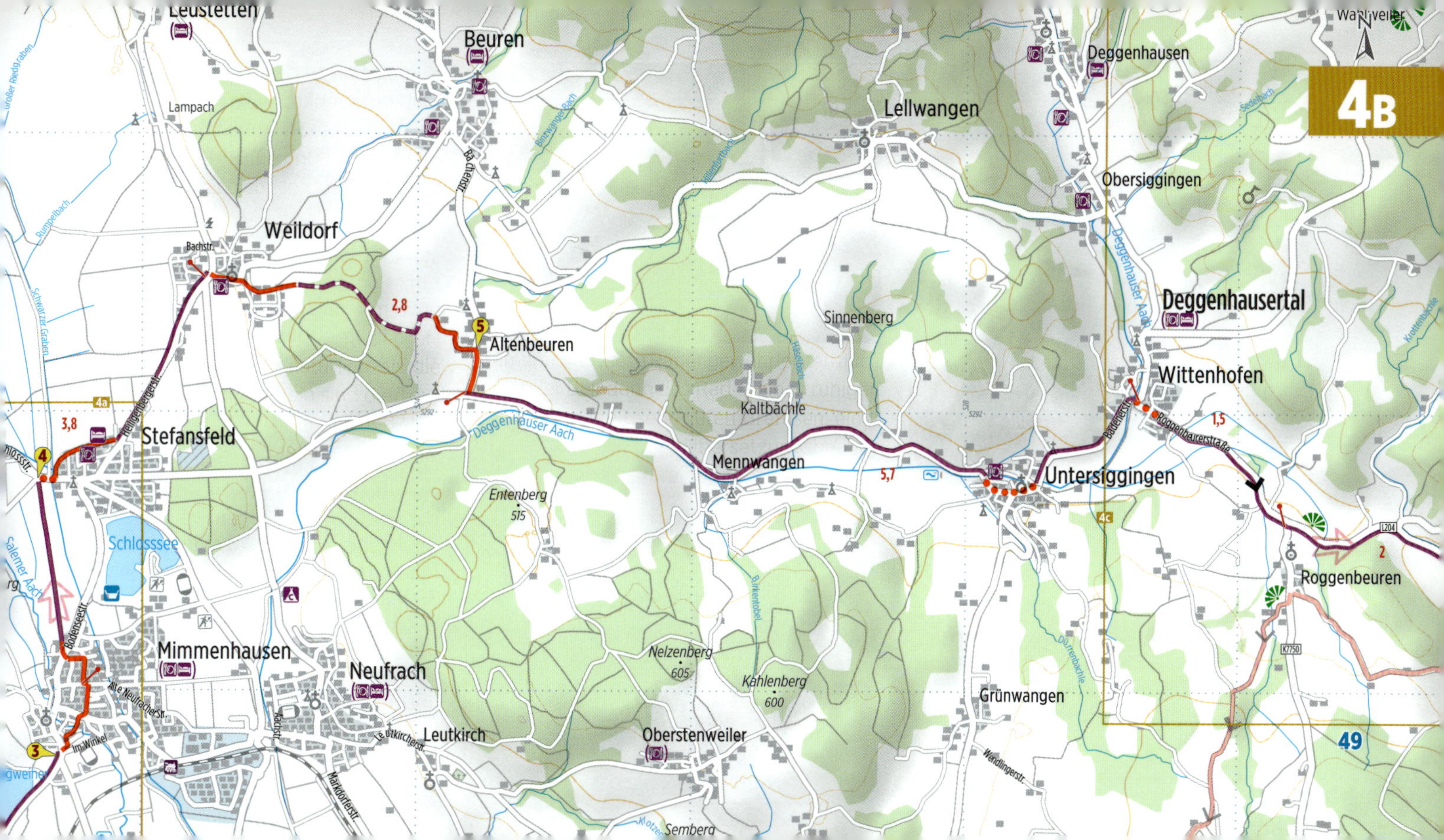

4B
Leustetten
Beuren
Deggenhausen
Lampach
Lellwangen
Obersiggingen
Weildorf
Bachstr.
Bächenstr.
2,8
5
Altenbeuren
Sinnenberg
Deggenhausertal
Deggenhauser Aach
Wittenhofen
4a
3,8
4
Stefansfeld
Heiligenbergerstr.
Kaltbächle
Mennwangen
5,7
Untersiggingen
Roggenbeurerstraße
1,5
Entenberg
515
4c
Schlosssee
Salemer Aach
Roggenbeuren
L204
2
Bodenseestr.
Mimmenhausen
Neufrach
Nelzenberg
605
Kahlenberg
600
K7750
Alte Neufracherstr.
Grünwangen
3
Im Winkel
Leutkirch
Leutkircherstr.
Oberstenweiler
Aachstr.
Markdorferstr.
Wendlingerstr.
Sembera
49

4c

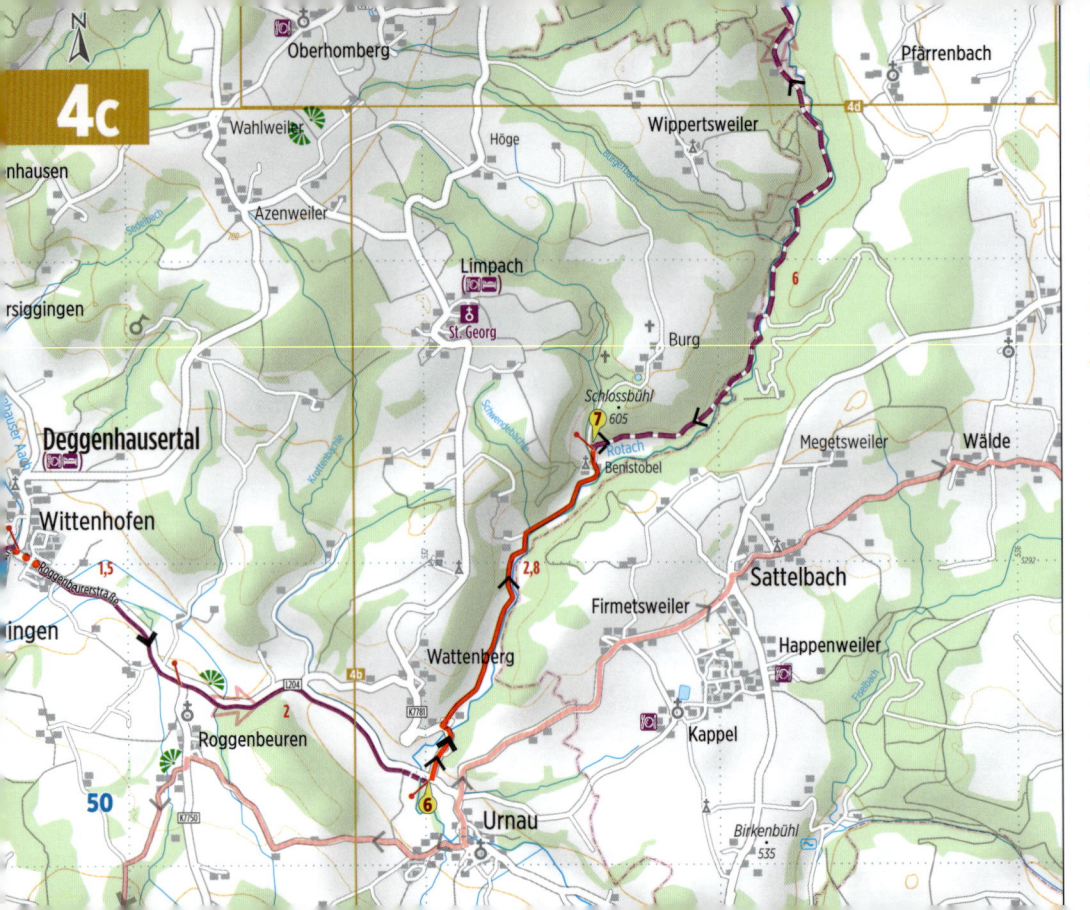

Wittenhofen

Folgen Sie dem Straßenverlauf in der Rechtskurve ~ nach der Brücke vor der Linkskurve biegen Sie rechts ein in die **Roggenbeurer Straße** ~ am Ortsende rechts auf den Begleitweg zur L 204 ~ vorbei am Supermarkt ~ es geht nun leicht bergauf ~ in der Rechtskurve stärker bergauf ~ rechts oben sehen Sie die Kirche von Roggenbeuren ~ am Waldrand entlang ~ nach der Rechtskurve leicht bergab ~ Sie haben schöne Ausblicke nach links ~ der ausgebaute Radweg endet, weiter auf einem schmalen Kiespfad ~ **6** links über die Straße auf die K 7781 Richtung Wilhelmsdorf entlang der Baumreihe ~ zu Beginn leicht bergauf ~ über die Rotachbrücke bei der **Schönemühle** stark bergauf ~ nach der Schönemühle führt die Route in der Linkskurve rechts Richtung Benistobel, dem Schild mit dem blauen Radfahrer folgend ~ der Weg ist mit 6 t und 30 km/h beschränkt ~ es geht gleich zu Beginn leicht bergauf ~ der asphaltierte Weg führt am Hang entlang ~ rechts unten fließt die Rotach ~ leicht bergab zum Gewässer und an der Baumreihe entlang ~ durch dieses wunderschöne Tal mit Namen **Im Tobel** links oben ein Hof, hier rechts halten weiterhin an der Baumreihe entlang ~ bald schon sehen Sie die Häuser von **Benistobel** ~ am Hof vorbei ~ **7** an der Weggabelung rechts halten bergauf in den Anliegerweg ~ hier treffen Sie auf Schilder des Donau-Bodensee-Radweges Richtung Jonistobel ~ am Waldrand kräftig bergauf ~ bergab ins Tal der Rotach ~ vorbei am **Jonistobel-Hof** ~ in der Rechtskurve über die Brücke und links in den Kiesweg ~ durch die offene Schranke hindurch ~ am Waldrand und an der Rotach entlang ~ über eine kleine Brücke mit rotem Geländer, so wechseln Sie das Ufer ~ in der Rechtskurve weiter auf dem schönen breiten Kiesweg ~ es geht leicht bergauf ~ durch eine langgezogene Linkskurve ~ vorbei an einem Trinkwasserbrunnen ~ weiterhin auf diesem schattigen Weg im Rotachtal ~ es geht hinaus aus dem Wald ~ an einer Wiese entlang ~ am **Tobelwangerhof** vorbei ~ durch eine offene Schranke hindurch ~ bergauf zum Waldrand hin ~ in einer Rechtskurve wieder über die Rotach zu den Häusern von **Buchmühle** hin ~ hier beginnt wieder Asphalt ~ Linkskurve und dem Wegverlauf folgen ~ stark bergauf durch das Wäldchen ~ auf diesem Weg an der **Haslachmühle** vorbei – bergauf **8** an der Vorfahrtsstraße links Richtung Wilhelmsdorf ~ rechts in den Wirtschaftsweg ~ an den Häusern entlang ~ direkt an der Rotach entlang weiter ~ an den Wiesen und Baumreihen entlang durch die schöne Landschaft ~ an der Kreuzung mit der Vorfahrtsstraße links ~ nach ca. 300 m direkt bei dem Kreuzungsschild rechts einbiegen ~ auf diesem schönen Weg schnurgerade durch die Felder Richtung Zußdorf ~ an einigen Stallungen vorbei ~ über die

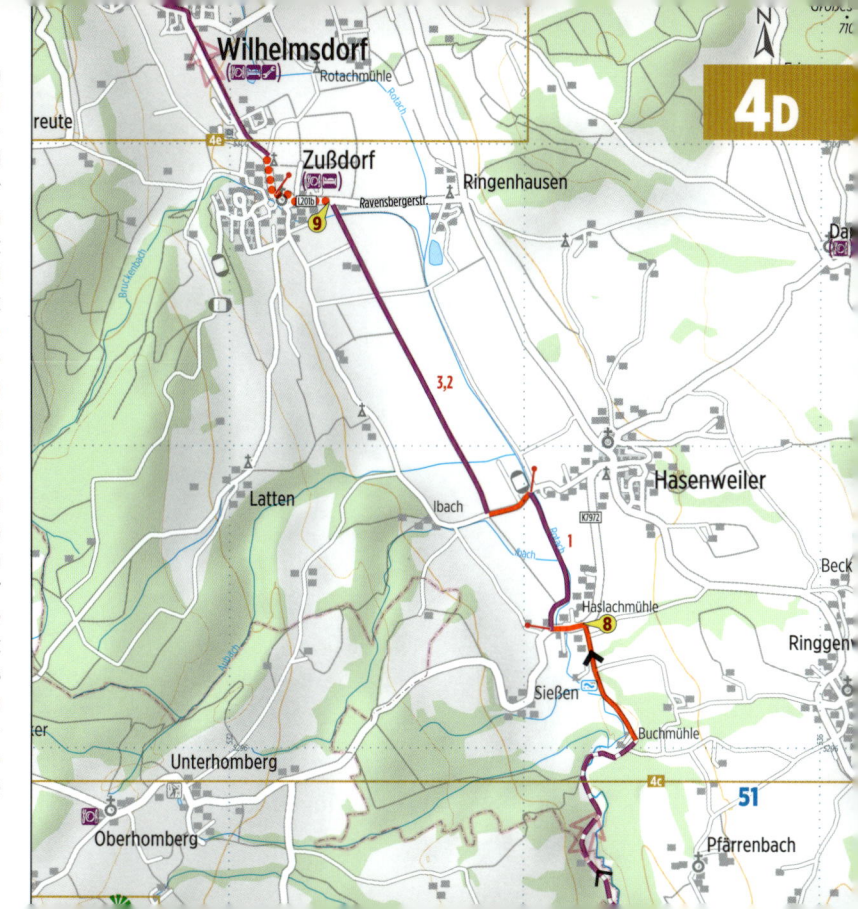

4D

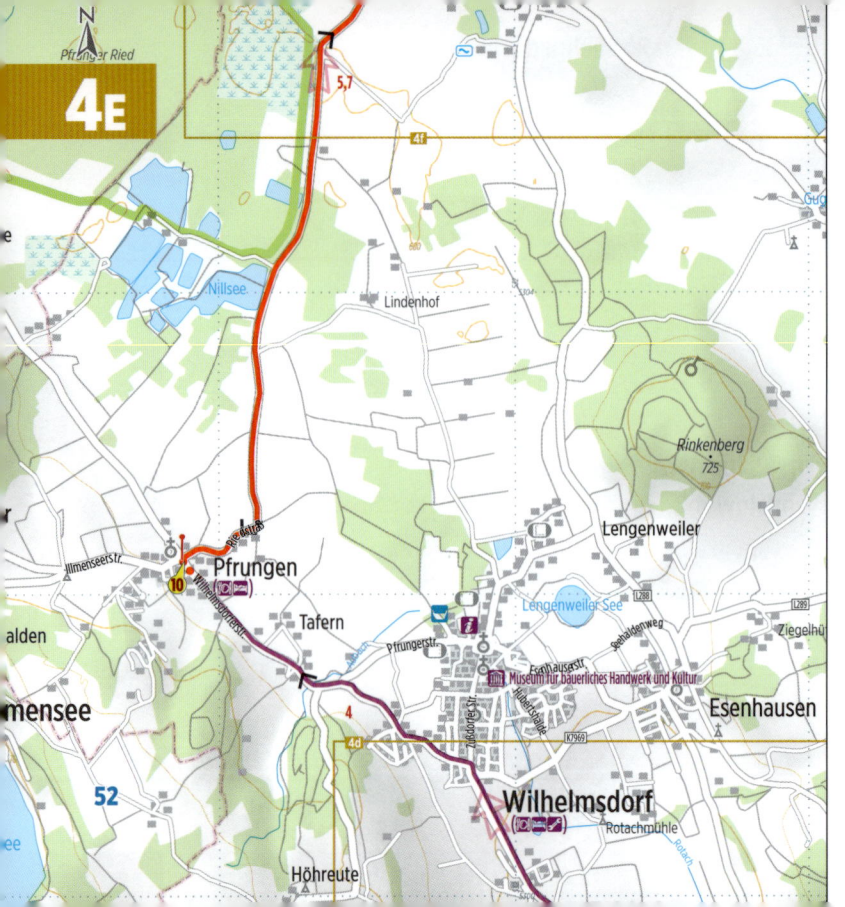

Rotach kommen Sie nach Zußdorf ~ **9** an der Landstraße links ~ auf der **Ravensburger Straße** in den Ort hinein.

Zußdorf

Im starken Rechtsknick nach der Kirche auf der **Leonhardstraße** weiter ~ am Ortsende beginnt rechts ein Rad- und Fußweg ~ auf diesem Richtung Wilhelmsdorf ~ vorbei am Autohändler und am Sportplatz ~ in weiterer Folge vorbei an der Siedlung **Wolfshalde** ~ Sie kommen zu den ersten Häusern von Wilhelmsdorf ~ folgen Sie dem Radwegverlauf in der Linkskurve der L 201b.

Wilhelmsdorf

PLZ: 88271; Vorwahl: 07503

- **Gemeindeverwaltung**, Saalpl. 7, ✆ 9210, www.gemeinde-wilhelmsdorf.de
- **Ferienregion Nördlicher Bodensee**, 88630 Pfullendorf, Kirchpl. 1/Am Marktplatz, ✆ 07552/251131, www.noerdlicher-bodensee.de
- **Museum für bäuerliches Handwerk und Kultur**, Hoffmannstr. 27, ✆ 07503/1716, ÖZ: April-Okt., jeweils am 1. und 3. So 14-17 Uhr. Im Eintrittspreis ist eine Führung und ein sog. Hock inkludiert. Der Hock ist eine Jause, entweder mit Holzofenbrot, Rauchfleisch, Käse, Most, Griebenschmalz und Museumsgeist oder Kaffee und Kuchen.
- **Naturschutzzentrum Pfrungener Ried**, Riedweg 3, ✆ 07503/739, ÖZ: März-Okt., So/Fei 13.30-17 Uhr, wochentags zu Bürozeiten und auf Voranm., Bürozeiten: Mo-Fr 9-17 Uhr. Naturkunde, Landschafts- und Kulturgeschichte des Moores, Riedlehrpfad, Sonderausstellungen und Veranstaltungen.
- **Lengenweiler See**, Lengenweiler 31, ✆ 07503/9210, Naturbadesee
- **Weissenrieder Zweiradzentrale**, Wolfshalde 5, ✆ 325

Gleich wieder hinaus aus Wilhelmsdorf und auf dem Gehsteig entlang der Straße kommen Sie anschließend nach **Niederweiler** ~ leicht bergauf ~ am Ende des Weilers rechts auf den straßenbegleitenden Radweg Richtung Pfrungen - 3 km ~ geradeaus über die Kreuzung mit der L 289

Richtung Wilhelmsdorf ~ es geht stetig bergauf ~ über den Aubach ~ vorbei an den Häusern von **Tafern** ~ Sie können schon den wunderschönen Kirchturm von Pfrungen sehen ~ am Ortsbeginn endet der Radweg ~ auf der Wilhelmsdorfer Straße erstmal durch den Ort.

Pfrungen

Das Naturschutzgebiet Pfrunger-Burgweiler Ried ist die zweitgrößte Moorlandschaft Deutschlands. Auf insgesamt 440 Hektar können Sie die unberührte Natur des Riedes und des Bannwaldes genießen.

Am Beginn der Linkskurve **10** vor der Kirche biegen Sie rechts ein Richtung Riedhausen auf die **Riedstraße** ~ leicht bergab radeln Sie aus dem Ort hinaus ~ Sie haben einen schönen Ausblick auf die umliegenden Wiesen und Felder ~ an den Viehweiden entlang ~ in einer scharfen Linkskurve auf der schmalen Landstraße ~ nun radeln Sie auf der wunderschönen Birkenallee durch das Pfrunger Ried ~ am Nillsee entlang ~ über die Ostrach ~ bald darauf wird die Straße breiter und es geht bergauf ~ an den Häusern von **Bühlhöfe** vorbei ~ auf der **Pfrunger Straße** kommen Sie nach Riedhausen ~ an der Vorfahrtsstraße, **Hauptstraße**, rechts Richtung Wilhelmsdorf.

Riedhausen

Von der Hauptstraße biegen Sie rechts ab Richtung Ebenweiler ~ vorbei am Gasthaus ~ auf der **Waldhauser Straße** geht es leicht bergauf aus dem Ort hinaus ~ **11** Sie biegen links ein Richtung Alzhausen und folgen somit dem Radschild ~ auf diesem Asphaltweg radeln Sie durch die Felder ~ vorbei an einem Wegkreuz ~ starke Linkskurve in den Wald hinein ~ dem D-Netz Radschild in der Rechtskurve folgen ~ auf dem breiten Radweg weiter durch

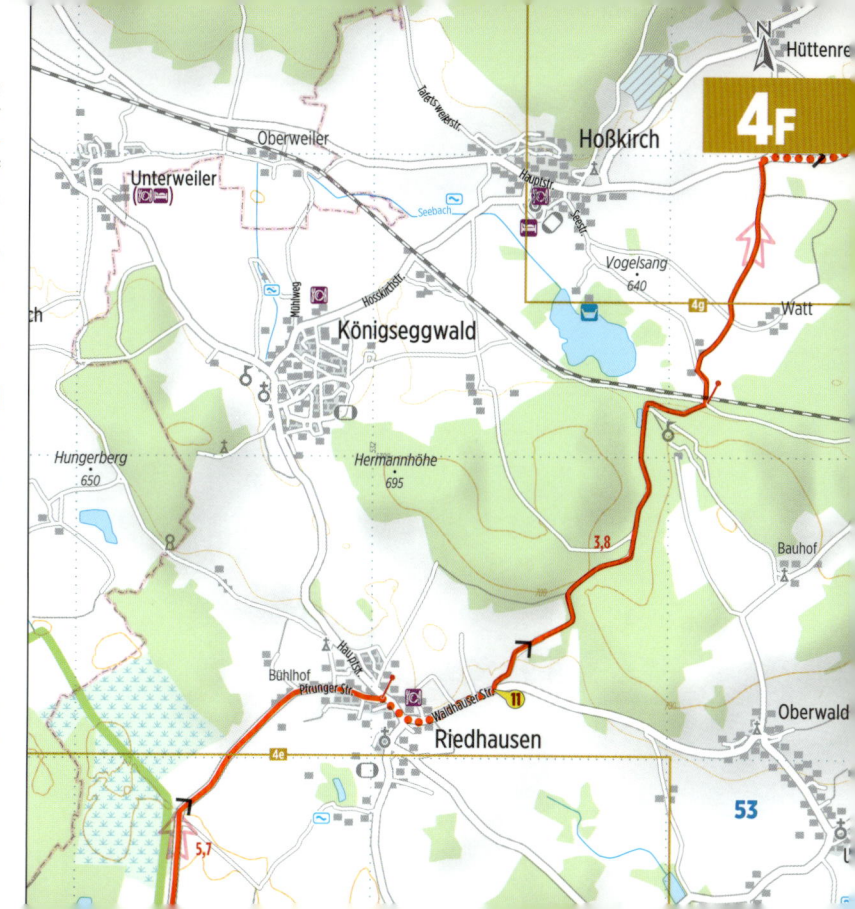

4G

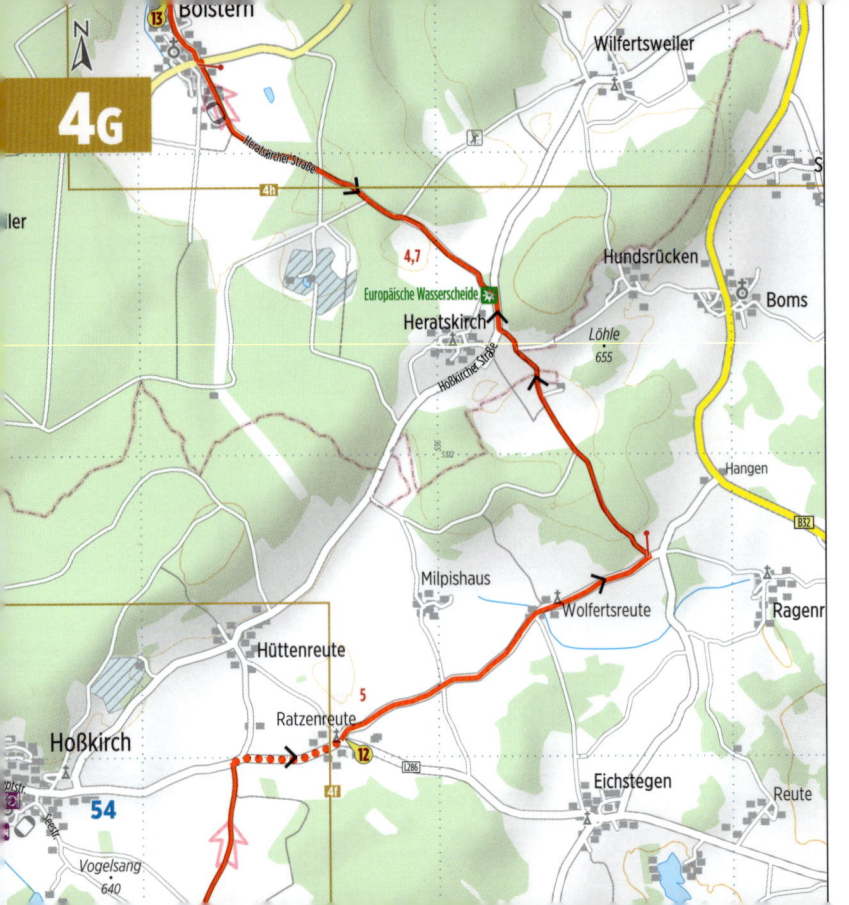

den Forst ↝ Sie gelangen an eine Vorfahrtsstraße, hier links ↝ es geht hinunter, ein Bahnübergang wird angekündigt ↝ links die Bahn überqueren ↝ aus dem Wald hinaus ↝ Sie radeln auf die Höfe zu und halten sich an der Gabelung rechts ↝ an den Feldern entlang ↝ geradeaus über die Wegkreuzung ↝ rechts befindet sich der Hof Watt ↝ Sie gelangen an eine Vorfahrtsstraße und halten sich rechts ↝ nur ein kurzes Stück auf der stark befahrenen L 286 bergauf zum Hof **Ratzenreute** ↝ **12** hier biegen Sie links ein und halten sich gleich rechts auf die K 7961 ↝ geradeaus über die Kreuzung, Richtung Hangen bergab auf dem Weg mit Straßenschäden ↝ durch den Weiler **Wolfertsreute** hindurch ↝ ein sehr schöner Weg führt hier durch die wunderbare Landschaft ↝ es geht bergauf Richtung Hangen ↝ noch vor der Vorfahrtsstraße links in den 6 t Weg ↝ am Waldrand entlang ↝ auf dem Asphaltweg durch den Wald stetig leicht bergauf entlang der Felder ↝ nach dem Abzweig zum Hofgut Häuser stärker bergauf ↝ in einer Linkskurve an einer Rastbank vorbei, so erreichen Sie die Vorfahrtsstraße, **Hoßkircher Straße** ↝ hier rechts bergauf ↝ bei der Pferdeweide links ↝ über die Europäische Wasserscheide Richtung Bolstern ↝ an der Gabelung rechts halten wiederum Richtung Bolstern ↝ auf dem mit 6 t beschränkten Landwirtschaftsweg geht es bergab über den Golfplatz ↝ an der Kreuzung, wo es rechts zum Golfplatz geht, geradeaus ↝ auf der **Heratskircher Straße** am Waldrand entlang ↝ an der folgenden Viererkreuzung geradeaus ↝ Sie kommen nach Bolstern ↝ am Sportplatz vorbei und in den Ort hinein mit maximal 30 km/h.

Bolstern
PLZ: 88348; Vorwahl: 07581

- **Pfarrkirche St. Gallus**, wurde 1268 erstmals erwähnt

An der Vorfahrtsstraße links und gleich wieder rechts Richtung Rietberg auf die **Wolfartsweiler Straße** ~ 13 direkt am Ortsende biegen Sie rechts ein auf den Landwirtschaftsweg ~ an Gärten entlang ~ an der Kläranlage vorbei und danach bergauf ~ links halten auf den Wald zu ~ leicht bergauf auf dem gekiesten Forstweg ~ an der Wegkreuzung links und weiterhin durch den Wald ~ am Waldrand im Rechtsknick bergab auf die Häuser zu.

Sießen

- **Klosteranlage und Kirche Sießen**, Information, Anmeldung und Führungen ✆ 07581/80-124. Besonders sehenswert sind die Kirche St. Markus, das Haus St. Dominikus, die Klosterkapelle, der Franziskusgarten und der Hummelsaal mit der Dauerausstellung der Werke von Schwester Maria Innocentia Hummel.

An der Vorfahrtsstraße erst rechts auf dem begleitenden Radweg und gleich wieder links Richtung Besucherparkplatz ~ zur Linken befindet sich das prächtige Kloster Sießen ~ auf der Allee weiter ~ am Friedhof vorbei ~ über eine Viererkreuzung ~ auf der wunderschönen Birkenallee sehen Sie bereits Bad Saulgau ~ an der Gabelung links halten ~ am Eisweiher vorbei ~ Sie kommen beim Krankenhaus auf dem **Sießener Fußweg** nach Bad Saulgau ~ an der Mehrfachkreuzung geradeaus auf den Radweg, der unter der Straßenbrücke hindurchführt ~ vorbei an den rot-weißen Balken ~ auf das Mühlrad zu ~ rechts unter der Bahn hindurch auf der **Bachstraße** ~ in der Linkskurve radeln Sie ins Zentrum der Stadt ~ rechts kommen Sie zum Bahnhof 14.

Bad Saulgau
PLZ: 88348; Vorwahl: 07581

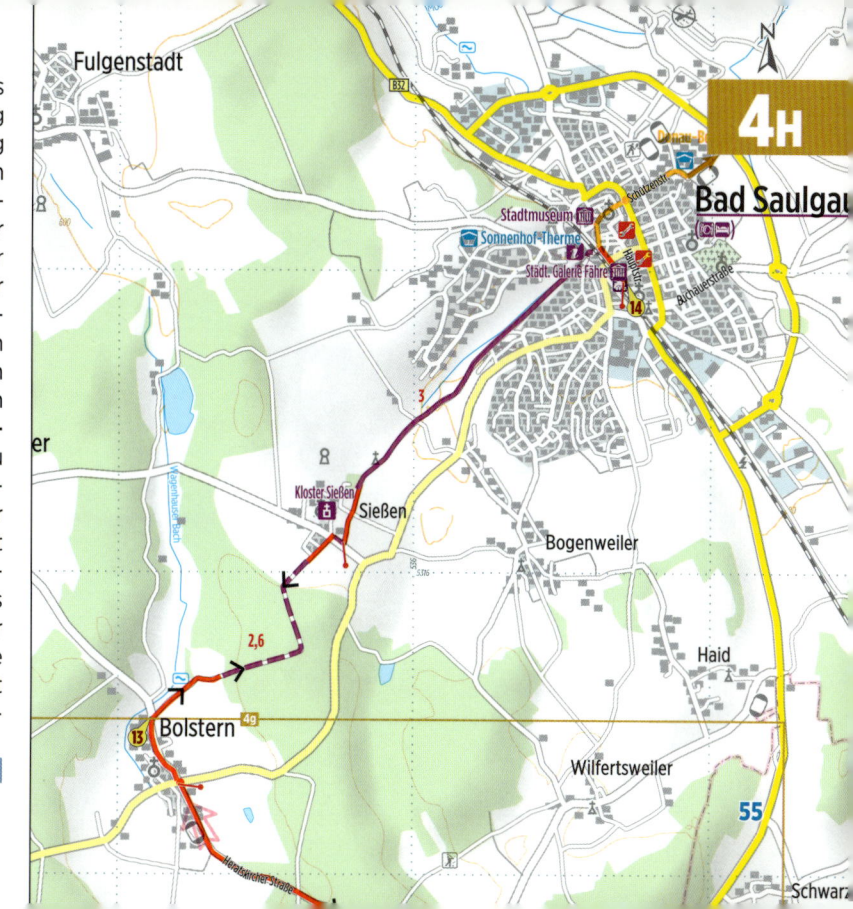

Bad Saulgau

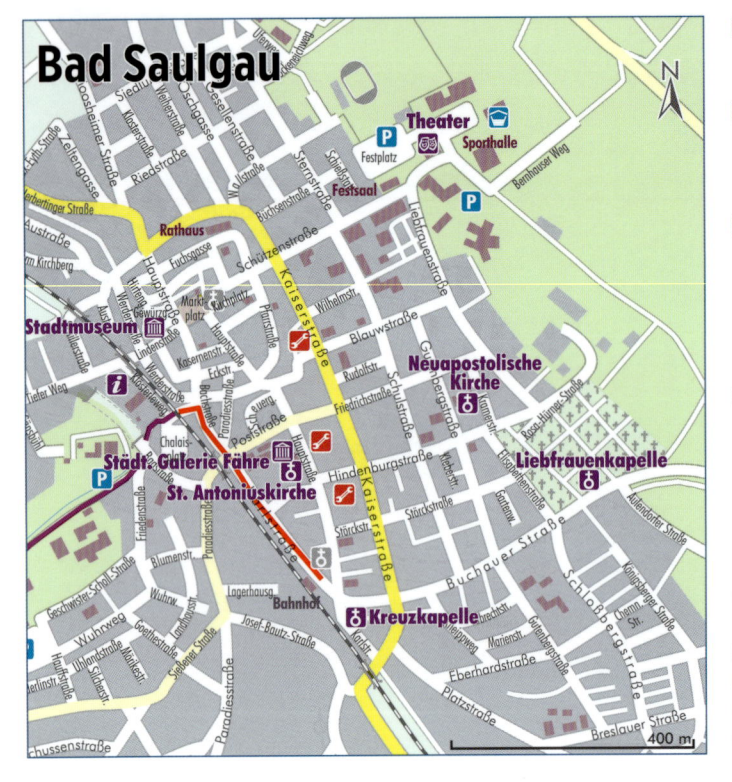

- **Tbg Bad Saulgau mbH**, Lindenstr. 7, ✆ 2009-0, www.t-b-g.de, www.bad-saulgau.de
- **Städtische Galerie Fähre** im Alten Kloster, Hauptstr. 102/1, infos beim Kulturamt ✆ 207-160, ÖZ: Di-So 14-17 Uhr.
- **Stadtmuseum**, Schleifergasse (Marktplatz), Infos beim Kulturamt ✆ 207-160, ÖZ: Sa u. So 14-17 Uhr, Führungen n. V. Auf 5 Stockwerken wird ein Überblick über die Geschichte Saulgaus geboten.
- **Altes Kloster**, beherbergt die Städt. Musikschule, die Stadtbibliothek und die Städt. Galerie Fähre. Das ehem. Franziskanerkloster wurde 1665 erbaut, 1810 säkularisiert, zwischendurch als Spital und Pflegeheim genutzt und schließlich vor kurzem grundlegend saniert und modernisiert.
- **Sonnenhof-Therme**, Am Schönen Moos 1, ✆ 4839-0, ÖZ: tägl. 8-22 Uhr
- **Hallenbad**, Schützenstr. 32, ✆ 506-159
- **Zweirad Neudörffer**, Hauptstr. 108/110, ✆ 8760
- **Rund um's Rad**, Hauptstr. 95, ✆ 2655
- **Gölz Fahrräder**, Kaiserstr. 58, ✆ 50910

Segelfliegen, Fallschirmspringen, Golfspielen oder ein Sprung ins kühle Nass der nahen Badeseen lassen in Bad Saulgau die Herzen der sportlichen Besucher höherschlagen. Jedoch auch Kulturinteressierte kommen in der traditionsreichen Stadt an der Oberschwäbischen Barock- und Schwäbischen Bäderstraße auf ihre Kosten. Die historischen Häuser am Marktplatz wie das „Haus am Markt" aus dem 15. Jahrhundert und das „Eckládele" aus dem 16. Jahrhundert sind besonders eindrucksvoll

Tour 5 — Durch das Naturschutzgebiet Oberteuringen — 53 km

Charakteristik
Länge: 53 km
Start: Immenstaad
Ziel: Immenstaad
Wegbeschaffenheit: Die Route verläuft ausschließlich auf asphaltierten Wirtschaftswegen und Landstraßen.
Verkehr: Auf der Route gibt es nur kurze Abschnitte im mäßigen Verkehr in Ober- und in Unterteuringen. Die gesamte restliche Route ist verkehrsfrei.

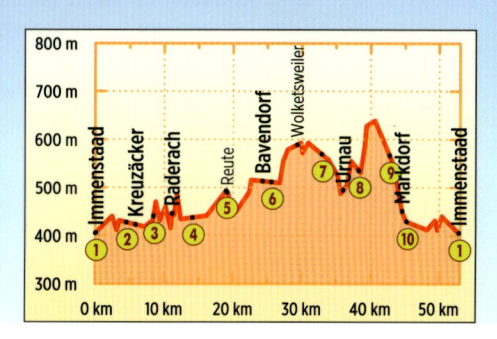

Riedidylle

Diese Tour rund um das Naturschutzgebiet Oberteuringen beginnen Sie in Immenstaad am Bodensee. Nach einem leichten Bergauf erreichen Sie Oberteuringen entlang der Rotach und radeln durch das sumpfige Naturschutzgebiet. Weiterhin stetig bergauf über den Gehrenberg nach Markdorf, wo Sie einige Sehenswürdigkeiten wie das Bischofsschloss und die Nikolauskirche erwarten. Nach der Stadtbesichtigung starten Sie die Abfahrt zurück nach Immenstaad.

Beschilderung: Für diese Tour gibt es keine durchgehende Beschilderung.
Steigungen: Es gibt auf der Strecke immer wieder leichte Steigungen, starkes Bergauf vor und hinter Wilhelmskirch.
Anschlusstour(en): Tour 4, 6

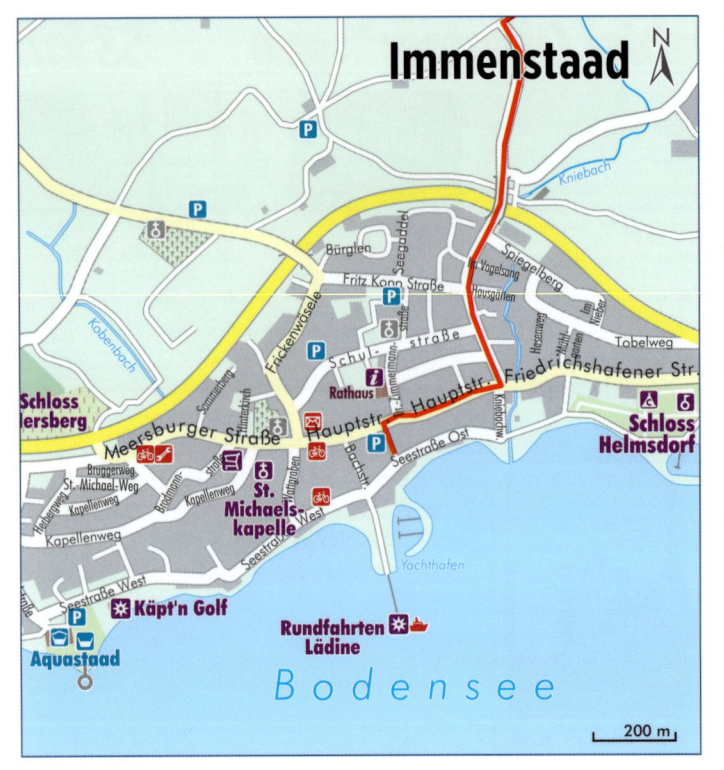

Immenstaad

PLZ: D-88090; Vorwahl: 07545

Tourist-Information, Dr.-Zimmermann-Str. 1, ✆ 201-110 od. -112, www.immenstaad-tourismus.de

Rundfahrten mit der Lädine (Nachbau eines historischen Lastenseglers), Informationen unter ✆ 201110

Heimatmuseum, OT Kippenhausen, ÖZ: Ostern-Mitte Sept., Sa, So/Fei 12-14 Uhr und 18-20 Uhr. Alte Küchen- und Wohnstubeneinrichtungen, Eisenwarenladen, Handwerk und Landwirtschaft.

Das **Schwörerhaus** ist ein im Jahr 1578 erbautes alemannisches Fachwerkhaus.

Abenteuerpark, ✆ 949462, ÖZ: Anfang April-Anfang Nov., tägl. ab 10 Uhr, Juni-Sept., tägl. ab 9 Uhr. Hochseilgarten mit neun Parcours.

Käpt'n Golf, Seestraße West 37, ✆ 9499960, ÖZ: Ende März-Anfang Nov. Abenteuer-Minigolf, Kanuverleih...

Familienbad „Aquastaad", Strand- und Hallenbad, Strandbadstr. 1, ✆ 901313, ÖZ: Mai-Sept., 8.30-19 Uhr, Winter: geänderte ÖZ. Naturkiesstrand, Liegewiese, Erlebnisbecken, Innenbereich...

s'Sporträdle, Meersburger Str. 27, ✆ 1444

Die Fahrkarte, Hauptstr. 3, Vermietung von E-Bikes

Ulla Mukrowsky, Auf dem Ruhbühl 107, ✆ 6819

Sommerhof Anton Rauber, Seestr. West 12, ✆ 931110

In der Ortschaft Immenstaad erwartet den Besucher ein gepflegter Ortskern. Anders als in

Hagnau basiert die Landwirtschaft hier nicht mehr vornehmlich auf Wein, sondern auf dem Obstanbau. Größte Sehenswürdigkeit des Ortes ist das gestelzte Fachwerkgebäude gegenüber der Pfarrkirche. Dieses 1578 errichtete „Schwörerhaus" war ursprünglich eine Pulvermühle und ist heute das älteste Haus Immenstaads. In den Weinbergen oberhalb der Bundesstraße steht das Schloss Hersberg aus dem 16. Jahrhundert, heute ein geistliches Haus des Pallotiner-Ordens für Bildung und Begegnung.

1 Sie starten im Zentrum von Immenstaad beim Gemeindeamt geradeaus nach vor an die Hauptstraße und hier links auf den Bodensee-Radweg von der Hauptstraße links auf die **Happenweilerstraße** dem Donau-Bodensee-Radschild folgend es geht bergauf durch das Siedlungsgebiet über die Bundesstraße in der Rechtskehre der Straße fahren Sie geradeaus in den Landwirtschaftsweg zu den Obstplantagen Sie radeln zwischen den Obstbäumen, vor allem Apfelbäume säumen den Weg im Linksbogen gelangen Sie an

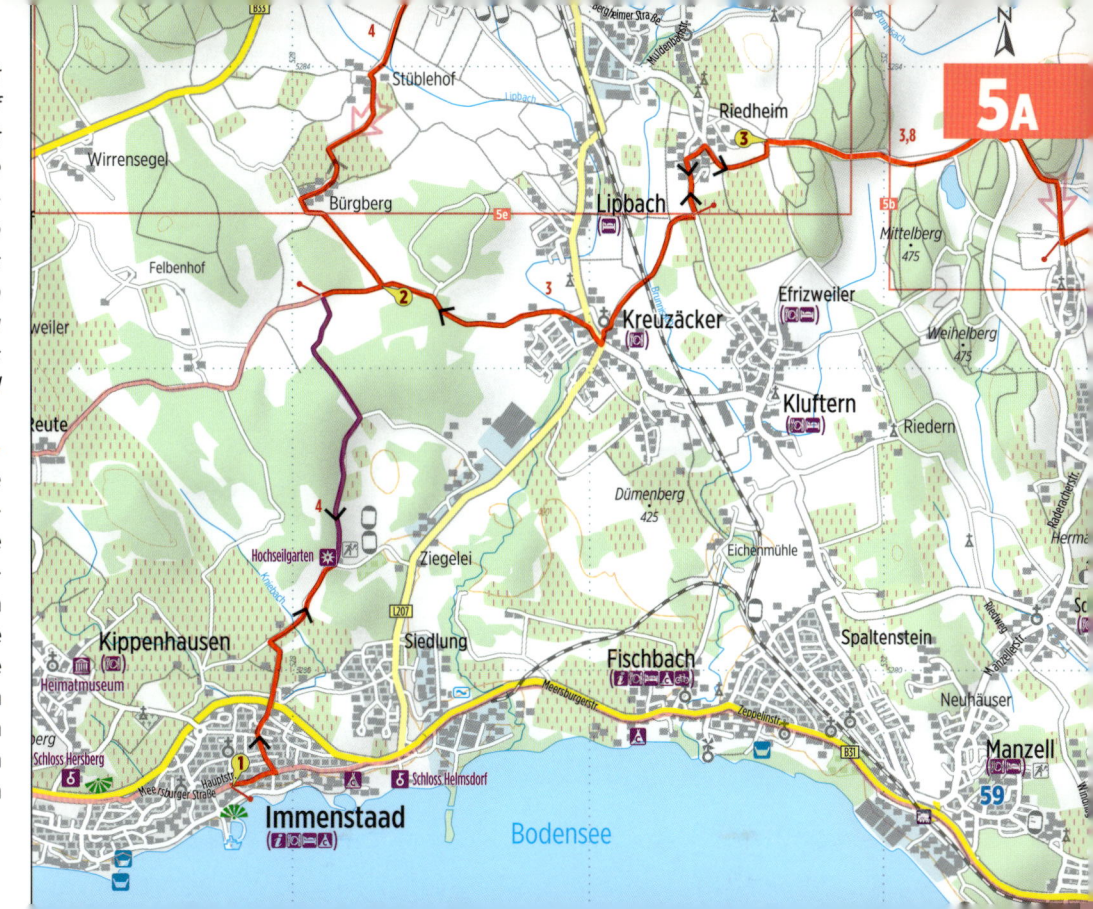

5B

eine Kreuzung, halten Sie sich rechts ~ auf dem Plattenweg geht es weiter durch die Obstfelder ~ mit leichtem Auf und Ab streifen Sie durch die endlos wirkenden Apfelbaumplantagen ~ leicht bergauf ~ durch ein kleines Wäldchen ~ links halten, am Sportzentrum vorbei ~ an den Tennisplätzen vorbei entlang der Baum-Buschreihe ~ der Weg führt stetig leicht bergab ~ für die nächsten 800 m radeln Sie am Waldrand entlang ~ bei einer Holzhütte gelangen Sie an eine Gabelung ~ halten Sie sich links, wieder am Waldrand entlang ~ durch das Waldstück hindurch ~ danach im Rechtsbogen auf dem Weg am Bachufer entlang ~ an der kommenden T-Kreuzung rechts Richtung Markdorf – 4 km ~ an der folgenden Kreuzung geradeaus **2**, hier starten Sie die Runde durch das Naturschutzgebiet ~ auf der Anliegerstraße geht es leicht bergab ~ durch ein Waldstück ~ auf der **Holzgasse** kommen Sie nach Kluftern.

Kluftern

An der Vorfahrtsstraße rechts Richtung Friedrichshafen ~ links in die **Gangolfstraße** ~ nach der Linkskurve biegen Sie bei der Kirche rechts ein Richtung Sportanlagen in die **Lettenstraße** ↝ über eine Brücke und bei der Gabelung links halten ↝ vorbei an einem Denkmal, Tor zum Nächsten, hinaus aus Kluftern ↝ an Wiesen entlang ↝ unter der Bahn hindurch ↝ durch einen Hain ↝ in einem starken Rechtsbogen bergauf an die Vorfahrtsstraße ↝ links auf die **Efrizweiler Straße** und bergauf.

Riedheim

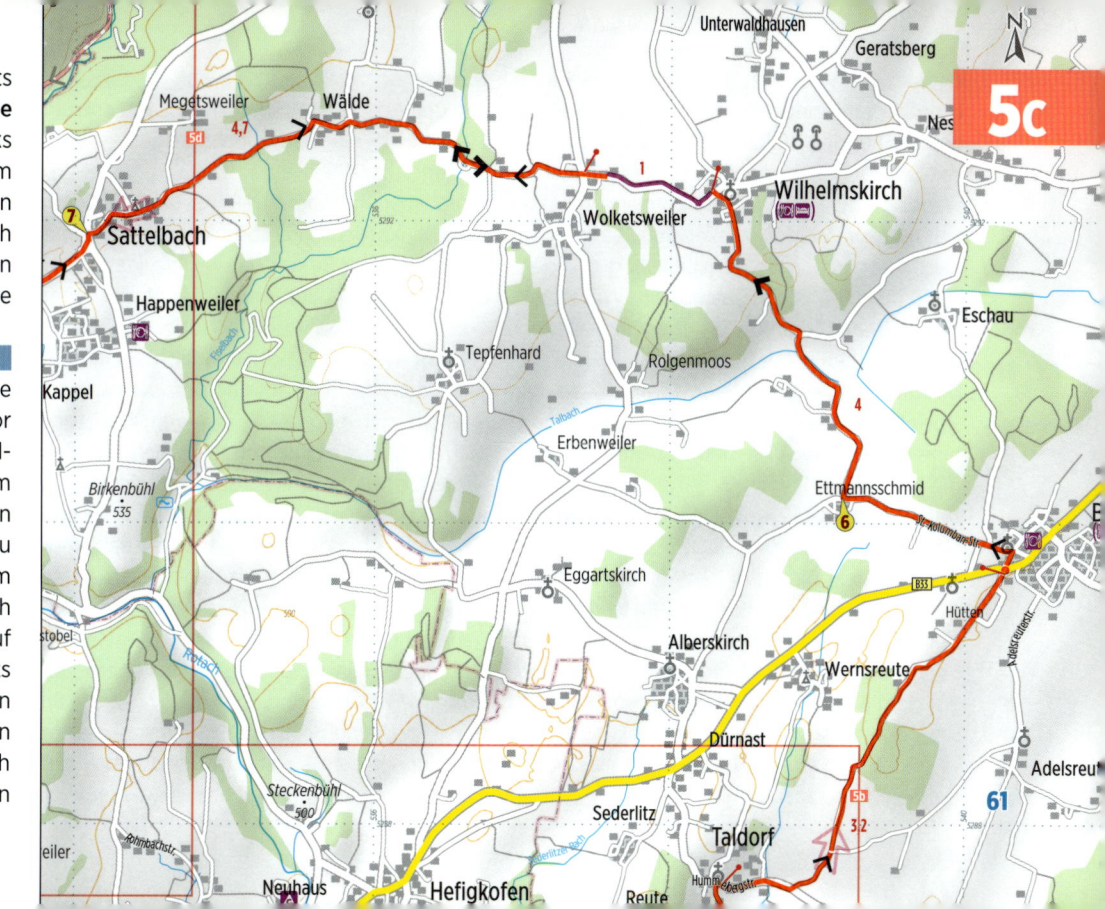

Im Ort bergab mit schönem Ausblick ↝ eine scharfe Rechtskurve und danach noch vor der Linkskurve rechts einbiegen in den Landwirtschaftsweg, **Raderacher Straße** ↝ im starken Linksbogen bergauf ↝ wiederum in einem Linksbogen auf die Vorfahrtsstraße zu ↝ **3** an der Kreuzung halten Sie sich auf dem straßenbegleitenden Radweg rechts ↝ durch den Wald ↝ direkt an der Straße entlang auf das nächste Waldstück zu ↝ danach links auf einen Asphaltweg ↝ im Rechtsbogen auf den Waldrand zu und in der Folge daran entlang ↝ zur Rechten befindet sich Raderach ↝ Rechtsbogen und bergauf an den Feldern entlang ~ an der Vorfahrtsstraße links Richtung Unterteuringen ~ an den Obstbäumen entlang auf den Waldrand zu ~ in einem weiten Linksbogen bergauf durch den Wald ~ in weiterer Folge am Waldrand entlang zur Linken und zur Rechten Wiesen und Felder ~ im Rechtsbogen bergab ~ im Linksbogen in den Wald hinein ~ durch das finstere Waldstück und weiter auf der Straße mit angekündigten Straßenschäden ~ entlang der Weiden leicht bergauf auf der **St.-Johann-Straße** ~ an der Vorfahrtsstraße links nach Unterteuringen hinein ~ auf der **Von-Deuring-Straße** durch die Siedlung.

Unterteuringen
Noch vor der scharfen Rechtskurve **4** biegen Sie rechts ein Richtung Rametshofen auf die **Alemannenstraße** ~ vor der Brücke links auf den Radweg am Bach entlang ~ nach ca. 1,4 km endet der Radweg in Oberteuringen auf dem Kirchweg ~ geradeaus nach vor an die Vorfahrtsstraße ~ rechts über die Brücke ~ links halten auf die **Adenauerstraße**, direkt auf die Kirche zu.

Oberteuringen
Auf der Adenauerstraße durch das Zentrum ~ rechts in die **Rüttlenäckerstraße** ~ links in den **Altweiherweg** mit 3,6 m höhenbeschränkt ~ unter der Straßenbrücke hindurch ~ halblinks Richtung Bibruck ~ am Altweiher entlang auf der Birkenallee ~ geradeaus über die Kreuzung ~ kurvenreich geht es weiter ~ am Holzgeländer entlang, über die Brücke ~ bei den ersten Häusern von **Bibruck** bergauf ~ an der Kreuzung im Ort geradeaus ~ im Rechtsbogen bergauf ~ bei dem Bildstock mit Rastbank im Linksbogen vorbei ~ an den Feldern entlang ~ im starken Rechtsbogen auf die Häuser zu ~ **5** rechts halten Richtung Oberzell ~ bei den Häusern von **Kussenhof** hindurch ~ links halten, nicht in die Sackgasse ~ zwischen den Bäumen hindurch ~ in der engen Rechtskehre bergab ~ am Metallgeländer hinter dem Hain in der Linkskurve weiter ~ am Pumpwerk vorbei und über die Wiesen ~ an der T-Kreuzung bei der Brücke links ~ leicht bergauf auf die Häuser von Taldorf zu ~ auf dem Kirchplatz rechts Richtung Ravensburg.

Taldorf
Auf der **Hummelbergstraße** passieren Sie ein schönes Fachwerkhaus ~ hinaus aus dem Ort ~ an der folgenden Gabelung halten Sie sich links Richtung Ravensburg ~ es geht bergauf ~ an den Obstbäumen entlang ~ geradeaus auf dem Anliegerweg ~ auf den Wald zu und schließlich hinein ~ am Waldrand an einigen Häusern vorbei ~ in der Rechtskurve leicht bergab auf dem **Hüttenweg** ~ an den Obstbäumen entlang mit schönem Ausblick ~ Sie kommen nach **Bavendorf** ~ geradeaus über die B 33 auf die **Flurstraße** ~ links bergauf an der Kirche vorbei ~ auf der **St.-Kolumban-Straße** verlassen Sie den Ort ~ an den Obstbäumen entlang auf dem Anliegerweg weiter ~ Richtung Ettmannsschmid radeln Sie zwischen den Feldern dahin ~ im Linksbogen auf der Allee zu den ersten Häusern von **Ettmannsschmid** ~ **6** rechts Richtung Wilhelmskirch den Schildern nach ~ im Linksbogen auf der Allee ~ beim Obsthof rechts halten ~ in der starken Linksurve leicht bergab ~ an der Baumreihe entlang und an den Obstplantagen

↪ im weiten Rechtsbogen kommen Sie an eine T-Kreuzung ↪ hier links ↪ an der Baumreihe entlang ↪ im Rechtsbogen bergauf ↪ am Wegkreuz vorbei ↪ bergauf zum Hof **Detzenweiler** ↪ im Rechtsbogen weiter auf das Siedlungsgebiet von Wilhelmskirch zu ↪ an der Kirche und am Fußballplatz vorbei.

Wilhelmskirch

Im Linksbogen kommen Sie an die Vorfahrtsstraße ↪ diese hier überqueren und auf dem Begleitweg nach links wenden ↪ auf dem Weg kommen Sie nach Wolketsweiler ↪ am Ortsbeginn endet der Radweg.

Wolketsweiler

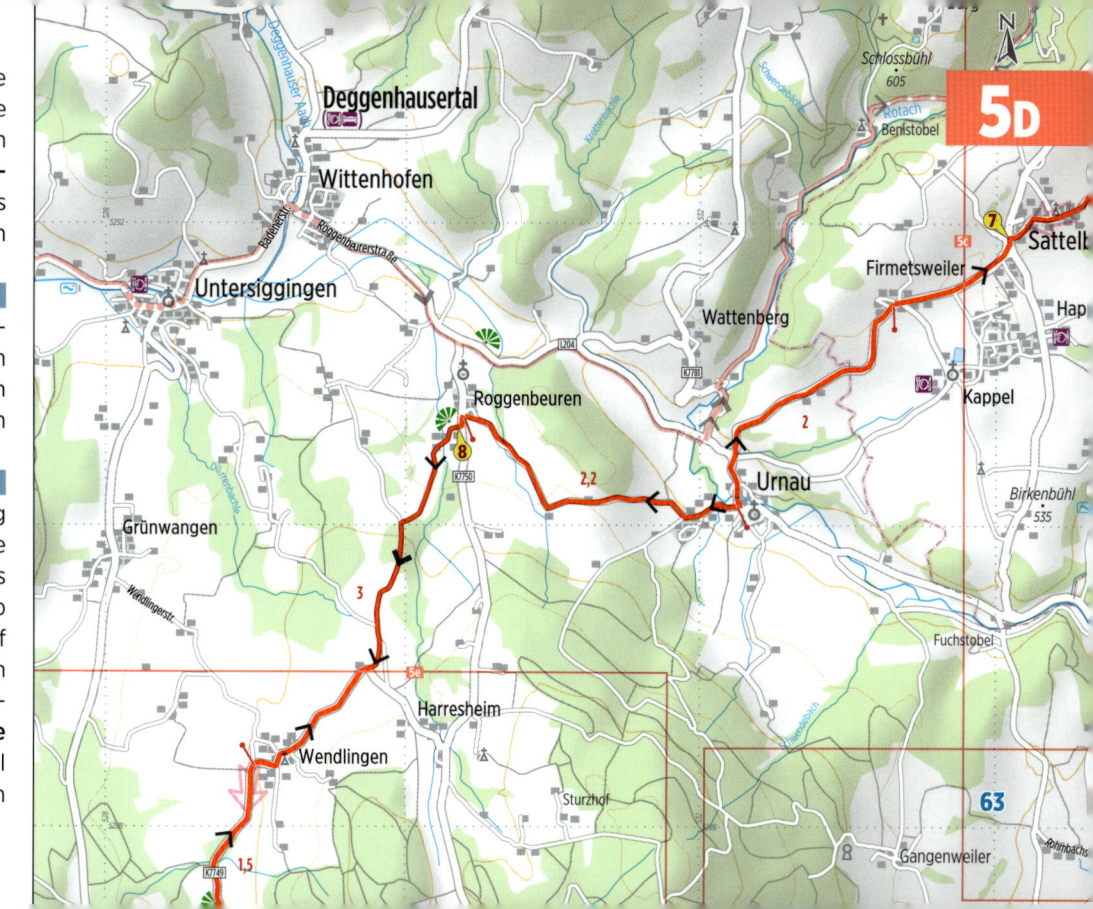

An der Vorfahrtsstraße geradeaus Richtung Wälde ↪ bergauf an der Lourdes-Grotte vorbei ↪ an der folgenden T-Kreuzung rechts hinunter in den Wald ↪ es geht steil bergab ↪ nach der Rechtskurve steil bergauf ↪ auf dem weiteren Weg kommen Sie an einigen Höfen vorbei ↪ geradeaus an dem Wegkreuz vorbei ↪ so kommen Sie nach **Wälde** ↪ an der Kreuzung links Richtung Kappel ↪ nach der Rechtskurve bergab ↪ vorbei an der Gärtnerei ↷ Linkskurve und hinaus aus Wälde ↷ durch einen Graben hindurch ↷ an einigen Höfen vorbei ↷ an der Kreuzung geradeaus nach Sattelbach ↷ auf der 30 km/h Zone an den Häusern entlang ↷ vorbei an der kleinen Kapelle schlängelt sich die Straße durch den Ort.

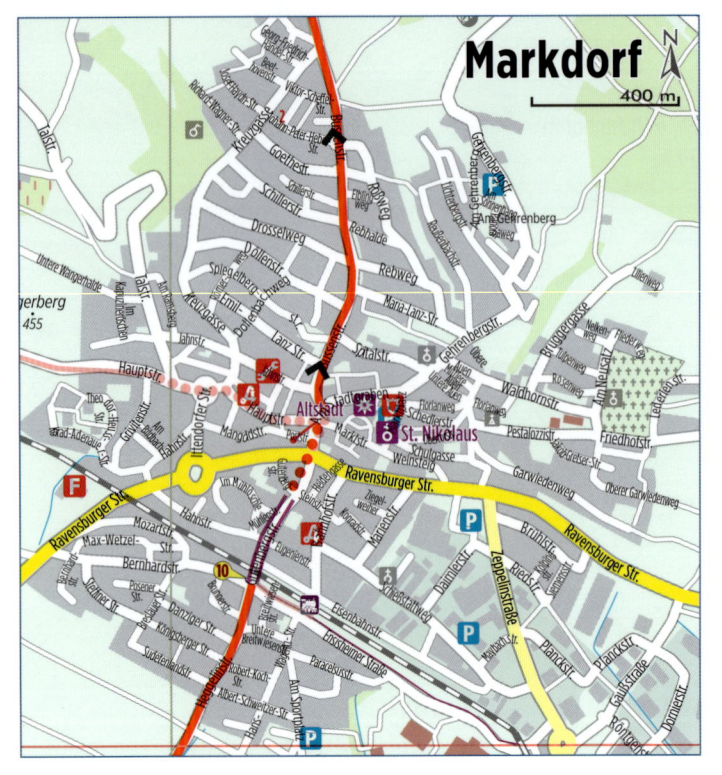

Sattelbach

7 An der Vorfahrtsstraße links auf dem Begleitweg zur Straße Richtung Fuchstobel ↷ im Rechtsbogen des Weges weiter Richtung Urnau ↷ bergab verlassen Sie den Ort ↷ auf dieser schmalen Landstraße geht es idyllisch durch die Obstplantagen ↷ in **Firmetsweiler** weiter auf der Kreisstraße Richtung Urnau ↷ wiederum an Apfelbäumen entlang ↷ über eine Kuppe und bergab ↷ in einer Linkskurve an die Vorfahrtsstraße ↷ hier geradeaus auffahren Richtung Tettnang, **Rotachstraße** ↷ auf dieser kommen sie nach Urnau.

Urnau

In der Linkskurve der Durchfahrtsstraße biegen Sie rechts ein Richtung Markdorf – 8,7 km ↷ auf dem **Hohreuteweg** in der Rechts-Linkskurve ↷ es geht bergauf ↷ rechts halten den Schildern folgend aus Urnau hinaus ↷ Richtung Roggenbeuren ↷ leicht bergab ↷ Linkskurve und bald danach geht es bergauf ↷ an einem einzelnen Hof vorbei ↷ der Weg knickt nach rechts und führt bergab ↷ auf dem **Urnauer Weg** durch die schöne Landschaft Sie kommen zu den Häusern von Roggenbeuren.

Roggenbeuren

Bei einem wunderschönen Fachwerkhaus kommen Sie an die Vorfahrtsstraße ↷ hier kurz links

64

↷ **8** vor dem nächsten schönen Fachwerkhaus biegen Sie rechts ein, **Zum Hebsack** ↷ bergab in der Linkskurve ↷ rechts über eine Brücke ↷ in einer Linkskurve bergauf aus der Siedlung hinaus ↷ bergauf in den Wald hinein ↷ an der T-Kreuzung links bergauf ↷ stark bergauf durch den Wald ↷ am Waldrand entlang bergab ↷ den Wald lassen Sie hinter sich und es geht leicht bergauf ↷ an der Gabelung halten Sie sich rechts Richtung Markdorf ↷ bei einem Hof gelangen Sie an einen Vorfahrtsstraße ↷ halten Sie sich rechts ↷ es geht leicht bergauf auf der schmalen Kreisstraße ↷ über die Kuppe und bergab mit einem wunderschönen Ausblick ↷ an der Viehweide entlang mit Ausblick auf den Bodensee ↷ Sie kommen nach Wendlingen und es geht in einer Rechtskurve bergab.

Wendlingen

Kurvenreich durch das Örtchen ↷ im Linksbogen vorbei an der Kapelle ↷ Rechtskurve bei dem großen Reiterhof ↷ Linkskurve und die Häuser bleiben zurück ↷ Sie fahren Richtung Immenstaad und Markdorf ↷ auf der Kreisstraße geht es stetig leicht bergab ↷ durch ein Wäldchen hindurch ↷ an den Feldern entlang kommen sie nach Markdorf ↷ **9** in der Rechtskurve der Straße biegen Sie links ein auf die **Fitzenweilerstraße** ↷ nun radeln Sie nach Markdorf hinein ↷ an den Villen entlang leicht bergab ↷ weiter auf der **Bussenstraße** ins Zentrum ↷ im Rechtsbogen, **Am Stadtgraben**, radeln Sie an der Altstadt entlang ↷ mittels Ampel überqueren Sie die Vorfahrtsstraße, B 33 Ravensburger Straße ↷ geradeaus weiter auf der **Gutenbergstraße**.

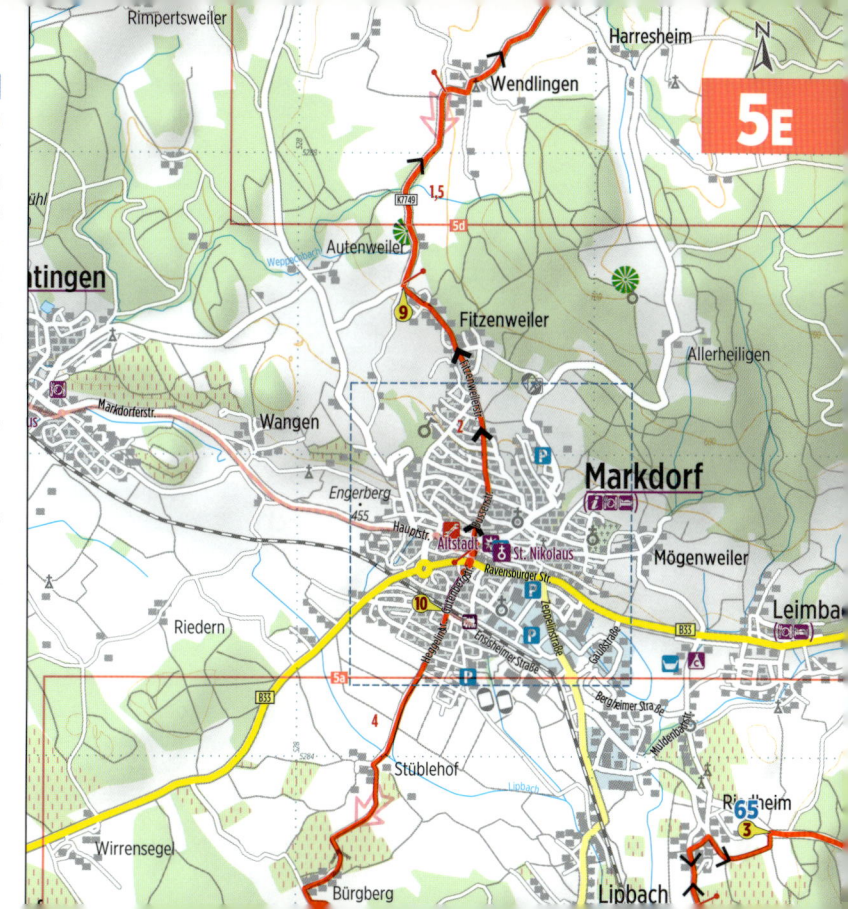

Markdort
PLZ: 88677; Vorwahl: 07544

- *Tourismusgemeinschaft Gehrenberg-Bodensee e. V.*, Markstr. 1, ✆ 500-294, www.markdorf.de, www.gehrenberg-bodensee-de
- *Stadtgalerie Markdorf*, Ulrichstr. 5, ✆ 741360. Bei den Ausstellungen wird vor allem zeitgenössische Kunst aus der Region vorgestellt.
- *Bischofsschloss*. Das Schloss war früher die Sommerresidenz der Fürstbischöfe von Konstanz und stammt aus dem 16. Jh., heute beherbergt es ein Hotel.
- *Nikolauskirche* mit 68 m hohem Turm. Die Pfarrkirche wurde in mehreren Phasen gebaut, allerdings dominiert die Einfachheit der Gotik.
- Das *Obertor* mit dem Spitzbogen stammt aus der Zeit der Hochgotik (um 1250), das *Untertor* ist besonders sehenswert mit Bossenquadern an den Ecken, Treppengiebeln und dem Rundbogen.
- Im *Hexenturm* (13. Jh.) ist das *Handwerksmuseum* untergebracht.
- *Fahrrad Hienerwadel*, Jahnstr. 9, ✆ 6308

Markdorfs Altstadt wurde durch die Fürstbischöfe von Konstanz geprägt, deren ehemalige Sommerresidenz heute ein Hotel birgt. An diese Zeit erinnern noch heute die Schutzmantelkapelle in der St. Nikolaus-Kirche und das Spital mit der Mauritiuskapelle.

Sie überqueren die Bahn auf der Gutenbergstraße **10** und radeln danach auf der **Heggelinstraße** aus Markdorf hinaus ～ Sie folgen den weiß-grünen Radschildern ～ es geht am Bach entlang und an der Obstbaumreihe ～ Sie treffen auch auf Schilder des Donau-Bodensee-Radweges ～ über eine Brücke gelangen Sie zum **Stüblehof** ～ bei der Rastbank halten Sie sich links und gleich wieder rechts ～ an Obstbäumen entlang ～ bei den Häusern von **Bürgberg** an der T-Kreuzung links halten ～ leicht bergab in einer Links- und einer Rechtskurve ～ kurz darauf erreichen Sie die Kreuzung, wo Sie wieder zum Ausgangspunkt Immenstaad zurückkehren können **1**.

Immenstaad

Tour 6 Rund um Hagnau *31 km*

Wegbeschaffenheit: Die Route verläuft zum Großteil auf asphaltierten Wirtschaftswegen und Radwegen entlang von Straßen. Es kommt nur ein kurzer unbefestigter Abschnitt hinter Reute vor.

Verkehr: Mit höherem Verkehrsaufkommen ist am Bodensee zu rechnen, vor allem in Meersburg. In Markdorf kommt es bei der Durchfahrt zu etwas Verkehrsbelastung.

Beschilderung: Es gibt abschnittsweise Beschilderung mit weiß-grünen Schildern und Donau-Bodensee-Radwegschildern.

Steigungen: Auf den Weinhängen oberhalb des Boodensees und bei der Ausfahrt von Meersburg kommt es zu häufigem Auf und Ab.

Anschlusstour(en): Tour 5, 7

Sie starten diese Rundtour in Markdorf und radeln durch die unendlich wirkenden Obstplantagen an den Bodensee in das Winzerdorf Hagnau. Am Ufer geht es entlang ins wunderschöne Meersburg – reich an Sehenswürdigkeiten – und dann wieder bergauf über Daisendorf und Bermatingen nach Markdorf zurück.

Charakteristik
Länge: 31 km
Start: Markdorf
Ziel: Markdorf

In Meersburg

67

Markdorf
s. S. 66

1 Sie starten beim Bahnhof ~ über die Bahngleise ~ auf der **Heggelinstraße** aus Markdorf hinaus ~ am Ochsenbach entlang quer durch die Felder ~ über eine kleine Brücke ~ beim **Stüblehof** folgen Sie dem Radschild nach links und gleich wieder rechts halten ~ an den Feldern entlang ~ Rechtskurve und Linksknick ~ bergab zu den Häusern von Bürgberg ~ an der T-Kreuzung links ~ **2** an der folgenden Kreuzung rechts ~ kurz am Waldrand entlang ~ an der T-Kreuzung links ~ wieder an den Feldern entlang ~ an der T-Kreuzung rechts ~ kurz am Waldrand entlang ~ Linkskurve und leicht bergauf ~ in der folgenden Rechtskurve geradeaus weiter in den unbefestigten Weg ~ am Waldrand entlang ~ leicht bergauf in der Rechtskurve ~ rechts halten ~ an der nächsten Gabelung links halten in den Wald hinein ~ auf dem Hauptweg durch den Forst ~ Linkskurve und bald aus dem Wald hinaus ~ am Waldrand geradeaus auf die Asphaltstraße auffahren ~ es geht leicht bergauf durch die Obst- und Weingärten zu den Häusern von Reute.

Hagnauer Museum

Reute
An der Vorfahrtsstraße links ~ in der Linkskurve führt die Route **3** geradeaus in den unbefestigten Wirtschaftsweg ~ am Waldrand entlang ~ an der Gabelung rechts weiterhin am Waldrand entlang ~ an der T-Kreuzung links auf Asphalt ~ am Waldrand und an den Obstbäumen entlang ~ rechts in den Wald hinein ~ links bergab ~ aus dem Wald hinaus und an den Obstplantagen entlang mit wunderbarem Ausblick auf den Bodensee ~ an der Vorfahrtsstraße rechts in den Ort hinein.

Frenkenbach
St. Oswald, eine der ältesten Kirchen der Bodenseeregion, wurde im 12. Jh. im romanischen Stil erbaut.

Auf der **Frenkenbacher Straße** aus dem Dorf hinaus ~ kurz bergauf ~ an der Gabelung links und danach durch die Weingärten ~ bergab nach Hagnau stets begleitet von einem wunderschönen Ausblick auf den Bodensee ~ an der Hauptstraße rechts auf den straßenbegleitenden Radweg ~ an der Ampelkreuzung links in die **Dr.-Fritz-Zimmermann-Straße** ~ am **Kirchweg** rechts halten und gleich wieder links ~ links in die **Standbadstraße** ~ bei der Touristinfo rechts zum Rathaus, **Im Hof**.

Hagnau
PLZ: 88709; Vorwahl: 07532

Tourist-Information Hagnau, Im Hof 1, ✆ 430043, www.hagnau.de

Hagnauer Museum, Im Hof 5, ✆ 9139, ÖZ: Mitte Mai-Mitte Juni und Ende Aug.-Ende Okt., Di, Do 16-18.30 Uhr, So/Fei 15-17.30 Uhr, Mitte Juni-Ende Aug., Do 16-18.30 Uhr, So/Fei 15-17 Uhr

Puppen- und Spielzeugmuseum, Neugartenstr. 20, ✆ 9991, ÖZ: März-Okt., Mo, Mi, So 15-17 Uhr

Strandbad

R. Bertsch, Neugartenstr. 11, ✆ 6310

Ohne Frage sollte man hier den heimischen Wein verkosten, denn Hagnau kann sich getrost

68

als Weinort bezeichnen. Hier wurde Badens erste Winzergenossenschaft gegründet. Der Schwarzwälder Volksschriftsteller und Pfarrer Heinrich Hansjakob initiierte 1881 den Hagnauer Winzerverein. Der Ort war einst ein reines Fischer- und Winzerdorf. Der Torkel aus dem Jahr 1747 ist ein Beleg für die lange Weinbautradition. Früher gab es hier rund 30 solcher Weinpressen.

Es geht unter dem Rathaus hindurch ~ am See rechts halten und nun auf der **Seestraße** an all den Restaurants und Hotels entlang ~ weiterhin am See entlang auf der **Meersburger Straße** ~ 4 rechts bergauf, **Harlacherstraße** ~ links in den **Höhenweg**, durch die Weingärten ~ Sie haben hier oben einen tollen Blick auf den Bodensee ~ geradeaus bei der folgenden Kreuzung und leicht bergauf ~ bei der kleinen Siedlung durch eine Links-Recht-Kombination und hinter den Häusern bergauf in die Weinberge ~ es geht stark bergauf mit schönem Ausblick ~ Sie fahren an der **Kriegsgräberstätte Lerchenberg** vorbei ~ geradeaus über die Wegkreuzung ~ nach der Rechts-Links-Kurve

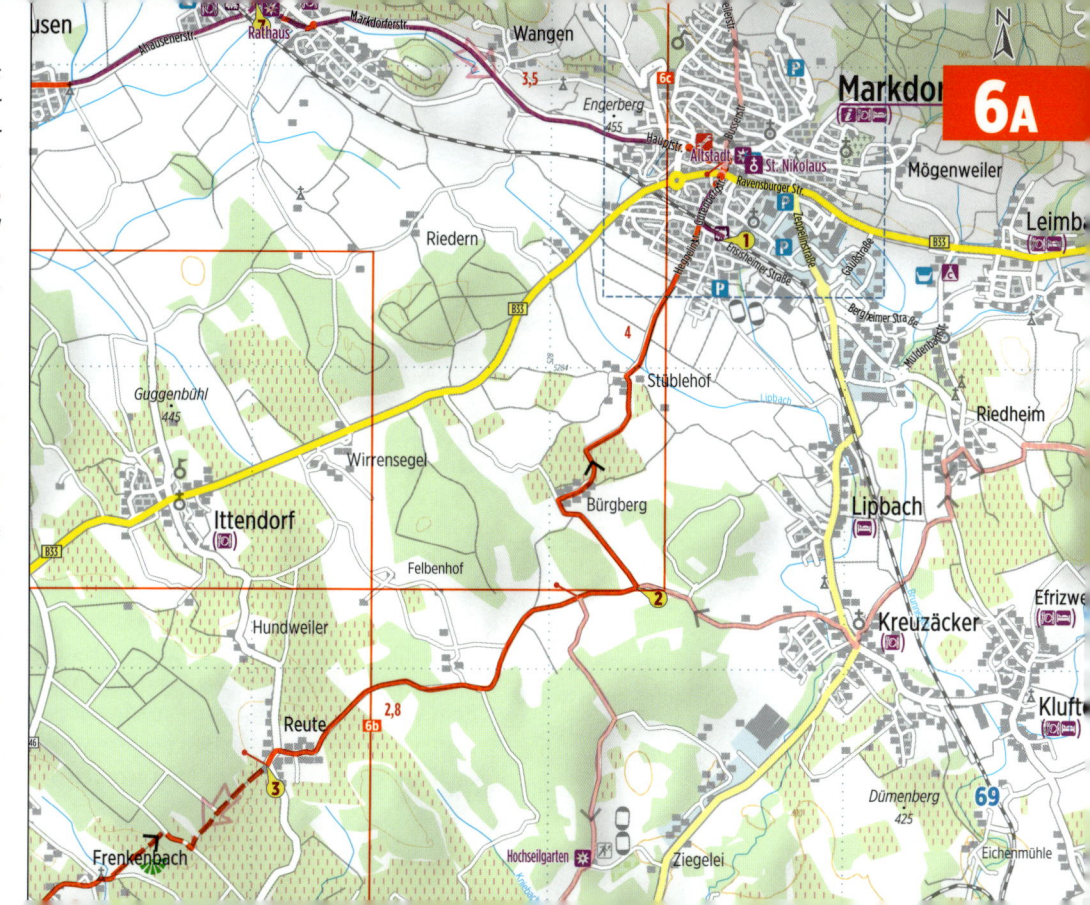

6A

geht es leicht bergab ⌇ kurz darauf stark bergauf ⌇ auf dem höchsten Punkt steht ein Gipfelkreuz ⌇ leicht bergab ⌇ ⚠ Achtung es geht im Rechtsknick auf einen schmalen Kiesweg ⌇ kurz darauf über eine Asphaltbrücke ⌇ auf dieser überqueren Sie die Töbelestraße ⌇ bei den ersten Häusern links, **Am Rosenhag** ⌇ es geht bergab ⌇ im weiten Rechtsbogen und weiter auf der **Stefan-Lochner-Straße** ⌇ direkt vor der Altstadt von Meersburg halten Sie sich rechts ⌇ links kommen Sie ins historische Zentrum.

Meersburg s. S. 74

Sie gelangen an die B 33, Stettener Straße ⌇ hier geradeaus ⚠ ⌇ auf der **Mesmerstraße** geht es leicht bergauf ⌇ durch das Siedlungsgebiet ⌇ kurz vor der Straßenbrücke beginnt auf der linken Seite ein Radweg ⌇ auf diesem unter der B 31 hindurch ⌇ es geht bergauf ⌇ **5** von diesem Radweg links abbiegen, **Alter Ortsweg** ⌇ Sie kommen nach **Riedetsweiler** ⌇ scharf links in den Weg **Am Dullenberg**.

Meersburg

VARIANTE Geradeaus können Sie die Runde abkürzen. Diese Variante ist in der Karte orangefarben dargestellt.

Es geht leicht bergauf durch die Weinberge mit einer schönen Aussicht zum Bodensee ⌇ leicht bergab zum Neuweiher ⌇ in der Linkskurve am Weiher endet der Asphalt ⌇ kurz am Gewässer entlang ⌇ an der Gabelung beim Unterstand links ⌇ Sie fahren auf den Hauptweg am Waldrand entlang auf und folgen nun dem Verlauf ⌇ an der Asphaltstraße bei den ersten Häusern links ⌇ in den nächsten Weg rechts einbiegen ⌇ am Ende links ⌇ durch das Siedlungsgebiet ⌇ rechts in den **Höhenweg** ⌇ dem Verlauf im Rechts-Links folgen ⌇ kurz übers freie Feld im Rechtsbogen und bergab wieder ins Siedlungsgebiet.

Daisendorf
PLZ: 88718; Vorwahl: 07532

🛈 **Bodensee-Linzgau Tourismus e.V.**, Schloss Salem, ✆ 07553/917715
🛈 **Gemeindeverwaltung**, Ortsstr. 22, ✆ 5464, www.daisendorf.de

Links zur **Baitenhauser Straße** ⌇ hier links und in der Linkskurve beim Rathaus rechts in die Ortsstraße ⌇ geradeaus halten, **Am Fährenberg** ⌇ rechts **Am Gärtlesberg** ⌇ es geht stark bergauf am Ortsrand entlang ⌇ an der T-Kreuzung mit der **Baitenhauser Straße** links ⌇ in der Rechtskurve weiter auf der Straße ⌇ leicht bergauf ⌇ in einer weiten Linkskurve und dann bergab an eine T-Kreuzung ⌇ hier rechts abbiegen auf den straßenbegleitenden Radweg ⌇ links, hier mündet die Abkürzung ein ⌇ es geht leicht bergab durch kurze Waldstücke auf dem **Holzerbergweg** ⌇ an der Vorfahrtsstraße in **Baitenhausen** rechts ⌇ links auf den straßenbegleitenden Radweg zur Hauptstraße ⌇ auf dieser verlassen Sie die

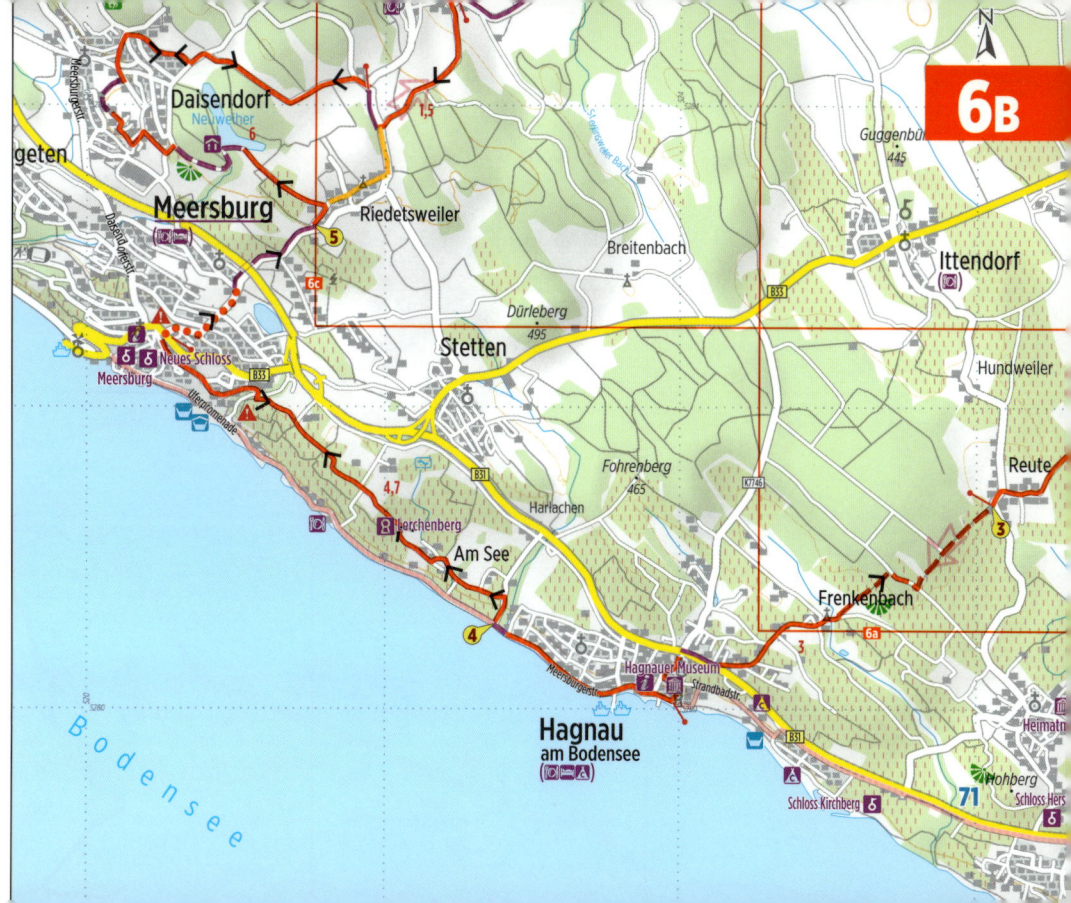

Markdorf

6B

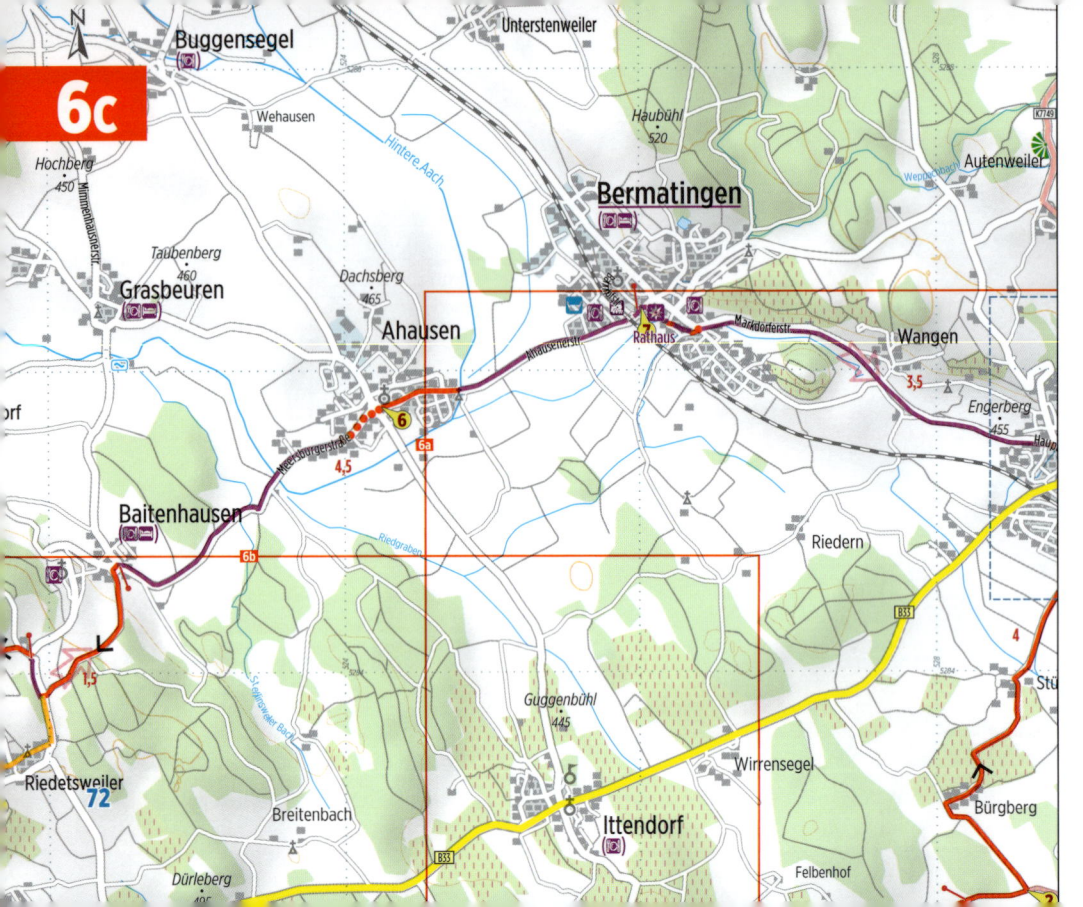

Siedlung ~ vorbei an einem Rastplatz bei der Viererkreuzung ~ weiterhin entlang der Kreisstraße ~ nach der Rechtskurve an einem Haus vorbei ~ über eine Brücke ~ so kommen Sie nach Ahausen ~ auf der **Meersburger Straße** radeln Sie durch den Ort **6**.

Ahausen

Am Ortsende über die Hintere Aach und kurz darauf beginnt ein straßenbegleitender Radweg ~ entlang der **Ahausener Straße** kommen Sie nach Bermatingen ~ es geht über die Bahn ~ **7** rechts auf den Radweg einbiegen.

Bermatingen

Auf dem Radweg über den Bermatinger Bach ~ am Ende des Radweges links und gleich rechts ~ geradeaus über die Wegkreuzung ~ an der **Markdorfer Straße** rechts auf den straßenbegleitenden Radweg ~ auf diesem erreichen Sie Markdorf ~ der Radweg endet ~ beim Kreisverkehr geradeaus Richtung Zentrum ~ rechts, **Am Stadtgraben** ~ geradeaus über die große Kreuzung mit der Bundesstraße in die **Gutenbergstraße** und über die Bahn zum Ausgangspunkt **1**.

Markdorf

Tour 7   Auf dem Bodensee-Radweg   18,5 km

Charakteristik
Länge: 18,5 km
Start: Meersburg
Ziel: Friedrichshafen
Wegbeschaffenheit: Die Route verläuft auf dem Radweg entlang der Bundesstraße und auf kleinen Sträßchen – alles auf Asphalt.
Verkehr: Die Strecke verläuft meist auf Radwegen entlang der Bundesstraße und auf Nebenstraßen dahin, mit etwas mehr Verkehr ist nur in den Städten zu rechnen.
Beschilderung: Folgen Sie den Bodensee-Radweg Schildern.
Steigungen: Die Strecke verläuft steigungsfrei.
Anschlusstour(en): Tour 8, 9

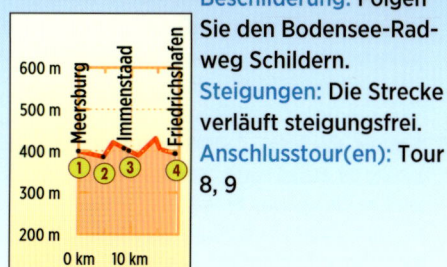

Die Hänge des Allgäus fallen hier sanft zum See hin ab, das milde Klima macht sich in Form von ausgedehnten Wein- und Obstkulturen bemerkbar. Zahlreiche Gebäude, welchen Sie auf Ihrem Weg begegnen, zeugen von der hohen Beliebtheit der Region auch schon in früheren Zeiten. Friedrichshafen, eine der wirtschaftlich wichtigsten Städte am Bodensee, lockt aber u. a. auch mit dem Zeppelin Museum, in dem Sie viel Wissenswertes über das Luftschiff erfahren.

Meersburg

PLZ: 88709; Vorwahl: 07532

- **Gästeinformation**, Kirchstr. 4, ✆ 440400, www.meersburg.de
- **Weinbaumuseum**, Vorburgg. 11, ÖZ: April-Okt., Di, Fr, So 14-18 Uhr. Die Schau führt in die lange Tradition des Weinbaus um Meersburg ein. Zu den Exponaten gehören u. a. auch ein 50.160 Liter aufnehmendes sogenanntes Türkenfass und ein mächtiger Torkel von 1607, eine der letzten hölzernen Weinpressen.
- **Droste-Museum im Fürstenhäusle**, Stettener Str. 9, ✆ 6088, ÖZ: April-Okt., Di-Sa 10-12.30 Uhr und 14-18 Uhr, So/Fei 14-18 Uhr. Das ehemalige Wochenendhaus von Annette von Droste-Hülshoff ist mit Privatgegenständen gefüllt, die Aufschluss über den Aufenthalt der Dichterin in Meersburg von 1841-48 geben.
- **Galerie Bodenseekreis**, Schlosspl. 13, ✆ 494129, März-Sept., Di-So 11-17 Uhr
- **Stadtmuseum**, Kirchstr. 4, ✆ 4404801, ÖZ: April-Okt., Mi, Do, Sa 14-18 Uhr. Die wertvollsten Exponate aus städtischem Besitz geben Einblick in die politische und kunsthistorische Vergangenheit der Stadt.
- **Bibelgalerie**, Kirchstr. 4, ✆ 5300, ÖZ: März-Nov., Di-Sa 11-13 Uhr und 14-17 Uhr, So 14-17 Uhr. Zu sehen sind Bibeln aus 2.000 Jahren, Kunst zu biblischen Themen, eine Gutenbergpresse, Computer-Bibeln und Jakobsbrunnen.

Meersburg

- **Zeppelin-Museum**, Schlosspl. 8, ✆ 7909, März-Nov., tägl. 10-18 Uhr. Eine der größten Privatsammlungen über die Zeppelin-Geschichte, u. a. Originalteile des LZ 129 „Hindenburg".
- **Neues Schloss**, ✆ 4404900, ÖZ: April-Okt., tägl. 9-18.30 Uhr, Nov.-März, Sa, So/Fei 11-16 Uhr. Die ehemalige Residenz der Konstanzer Fürstbischöfe, von 1740-60 erbaut, ist eng mit dem Namen von Balthasar Neumann verknüpft, der für die Formgebung des prächtigen Treppenhauses zeichnet. Das Barockschloss dient heute als Kulturzentrum. Wegen Sanierungsarbeiten ist das Schloss bis zum Frühjahr 2012 geschlossen.
- **Meersburg**, Altes Schloss, ✆ 80000, ÖZ: tägl. 9-18.30 Uhr. Mit dem Bau der ältesten bewohnten Burg Deutschlands wurde bereits im 7. Jh. begonnen. Ihr heutiges Aussehen erlangte die Anlage um 1500 durch Bischof Hugo von Landenberg und bildet eine der Hauptsehenswürdigkeiten am Bodensee.
- **Marktplatz**. Mit seinem malerischen Fachwerk und dem Obertor bietet der Platz eines der bekanntesten deutschen Stadtbilder.
- **Steigstraße und Schlossmühle**. Als Teil der Oberstadt ist die von Fachwerkhäusern gesäumte Straße berühmt für den Brunnen der „Ehrbaren Gesellschaft der 101 Bürger" und die älteste oberschlächtige Wassermühle Deutschlands (1620).
- **Strand- und Freibad**, direkt am Bodenseeufer, ✆ 4402840
- **Meersburg Therme**, direkt am Bodenseeufer, ✆ 4402850
- **Hermann Dreher**, Stadtgraben 5, ✆ 5176
- **Meersburger Hofladen**, Stettener Str. 44, ✆ 414227
- **Hotel Schönblick**, Von-Laßberg-Str. 8, ✆ 9750
- **Zweirad Roos**, Torenstr. 21, ✆ 494816

Die an einem steilen Südhang gelegene Stadt Meersburg trägt den Namen des alten Schlosses, dessen heutiges Aussehen auf den Beginn des 16. Jahrhunderts zurückgeht. Teile des Baues, wie der Dagobertsturm, sind jedoch älteren Datums. Gegenüber steht am Schlossplatz das barocke Neue Schloss, das von 1741-50 als bischöfliche Residenz errichtet wurde. Ältester Teil von Meersburg ist die Unterstadt mit dem Grethhaus, einem Kornspeicher von 1505. Auf der Burgweganlage passiert man die Schlossmühle mit ihrem 8,5 Meter großen Wasserrad, dem ältesten Deutschlands. In die

Oberstadt führt auch die Steigstraße, die – wie auch der Marktplatz – von Fachwerkhäusern gesäumt wird. Zusammen mit dem berühmten Obertor zählt er zu den Pflichterlebnissen im harmonischen alten Stadtkern.

1 In Meersburg in der Linkskehre nach der Fähranlegestelle geradeaus auf den Bismarckplatz, durch das **Stadttor** hindurch und auf der **Uferstadtstraße** die Unterstadt durchfahren ~ in südöstlicher Richtung auf der **Uferpromenade** am Hafen entlang und am Schwimmbad und der Therme vorbei ~ Sie lassen die Stadt hinter sich und fahren zwischen den fruchtbaren Weinbergen und der Weite des Sees am Uferweg entlang auf die Stadt Hagnau zu.

Hagnau s. S. 68

An der **Fähranlegestelle** vorbei und auf der **Seestraße** weiter ~ am Osthafen entlang, links ist das Rathaus zu sehen ~ nach dem Minigolfplatz nach links **2** ~ an der T-Kreuzung wenden Sie sich nach rechts ~ am Strandbad vorbei und etwas später am **Campingplatz** vorüber führt die Strecke auf einem asphaltierten Weg zwischen der B 31 und dem Campingplatz dem **Schloss Kirchberg** entgegen.

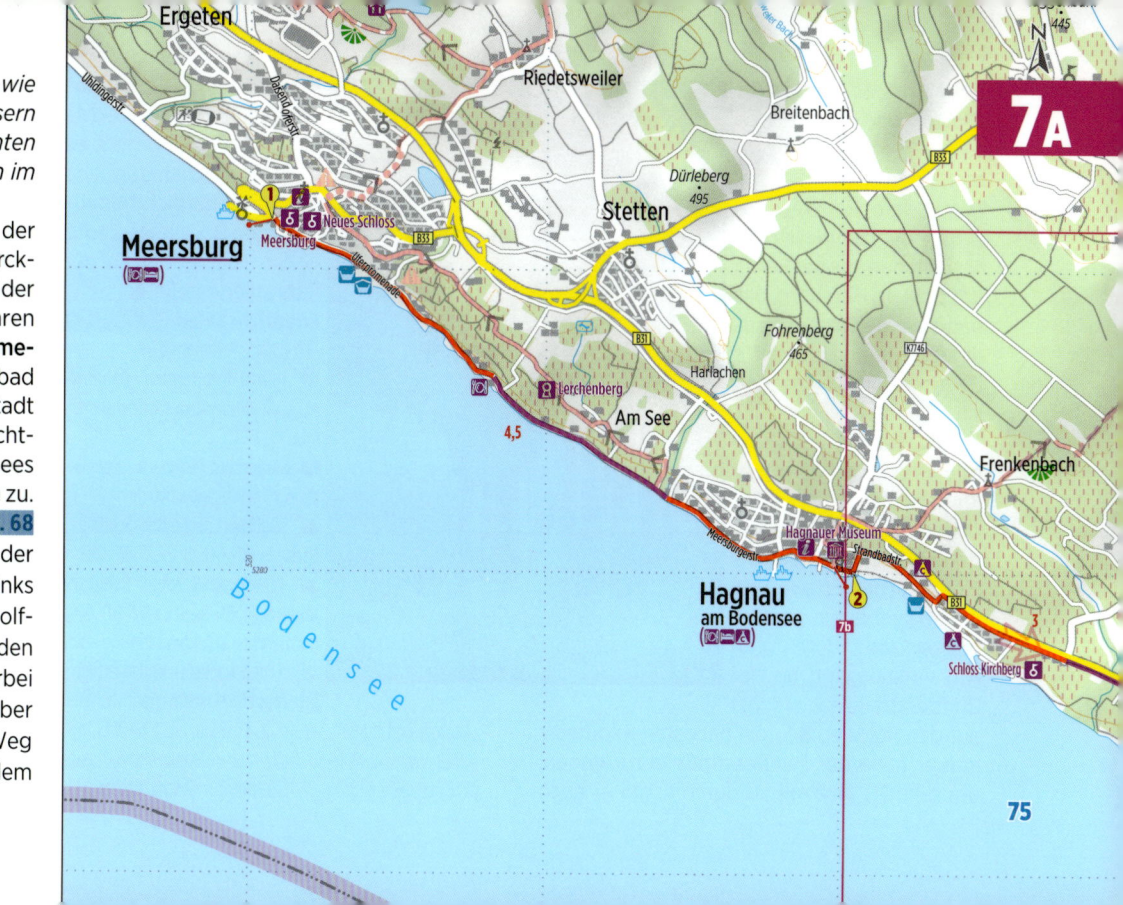

Einst war das Schloss ein Kloster und diente den Salemer Äbten als Sommerresidenz.

TIPP Auf dem Radweg neben der Bundesstraße sieht man aus der Ferne das Schloss Hersberg, das heute ein geistliches Haus des Pallotiner-Ordens für Bildung und Begegnung ist.

Wenige Kilometer in Richtung Friedrichshafen liegt **Immenstaad** im Linksbogen der Straße zweigen Sie rechts ab auf die **Meersburger Straße** und radeln quer durch den Ort.

Immenstaad s. S. 58

Am Ortsausgang an der Bundesstraße nach rechts auf den Radweg **3** die nächsten Kilometer immer nahe der Bundesstraße zurücklegen, um den Ort **Manzell** zu durchradeln nach rechts über die Gleise, danach gleich links rechts parallel zur Bahn geht es nach Friedrichshafen, eine der wirtschaftlich bedeutendsten Bodenseestädte die Tour endet an der Fähranlegestelle **4**.

Friedrichshafen
PLZ: 88045; Vorwahl: 07541

Tourist-Information, Bahnhofpl. 2, 30010, www.friedrichshafen.info

Bürgerbüro Fischbach, Zeppelinstr. 6, 41906, www.bsb.de

Schifffahrt, Bodensee-Schiffsbetriebe GmbH, Seestr. 23, 9238389

Katamaran-Reederei Bodensee GmbH & Co. KG, Seestr. 23, 9710900, ganzjährige Direktverbindung zwischen Friedrichshafen und Konstanz

Zeppelin Museum Friedrichshafen „Technik und Kunst", Seestr. 22, 38010, ÖZ: Mai-Okt., tägl. 9-17 Uhr, Nov.-April, Di-So 10-17 Uhr. Das Zepplin Museum zeigt nicht nur die weltgrößte Ausstellung zur Geschichte der Luftschifffahrt, sondern beinhaltet auch eine bedeutende Sammlung zur Kunstgeschichte des Südwestdeutschen Raumes vom späten Mittelalter bis zur Moderne. Die 33 m lange, begehbare Rekonstruktion der LZ 129 Hindenburg stellt die Hauptattraktion dar.

Dornier Museum Friedrichshafen, Claude-Dornier-Pl. 1, 4873600, ÖZ: Mai-Okt., tägl. 10-18 Uhr, Nov.-April, Di-So 10-17 Uhr. Unmittelbar am Flughafen Friedrichshafen gelegen, macht das im Sommer 2009 eröffnete Museum 100 Jahre spannende Luft- und Raumfahrtgeschichte auf knapp 5.000 m² Ausstellungsfläche erlebbar. Freuen Sie sich auf Pioniergeist zum Anfassen.

Schulmuseum, Friedrichstr. 14, 32622, ÖZ: April-Okt., tägl. 10-17 Uhr, Nov.-März, Di-So 14-17 Uhr. In dem Museum können Sie entdecken, wie Schulen entstanden sind und Klassenräume um 1850, 1900 und 1930 ausgesehen haben. Alte Unterrichtsmaterialien und lieb gewonnene Überbleibsel wie Griffelkästen, Ranzen und Schultüten erzählen ihre eigenen Schulgeschichten.

Feuerwehrmuseum, Ettenkirch, 2032200, ÖZ: n. tel. V. Das ehemalige Gerätehaus beherbergt eine kleine Ausstellung, vom Feueralarm über nostalgische Brandmelder, Schutzanzüge aus verschiedenen Jahrzehnten bis hin zu Löschfahrzeugen zur Zeit der Jahrhundertwende.

Schlosskirche, Schlosskirche 1, 21308, ÖZ: Ostern- Mitte Okt., tägl. 9-18 Uhr. Mit den beiden 55 m hohen Kuppeltürmen aus

Steg in Friedrichshafen

Rorschacher Sandstein ist sie das Wahrzeichen der Stadt. Erbaut um 1700, zählt die Kirche zu den berühmten oberschwäbischen Bauwerken des Barocks. Seit 1812 ist sie evangelische Kirche. Das Schloss selbst ist heute Wohnsitz von Friedrich Herzog von Württemberg.

- **Zeppelinflug**, ✆ 300123 od. 59000. Erleben Sie die Faszination der Luftschifffahrt und genießen Sie ein Flugerlebnis der ganz besonderen Art im Zeppelin NT.
- **Zeppelin-Werftführung**, Zeppelin-Hangar, ✆ 5900343, ÖZ: April-Okt., Di und Fr 17 Uhr. Anmeldung bis 14 Uhr erbeten. Erfahren Sie alles Wissenswerte zur Konstruktion und den Flugeigenschaften des Zeppelin NT's.
- **Uferpromenade** mit 22 m hohem **Aussichtsturm** an der Hafenmole und einer Panoramainfotafel auf der obersten Aussichtsplattform. Die Promenade verläuft von der Rotachmündung bis zur Schlosskirche und zählt zu den längsten und schönsten Uferpromenaden am Bodensee mit herrlichem Blick auf die Österreichischen und Schweizer Alpen.
- **Hallenbad Friedrichshafen**, Ehlersstr. 10, ✆ 33973, ÖZ: Di 12-19 Uhr, Mi und Fr 9-21 Uhr, Do 9-19 Uhr, Sa 10-19 Uhr, So/Fei 9-17 Uhr, Juli und August geschlossen.
- **Wellenbad Ailingen**, Leonie-Fürst-Str. 4, ✆ 55415, ÖZ: Mitte Mai-Mitte Sept., tägl. 9-20 Uhr (nur bei guter Witterung)
- **Strandbad Friedrichshafen**, Königsweg 11, ✆ 28078, ÖZ: Mitte Mai-Mitte Sept., tägl. 9-20 Uhr (nur bei guter Witterung).

7B

- **elektrorad-bodensee**, Meersburger Str. 1, ✆ 43110, auch E-Bikes und Pedelecs
- **Zweirad Schmid**, Ernst-Lehmann-Str. 12, ✆ 21870, auch E-Bikes und Pedelecs
- **Fahrradprofis**, Meersburger Str. 1, ✆ 43110
- **Tourist-Information Ailingen**, Hauptstr. 2, ✆ 507222, auch E-Bikes und Pedelecs, Akkuwechselstation
- **Sport Schmidt GmbH**, Scheffelstr. 4, ✆ 23531
- **Radverleih Friedrichshafen**, Eckenerstr. 16, ✆ 22465, auch E-Bikes und Pedelcs, Akkuwechselstation
- **Hotel-Gasthof Rebstock**, Werastr. 35, ✆ 9501640
- Eine **E-Bike-Ladestation** befindet sich außerdem am Antoniusplatz beim Parkhaus „Am See".

Friedrichshafen geht tatsächlich auf einen Friedrich zurück: Der erste König von Württemberg vereinigte im Jahr 1811 die alte Stadt Buchhorn mit dem Dorf und Kloster Hofen und gründete jenen Hafen, von dem 1824 das erste Dampfschiff des Bodensees, die „Wilhelm", auslief. Mit dem Bahnanschluß kommt 1847 auch der Aufschwung des Fremdenverkehrs und 1869 sticht von hier die erste Eisenbahn-Dampffähre in See. Die Fährverbindung nach Romanshorn existiert auch heute noch, transportiert werden heute aber Autos und Fahrräder.

Friedrichshafen

Auch im 1.000-jährigen Reich behauptete Friedrichshafen seine technisch-industrielle Bedeutung. Doch die Rüstungsproduktion brachte der Stadt schwere Luftangriffe und Verwüstung ein. Das Wahrzeichen der heute rund 59.000 Einwohner zählenden Stadt ist die Schlosskirche aus dem Jahr 1701 mit ihren beiden 55 Meter hohen Zwiebeltürmen.

Zeppelins Aufstieg und Absturz

Dass Friedrichshafen mit einem Kapitel der Luftfahrtgeschichte so eng verknüpft ist, verdankt die Stadt Graf Ferdinand von Zeppelin und seinem Traum vom Fliegen.

Mit königlicher Unterstützung ging er in einer schwimmenden Halle vor Manzell an sein Lebenswerk. König Wilhelm II. hatte dem Grafen das Ufergelände überlassen. Am 2. Juli 1900 erhob sich die „fliegende Zigarre" mit knapp 16 PS über Friedrichshafen in die Lüfte – für ganze 18 Minuten. Der 128 Meter lange und 12 Meter breite LZ 1 erlangte so jedenfalls die Aufmerksamkeit der Weltöffentlichkeit. Übertroffen wurde der Proto-Zeppelin mit 11.000 Kubikmetern Gasinhalt vom Nachfolgemodell LZ 127 „Graf Zeppelin" und seiner Aufsehen erregenden Weltumrundung.

Wenige Jahre später gab es bereits einen Linien-Zeppelin nach New York und Südamerika. Der adelige Namensgeber konnte sich der Erfolge seiner fliegenden Giganten jedoch nicht lange erfreuen, er starb 1917. Der Zeppelin überlebte den Grafen um zwanzig Jahre. Nach 63 Fahrten und einer zurückgelegten Gesamtstrecke von 337.129 Kilometern verbrannte die Hindenburg am 6. Mai 1937 bei der Landung in Lakehurst aus ungeklärten Gründen. Mit einer Länge von 245 Metern, einem großen Durchmesser von 41,2 Metern und einem Traggasvolumen von 200.000 Kubikmetern ist die Hindenburg zusammen mit ihrem Schwesterschiff LZ 130 „Graf Zeppelin" bis heute das bei weitem größte Luftfahrzeug der Welt. Im Frühling 1940, wurde der LZ 130 zusammen mit der LZ 127 auf Befehl Görings in Frankfurt zerstört. In Zeppelins Heimatstadt Friedrichshafen gibt es ein Zeppelinmuseum, wo Modelle aller Typen vom LZ 1 bis zum LZ 130 bestaunt werden können. Neben allerlei Theorie über Aerodynamik, Elektrik, Konstruktion und Navigation haben Sie auch die Möglichkeit, mit dem Zeppelin NT einen Rundflug über den Bodensee zu genießen – mehr als 100 Jahre nach dem Abheben des ersten Zeppelins gleitet der neue Zeppelin NT wie ein großes weißes Schiff nahezu lautlos über den See. Die Rundflüge über den Bodensee werden von der Deutschen Zeppelin Reederei angeboten (Info und Buchung: Tourist-Info Friedrichshafen).

Friedrichshafen
Keplerstraße
Maybachstraße
Ailinger Straße
Paulinenstraße
Eckenerstraße
Friedrichstraße
Sporthalle
Stadtarchiv
Scheffelstraße
Hans-Schnitzler-Str.
Allmandstr.
Allmandstraße
Prielmayerstr.
Vom-Stein-Str.
Maybachstr.
Riedleparkstraße
E.-Lehmann-Straße
Katharinenstraße
Wendelgardstraße
St. Petrus-Canisius-Kirche
Charlottenstraße
Marienstraße
Bismarckstraße
Hofener Straße
Hofener Str.
Bachstr.
Eugenstraße
Olgastraße
Werastraße
Hofner Straße
Brunnenstraße
Brühlpfad
Brunnenstr.
Alter Friedhof
Alter
Friedhofweg
Moosweg
Löwentaler Straße
Werderstr.
Moltkestraße
Hünistr.
Wolfgangstraße
Kleinebergstr.
Gerberstr.
Montfortstr.
Stadtbahnhof
Schillerstraße
Oranienstr.
Königin-Paulinen-Stift
Olgastr.
Schillerstr.
Hauptpost
Bahnhofplatz
Riedleparkstr.
Möttelistraße
Laimgasse
Metzstr.
Sedanstr.
Romanshorner Platz
Östliche Uferstraße
Seestraße
Schulmuseum
Zeppelin-Denkmal
Zeppelin-Brunnen
Stadtgarten
Musikpavillon
Uferstraße
Klosterstraße
Graf-Zeppelin-Haus
Klangschiff
Karlstraße
Schanzstraße
E.-Bolz-Str.
Wilhelmstr.
Im Hof
Buchhorn-platz
Goldschmiedstr.
Hafenbahnhof
Zeppelin-Museum
Rathaus
Adenauer-platz
St. Nikolaus-Kirche
Buchhorn-Brunnen
Medienhaus am See
Schiffhafen
Karlstr.
Salzg.
Aussichtsturm
Schlosskirche
Bodensee
200

Tour 8   Tettnanger Hopfenschleife   41,5 km

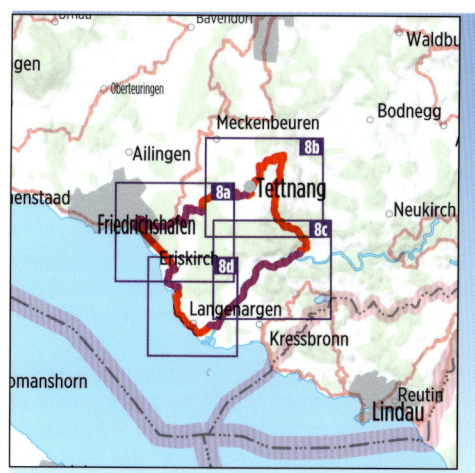

Wie der Name schon sagt, geht es auf dieser Tour vor allem um den Hopfen. Die Route führt von Eriskirch nach Tettnang durch Hopfenanbaugebiete und bei Tettnang lädt das Tettnanger Hopfenmuseum zu einem Besuch ein. Von dort nach Laimnau und danach an der Argen entlang an den Bodensee nach Langenargen. Am See entlang durch das Eriskircher Ried – vor allem sehenswert in der Iris-Blütezeit – geht es wieder zurück nach Eriskirch.

Charakteristik
Länge: 41,5 km
Start: Eriskirch
Ziel: Eriskirch
Wegbeschaffenheit: Die Route verläuft auf Radwegen, Wirtschaftswegen und ruhigen kleinen Straßen. Gleich zu Beginn gibt es einen kurzen Abschnitt auf Kies und der Radweg entlang der Argen ist auch nicht asphaltiert. 
Verkehr: Auf der gesamten Route kommt es zu keinerlei Verkehrsbelastung.
Beschilderung: Es gibt keine durchgehende Beschilderung.
Steigungen: Die Strecke steigt zu Beginn kurz an und vor und hinter Tettnang geht es für ca. 6 Kilometer stetig bergauf.
Anschlusstour(en): Tour 7, 9

Figur eines Dammglonker am Hafen von Langenargen am Bodensee

Eriskirch

PLZ: 88097; Vorwahl: 07541

- **Verkehrsamt Eriskirch**, Schussenstr. 18, ✆ 9708-22, www.eriskirch.de
- Pfarrkirche **Mariä Himmelfahrt**,
- **Holzbrücke**, 1828 auf 96 Holzpfählen über die Schussen erbaut
- **Verkehrsamt**, Schussenstr. 18, ✆ 97080
- **Freibad** und **Strandbad**, ✆ 82642

1 Sie starten am Bahnhof Eriskirch ↝ gleich vor dem Bahnhofsgebäude links halten auf dem schmalen Weg an den Gleisen entlang ↝ Sie folgen der Beschilderung des Bodensee-Radweges ↝ an einem Rastplatz vorbei ↝ an der **Seestraße** links ↝ am Gasthof vorbei ↝ links die Bahngleise queren und danach gleich rechts ↝ auf Kies geht es nun schnurgerade an der Bahn entlang ↝ kurz vor der Wegkreuzung bei der kleinen Siedlung beginnt Asphalt ↝ hier geradeaus in den **Kretzerweg** ↝ der Asphalt endet bald nach der Kreuzung ↝ Sie radeln auf Kies weiterhin entlang der Bahn ↝ an einer kleinen Siedlung vorbei ↝ rechts auf die **Seewiesenstraße** ↝ kurz vor der Straßenbrücke beginnt auf der rechten Seite ein Begleitweg ↝ unter der Straße hindurch und gleich danach links ↝ auf der schmalen Straße am Schulengelände entlang ↝ in einem Linksbogen kommen Sie an die Vorfahrtsstraße, **Lindauer Straße** ↝ biegen Sie rechts ab auf den Begleitweg ↝ noch vor der Brücke über den Fluss Rotach biegen Sie rechts ein Richtung Tettnang ↝ an einem Gasthaus vorbei ↝ weiter auf dem Radweg entlang des Flussufers ↝ an den Sportanlagen vorbei ↝ am Ende der Allee und der Sportanlagen rechts zur Vorfahrtsstraße hin ↝ an dieser rechts ↝ links unter der Bahn hindurch ↝ noch vor der Bundesstraße rechts auf den Begleitweg ↝ auf diesem für 0,5 km entlang ↝ am Ende des Weges an der T-Kreuzung links, unter der B 31 hindurch ↝ rechts in den unbefestigten Forstweg, Friedrichshafen wird also nur gestreift ↝ im Linksbogen folgen Sie dem Wegverlauf ↝ nun schnurgerade auf dem Hauptweg, quer durch den Wald ↝ am Waldrand links und danach auf die Häuser von Oberbaumgarten zu ↝ geradeaus über die Kreuzung auf Asphalt ↝ über die sehenswerte Holzbrücke über die Schussen ↝ nach der Rechtskurve geht es leicht bergauf ↝ in der Linkskurve an die Vorfahrtsstraße, **Mariabrunner Straße**

2 hier links Richtung Meckenbeuren ↝ für ca. 1 km radeln Sie auf dem Radweg entlang der Kreisstraße ↝ Sie kommen zu den Häusern von **Schuppenwies** und biegen hier rechts ein auf den gleichnamigen Weg ↝ am Ortsende eine Linkskurve ↝ an der Wiese entlang ↝ Rechtskurve und durch die Felder ↝ an der T-Kreuzung mit der **Sputtenwinkelstraße** links ↝ kurz am Waldrand entlang ↝ Sie erreichen bald die ersten Häuser von Kau ↝ an der Vorfahrtsstraße, **Hopfenstraße**, rechts ↝ durch das Siedlungsgebiet hindurch.

Kau

Sie folgen dem Verlauf der Straße und erreichen Pfingstweid an der **Tettnanger Straße**, L 233

Pfingstweid

Auf dem linksseitigen Begleitweg zur L 333 ↝ von diesem Radweg biegen Sie links ab in den **Breitwiesenweg** ↝ vor der Gärtnerei rechts ↝ links auf dem Asphaltweg weiter ↝ an der Gabelung rechts, Ende des Asphalts ↝ nun schnurgerade nach Osten quer durch die Felder ↝ auf Asphalt unter der Bundesstraße hindurch ↝ an den Hopfenfeldern entlang ↝ **3** an der Asphaltstraße rechts ↝ in der Linkskurve rechts auf den schmalen

82

Radweg ↝ unter der Landstraße hindurch ↝ auf der anderen Seite links und nun an der Landstraße entlang auf dem Begleitweg ↝ es geht bergauf nach Tettnang ↝ Sie kommen zu einem Kreisverkehr und hier nehmen Sie auf dem Radweg die erste Ausfahrt rechts, **Lorettostraße** ↝ weiter in der Linkskurve entlang der **Martin-Luther-Straße** ↝ links entlang der **Lindauer Straße**.

Tettnang
PLZ: 88069; Vorwahl: 07542

- **Tourist-Info**, Montfortstr. 41, ☎ 510-500, www.tettnang.de
- **Montfortmuseum**, Montfortstr. 43, ☎ 510-180, ÖZ: April-Okt., Di-So 14-18 Uhr, Sa 10-12 Uhr, Museum zur Stadtgeschichte
- **Hopfenmuseum**, Hopfengut 20, ☎ 952206, ÖZ: Mai-Okt., Di-Do 10.30-18 Uhr, Fr-So 10.30-20 Uhr, Museum zur Geschichte des Hopfenanbaus in Tettnang
- **Elektronikmuseum**, im Torschloss, Montfortstr. 41, ☎ 0175/7368370, ÖZ: April-Okt., Di-So 14-18 Uhr, Sa 10-12 Uhr und 14-18 Uhr, Museum zur Geschichte der Rundfunktechnik, Tonspeicher- und Tonfilmtechnik, Fernschreib- und Fernsprechtechnik u.v.m.
- **Schlosskapelle**, Neues Schloss Tettnang. Errichtet 1712-1731 und nach einem Brand 1755-1770, dient die Kapelle seit 1854 der evang. Martin-Luther-Gemeinde.

Hopfenanbau in Tettnang

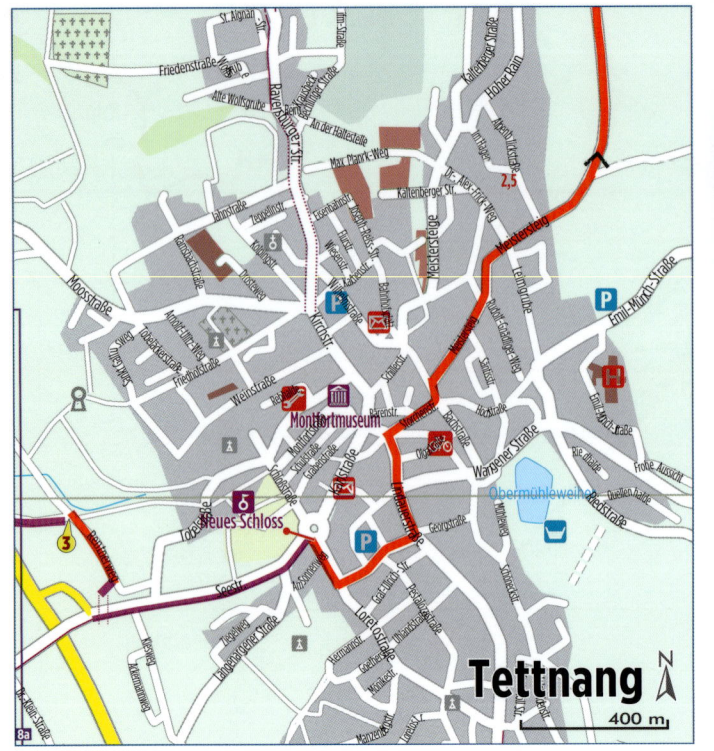

🏰 **Neues Schloss Tettnang**, Montfortpl. 1, Infos zu ÖZ und Führungen unter ☎ 510-500. Die ehem. Residenz der Grafen von Montfort, die zwischen 1260 und 1780 in Tettnang residierten, vermittelt einen anschaulichen Eindruck vom fürstlichen Luxus jener Zeit.

🔧 **Bike-Studio**, Montfortstr. 15, ☎ 951078
🚲 **Bike Sport Spahn**, Olgastr. 7, ☎ 40895

Rechts in die **Storchenstraße** ~ am Ende der Straße links auf die **Bachstraße** ~ bei der nächsten Möglichkeit biegen Sie rechts ein in den Meistersteig Richtung Hopfenpfad ~ Sie folgen hier den weißen Radschildern mit grünem Fahrrad Richtung Wangen ~ es geht stark bergauf aus Tettnang hinaus ~ an der Gabelung links Richtung Dieglishofen ~ es geht stetig leicht bergauf durch die Hopfenfelder mit einem schönen Ausblick nach links ~ bei den paar Häusern von **Irrmannsberg** rechts Richtung Siggenweiler ~ eine

84

Linkskehre und leicht bergauf zwischen den Häusern von **Dieglishofen** entlang ↯ an der Gabelung nach der Rechtskurve nehmen Sie den linken Weg ↯ kurz darauf ein Rastplatz mit Infotafel zur Linken ↯ in der Rechtskurve zweigt links ein Kiesweg ab, in den biegen Sie ein ↯ nach einen weiten Rechtsbogen beginnt wieder Asphalt auf dem **Hopfenpfad** ↯ Sie kommen am HopfenMuseum Tettnang vorbei.

HopfenMuseum Tettnang

Im Museum wird alles über den Hopfen erklärt, über den Anbau, die Ernte und die Herstellung des Bieres – den Brauvorgang. In folgende Themenbereiche ist das HopfenMuseum gegliedert: Botanik der Hopfenpflanze, Hopfenanbau und Hopfenernte gestern und heute, der Hopfenhandel und die Qualitätskontrolle, die Geschichte des Bieres, Bierflaschensammlung mit Bieren gebraut mit Tettnanger Hopfen.

Kurz danach gelangen Sie an die Kreisstraße ↯ **4** hier rechts abbiegen ↯ auf der Kreisstraße geht es leicht bergauf ↯ vorbei an einigen Häusern geht es stark bergauf ↯ dann leicht bergauf vorbei an **Brünnensweiler** ↯ Sie bleiben geradeaus auf der Kreisstraße bergab ↯ an der Gabelung links, Bernau lassen Sie rechts

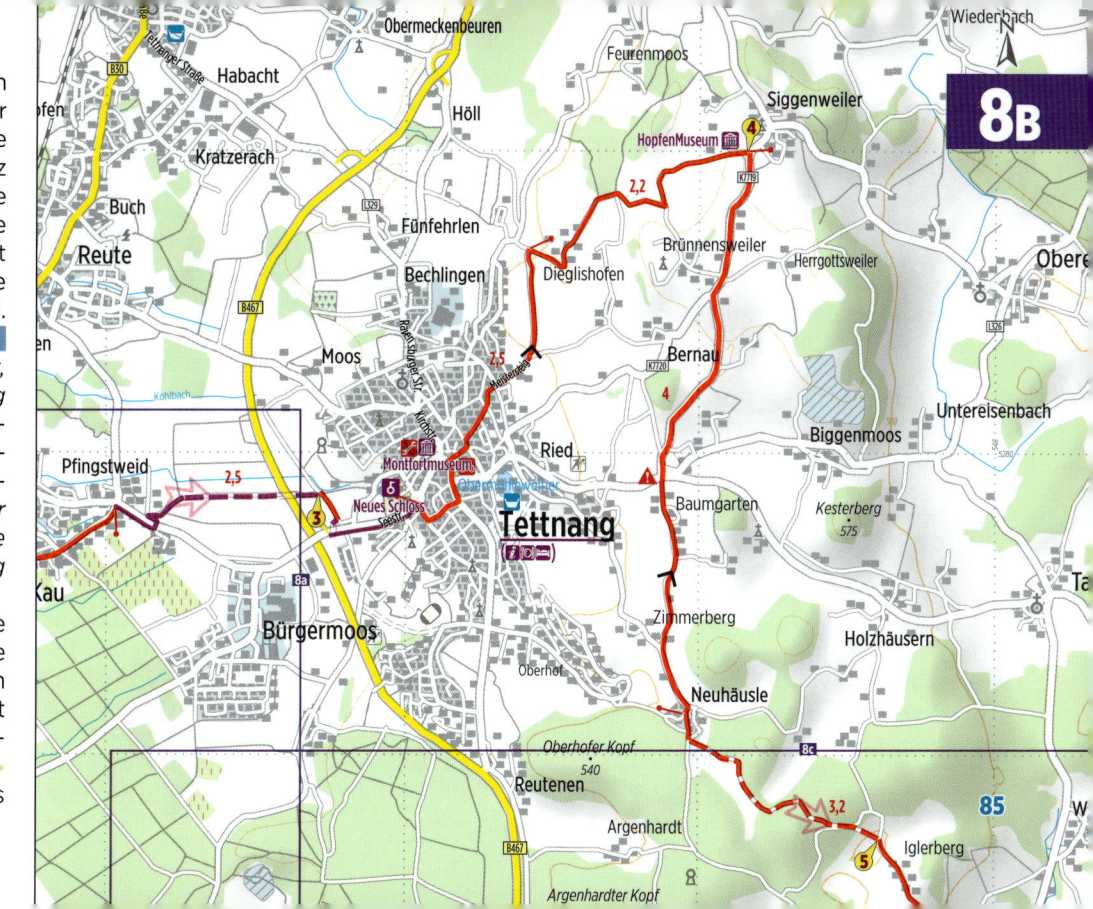

8B

liegen ~ auf der Kreisstraße geht es durch die Felder ~ Sie gelangen an die Kreuzung mit der Wangener Straße, L 333 ~ hier geradeaus ⚠ Vorsicht beim Überqueren ~ Sie kommen zu den Häusern von Baumgarten ~ weiterhin leicht bergab auf dem Strälein durch die wunderbare Landschaft nach Neuhäusle.

Neuhäusle
Bei den ersten Häusern biegen Sie rechts ein ~ links leicht bergauf ~ am Ortsende beim Parkplatz gelangen Sie an eine Gabelung, halten Sie sich links ~ der Asphalt endet ~ auf dem Wirtschaftsweg radeln Sie auf den Wald zu ~ in den Wald hinein ~ an der Gabelung rechts am Waldrand entlang ~ in einer Linkskurve in den Wald hinein ~ nach der Rechtskurve geht es leicht bergab ~ bei der Viererkreuzung im Wald fahren Sie geradeaus ~ aus dem Wald hinaus und bergab ~ **5** an der Asphaltstraße rechts zu den Häusern hin ~ es geht bergauf durch den Weiler Iglerberg hindurch ~ bergab durch eine Linkskurve und eine Rechtskurve ~ auf der Iglerberger Straße kommen Sie in rasanter Fahrt nach Laimnau ~ ⚠ Vorsicht an der Vorfahrtsstraße, Bremsen! ~ an der **Argentalstraße** rechts in den Ort hinein.

Langenargen, Schloss Montfort

Laimnau
Am Ortsende beginnt auf der linken Straßenseite ein begleitender Radweg ~ auf einer Brücke geht es über die Argen ~ an der folgenden Kreuzung mit der Kreisstraße 7708 fahren Sie rechts auf dem straßenbegleitenden Radweg weiter ~ nach ca. 800 m **6** biegen Sie vom Radweg rechts ein auf den **Weidachweg** ~ im Linksbogen durch die Wiesen ~ bei der Gabelung rechts direkt an der Kläranlage vorbei ~ an der T-Kreuzung rechts ~ am Auwald der Argen entlang ~ an der Kreuzung mit der Vorfahrtsstraße rechts und noch vor der Argenbrücke wieder links hinein auf den Fluss-Radweg ~ vorbei an einem Parkplatz mit Rastplatz auf Asphalt ~ unter der Straßenbrücke hindurch ~ an der folgenden Gabelung links auf dem asphaltierten Weg bleiben ~ parallel zur Bundesstraße ~ an einem Rastplatz mit Kinderspielplatz vorbei ~ durch die Felder ~ an der Wegkreuzung geradeaus ~ im Linksbogen und bald wieder am Auwald der Argen entlang ~ in der Linkskurve nach rechts ab ~ die Straße queren, an der Brücke vorbei und weiterhin am Flussufer entlang auf Kies ~ es geht unter der B 31 hindurch ~ nun radeln Sie ca. 1,8 km auf dem schönen schattigen Radweg an der Argen entlang ~ unter einer Eisenbahnbrücke hindurch ~ **7** rechts über die Kabelhängebrücke, die älteste in Deutschland aus dem 19. Jahrhundert ~ in einer Linkskurve an die **Langenargener Straße** ~ rechts auf den begleitenden Radweg ~ links in den **Bleichweg** ~ durch das Siedlungsgebiet ~ schließlich gelangen Sie an den Bodensee ~ rechts halten, am Seeufer entlang.

Langenargen
PLZ: 88085; Vorwahl: 07543

🛈 **Tourist-Information**, Obere Seestr. 2/1, ✆ 933092, www.langenargen-tourismus.de

🏛 **Museum Langenargen**, Marktpl. 20, ✆ 3410, ÖZ: Di-So 10-12 Uhr und 14-17 Uhr. Im ehemaligen Pfarrhaus (18. Jh.) wird Kunst aus dem Bodenseegebiet vom Mittelalter bis zur Neuzeit gezeigt. Darunter finden sich Werke von F. A. Maulbertsch und A. Brugger.

🛐 **Pfarrkirche St. Martin**, Marktplatz. Der Bau im prächtigen Barock (1718-22) beherbergt Deckengemälde von F. A. Maulbertsch.

🛐 **Friedenskirche**. Die evangelische Kirche wurde 1912 errichtet.

🛐 **Schloss Montfort**, auf der Spitze der Halbinsel. An der Stelle der Burg Argen (von 1290 bis 1780 Sitz der Grafen von Montfort) ließ König Wilhelm I. von Württemberg 1861-66 das Schloss im maurischen Stil errichten. Aussichtsturm, ÖZ: April-Okt.

✱ **Argen-Hängebrücke**, Fluss Argen. Diese 1896-98 erbaute, unter Denkmalschutz stehende, älteste Kabelhängebrücke Deutschlands soll später als Vorbild für die Golden Gate Bridge in San Francisco gedient haben.

🏊 **Hallenbad** in der F.-A.-Maulbertsch-Schule, Amthausstraße, ✆ 931833, ÖZ: Okt.-März

🏖 **Naturstrandbad mit beheiztem Freischwimmbecken**, Untere Seestr. 107, ✆ 2207

🚲 **Zweirad Filo**, Kirchstr. 3, ✆ 912910
🚲 **Hotel Löwen**, Obere Seestr. 4, ✆ 3010
🚲 **Zweirad Zwisler**, Mühlesch 23, ✆ 2459

An der Stelle der ausgebrannten und verfallenen Burg der Vorarlberger Grafen Montfort ließ König Willhelm I. von Württemberg

8D Eriskirch

in Langenargen ein Schloss errichten. Bevor das Bauwerk in maurischem Stil von 1861-66 entstand, war aus der Insel durch Aufschüttung eine Halbinsel geworden. Erwähnenswert ist auch die barocke St. Martinskirche, vor allem wegen des Deckengemäldes von Anton Maulbertsch d. Ä.

Links halten in die **Obere Seestraße** ⇨ über den **Marktplatz** und weiter auf der **Unteren Seestraße** ⇨ vorbei am Schloss Montfort ⇨ in der Rechtskurve der Vorfahrtsstraße fahren sie geradeaus weiter ⇨ am Seeufer entlang, weiterhin die Untere Seestraße ⇨ auf dieser langgezogenen Straße gelangen Sie an den Stadtrand von Langenargen ⇨ bei den letzten Häusern geradeaus weiter ⇨ durch das Uferwäldchen ⇨ rechts auf den **Schussenweg** 8 links Richtung Eriskirch ⇨ an Werkshallen entlang ⇨ am Uferwald der Schussen entlang ⇨ links über den Fluss in das Naturschutzgebiet Eriskircher Ried ⇨ auf dem unbefestigten Radweg durch diese wunderbare Landschaft ⇨ an der Asphaltstraße beim Eriskircher Strandbad rechts halten ⇨ links halten ⇨ in der Rechtskurve entfernen Sie sich von der Ried vorbei am Wanderparkplatz und auf der **Riedstraße** auf die ersten Häuser von Eriskirch zu ⇨ gleich nach dem Bahnübergang links auf den Radweg ⇨ Sie kommen zum Bahnhof von Eriskirch und somit zum Ende der Runde 1.

Eriskirch

Tour 9   Vom Bodensee nach Ravensburg und zurück   62 km

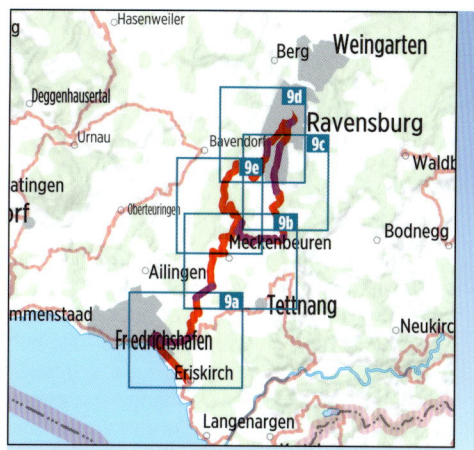

Diese Tour führt vom Bodensee nach Ravensburg, in die Stadt der Türme und Tore mit ihrem Wahrzeichen, dem Mehlsack – ein strahlend weißer Turm, der einen wunderbaren Ausblick auf die Stadt bietet. Sie passieren das Ravensburger Spieleland auf Ihrem Weg, ein bekannter Vergnügungspark vor den Toren der Stadt. Beim Verlassen der Stadt kommen Sie am wunderschönen Kloster Weißenau vorbei. Über Brochenzell und Kehlen geht es wieder zurück nach Eriskirch an den See.

Charakteristik

Länge: 62 km
Start: Eriskirch
Ziel: Eriskirch
Wegbeschaffenheit: Die Route verläuft zum Großteil auf asphaltierten Radwegen, Wirtschaftswegen und auf ruhigen kleinen Straßen. Zu Beginn erwartet Sie ein kurzer unbefestigter Abschnitt und auch vor Liebenau, da wird durch den Wald geradelt.
Verkehr: Auf der gesamten Strecke gibt es nur wenige kurze Abschnitte mit Verkehrsbelastung, in Brochenzell und in Ravensburg radeln Sie im direkten Verkehr.
Beschilderung: Die Route ist teilweise mit den quadratischen weißen Radschildern mit grünem Fahrrad gekennzeichnet.
Steigungen: Die Strecke verläuft mit einer stetigen leichten Steigung bis Liebenau. In Ravensburg geht es längere Zeit stark bergauf und danach gibt es nur wenige kurze Steigungen.
Anschlusstour(en): Tour 7, 8

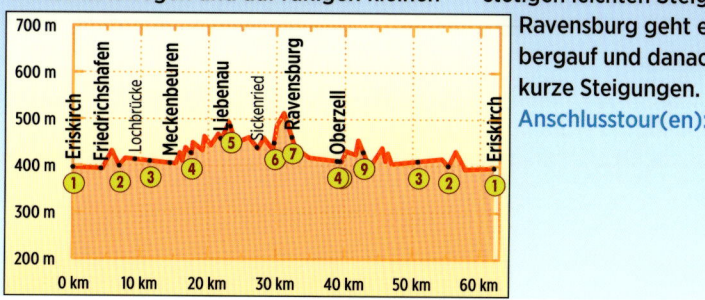

9A

Eriskirch
s. S. 82

1 Sie starten am Bahnhof Eriskirch ~ gleich vor dem Bahnhofsgebäude links auf den schmalen Weg ~ an den Gleisen entlang ~ Sie folgen der Beschilderung des Bodensee-Radweges ~ an einem Rastplatz vorbei ~ an der **Seestraße** links ~ am Gasthof vorbei ~ links die Bahngleise queren und danach gleich rechts ~ auf Kies an der Bahn entlang ~ an der Wegkreuzung bei der kleinen Siedlung geradeaus in den **Kretzerweg** ~ Sie radeln auf Kies weiterhin entlang der Bahn ~ an einer kleinen Siedlung vorbei ~ rechts auf die **Seewiesenstraße** ~ kurz vor der Straßenbrücke beginnt rechts ein Begleitweg ~ unter der Straße hindurch und gleich danach links ~ auf der schmalen Straße am Schulgelände entlang ~ in einem Linksbogen kommen Sie an die Vorfahrtsstraße, **Lindauer Straße** ~ rechts auf den Begleitweg ~ noch vor der Brücke über die Rotach biegen Sie rechts ein Richtung Tettnang ~ an einem Gasthaus vorbei ~ auf dem Radweg entlang des Flussufers ~ an den Sportanlagen vorbei ~ am Ende der Allee und der Sportanlagen rechts zur Vorfahrtsstraße hin ~ an dieser rechts ~ links unter der Bahn hindurch ~ noch vor der Bundesstraße rechts auf den Begleitweg ⟿ auf diesem für 0,5 km entlang ⟿ am Ende des Weges an der T-Kreuzung links, unter der B 31 hindurch ⟿ rechts in den unbefestigten Forstweg, Friedrichshafen wird nur gestreift ⟿ im Linksbogen folgen Sie dem Wegverlauf ⟿ schnurgerade auf dem Hauptweg durch den Wald ⟿ am Waldrand links und danach auf die Häuser von Oberbaumgarten zu ⟿ **2** Sie biegen hier links ab Richtung Lochbrücke und Meckenbeuren ⟿ der Weg verläuft durch die Obstplantagen ⟿ in einigen Links- und Rechtsschwenkern durchqueren Sie das Obstanbaugebiet ⟿ beim letzten Linksbogen passieren Sie den **Hof Schürten** und weiter geht's auf die Häuser von Lochbrücke zu ⟿ auf der **Schussenstraße** fahren Sie in den Ort ein.

Lochbrücke

An der Stoppstraße, **Seestraße**, geradeaus in die **Brückenstraße** ⟿ Sie kommen nach **Gerbertshaus** und radeln Richtung Ravensburg ⟿ bei der Pizzeria geradeaus Richtung Ravensburg, 17 km ⟿ auf dem **Funkenweg** geht es flott entlang der Bahn dahin ⟿ Sie kommen nach Kehlen ⟿ wo der Radweg endet ⟿ links über die Bahn ⟿ an der Straßengabelung

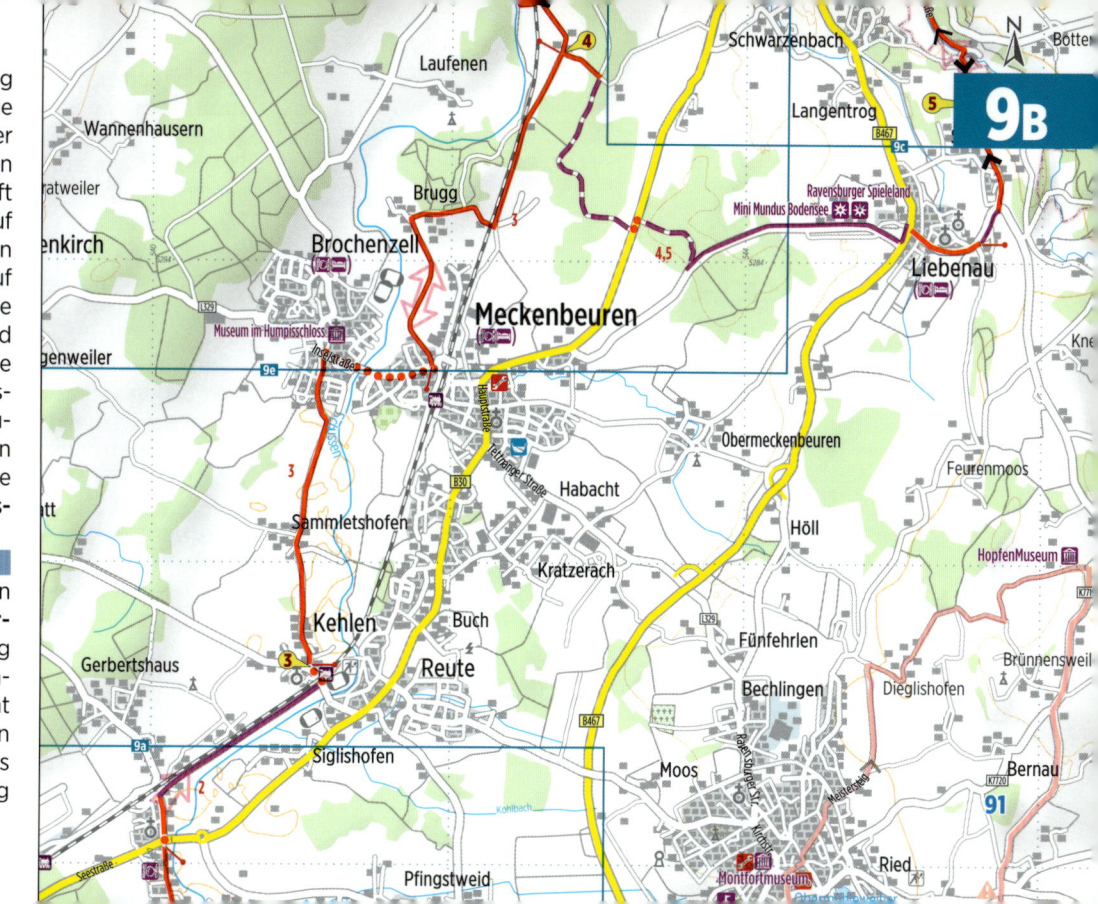

9c

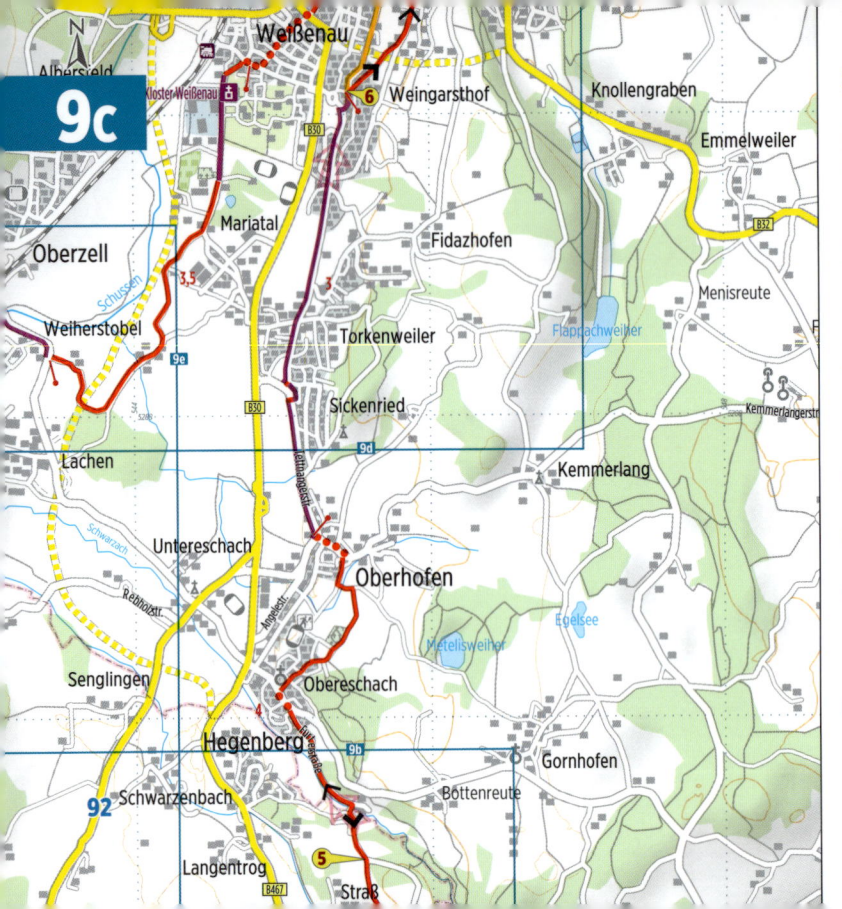

3 rechts auf die **Sammletshofer Straße** Richtung Ettenkirch.

Kehlen

Es geht hinaus aus dem Ort ↷ an Obstbäumen entlang nach Sammletshofen.

Sammletshofen

Auf der **Allmandstraße** durch den Ort ↷ weiter Richtung Brochenzell ↷ an Obstbäumen entlang ↷ auf der **Kehlener Straße** kommen Sie nach Brochenzell ↷ an der Vorfahrtsstraße, **Inselstraße**, halten Sie sich rechts.

Brochenzell

PLZ: 88074; Vorwahl: 07542

- **Tourismus-Servicestelle**, Meckenbeuren, Bahnhof 1, ☎ 936244, www.meckenbeuren.de
- **Museum im Humpisschloss**, Humpisstr. 3, ☎ 403230, ÖZ: Mi-Fr 17-19 Uhr, Sa 16-19 Uhr, So 11-17 Uhr, Museum zur Geschichte der Handelsgesellschaft Humpis
- Pfarrkirche **St. Jakobus**

Sie fahren über die Schussenbrücke ↷ weiter auf der **Brochenzeller Straße** ↷ noch vor der Linkskurve der Straße biegen Sie links ein, **Arndtstraße** ↷ Sie befinden sich hier bereits in **Meckenbeuren** und verlassen dieses nun ↷ wieder an Obstbaumfeldern entlang ↷ dieser schöne Weg bringt Sie nach **Brugg** ↷ hier biegen Sie beim Wegkreuz rechts ab dem weißen Radschild mit grünem Fahrrad folgend ↷ am Waldrand entlang ↷ in einer Rechtskurve zum Bahnübergang ↷ danach gleich links Richtung Ravensburg ↷ an der Bahnlinie entlang ↷ am Waldrand geht es leicht bergauf ↷ an einer Brücke und einem einzelnen Haus vorbei ↷ quer über die Felder geht es nun auf die Häuser von **Lohner** zu ↷ an der Kreuzung bei **4** rechts am Ferienhof vorbei ↷ vor der scharfen Linkskurve rechts in den Forstweg ↷ geradeaus über die Wanderwegkreuzung ↷ es folgt ein langgezogener Linksbogen und gleich darauf im Rechtsbogen bergauf ↷ rechts halten und dem Wegverlauf folgen, weiterhin durch den Wald ↷ im Linksbogen leicht bergauf ↷ aus dem Wald hinaus ↷ unter der Stromleitung hindurch ↷ an der Vorfahrtsstraße links ↷ gleich wieder rechts in den Wald ↷ um die Schranke herum in den Forstweg (trotz Einfahrt verboten-Schild!) ↷ auf Kies durch den Wald ↷ es geht stetig leicht bergab, allerdings holprig ↷ an der Vorfahrtsstraße, **Hangenstraße**, links auf den straßenbegleitenden Radweg ↷ weiterhin durch den Wald ↷ wenn Sie aus dem Wald kommen, sehen Sie schon links die Anlage des **Ravensburger Spielelandes** ↷ Sie radeln nun daran entlang.

Ravensburger Spieleland

✱ **Freizeitpark Ravensburger Spieleland**, Am Hangenwald 1, ☎ 07542/400-0, ÖZ: Ende März-Anfang Nov.

Auf dem Radweg gelangen Sie an die Vorfahrtsstraße in Liebenau.

Liebenau

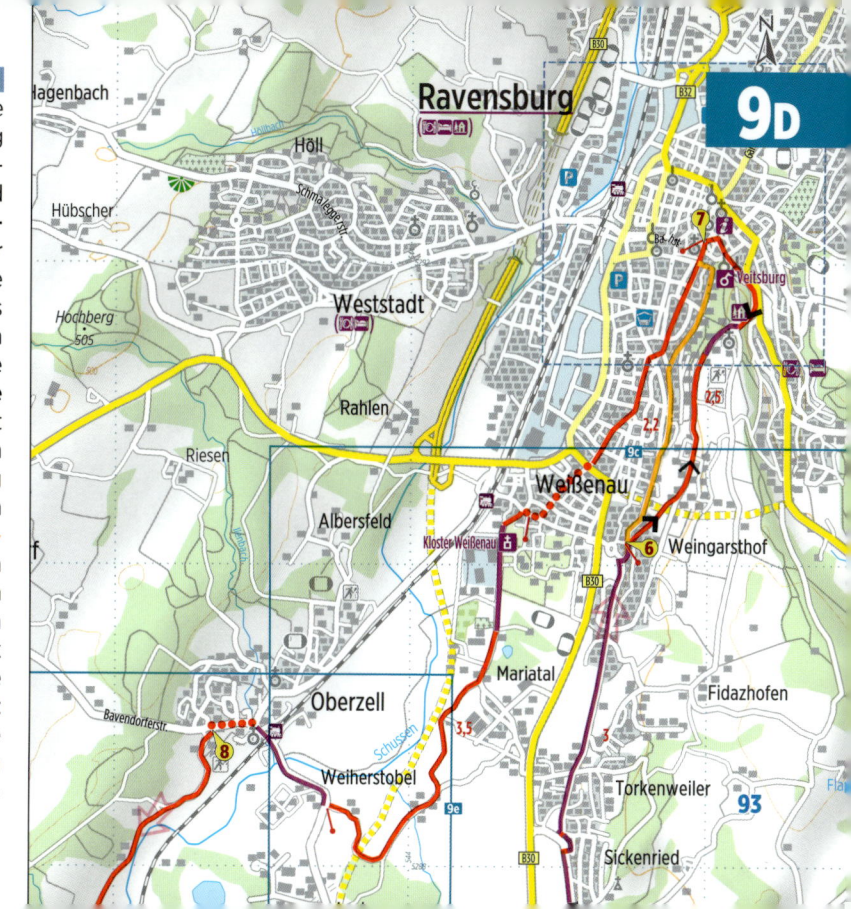

An der Vorfahrtsstraße radeln Sie im Linksbogen auf dem Radweg weiter ↷ wo dieser endet, überqueren Sie die Bundesstraße und fahren in die **Siggenweilerstraße** Richtung Tettnang ↷ in der Linkskurve an der Grünanlage vorbei ↷ am Ortsende rechts auf den straßenbegleitenden Radweg ↷ in der Rechtskehre biegen Sie links ein, **Berger Halde** Richtung Ravensburg ↷ es geht leicht bergab ↷ nach den letzten Häusern stark bergauf ↷ der Weg ist sehr schmal ↷ es geht an einem Wegkreuz mit Rastbank vorbei ↷ kurz leicht bergab ↷ auf ebenem Weg an den Obstbaumfeldern entlang ↷ links halten **5** auf dem Hauptweg weiter ↷ es geht stark bergab in den Hohlweg ↷ Sie kommen zu den Häusern von **Furt** ↷ rechts über die kleine Brücke und dann gleich links Richtung Ravensburg ↷ Sie lassen die Häuser hinter sich und radeln weiter auf der schmalen **Furter Straße** ⤻ es geht bergauf ⤻ im Linksbogen auf einen Kirchturm zu ⤻ Sie kommen nach **Obereschach** ⤻ an der Kreuzung mit der **Gornhofener Straße** biegen Sie links ab Richtung Ravensburg ⤻ hier folgen Sie den großen weißen Schildern mit dem roten Fahrrad ⤻ kurz vor der Kreuzung mit der B 467 in die **Angelestraße** ⤻ im Linksbogen der Straße geradeaus weiter nach Oberhofen ⤻ an der Vorfahrtsstraße im Ort links.

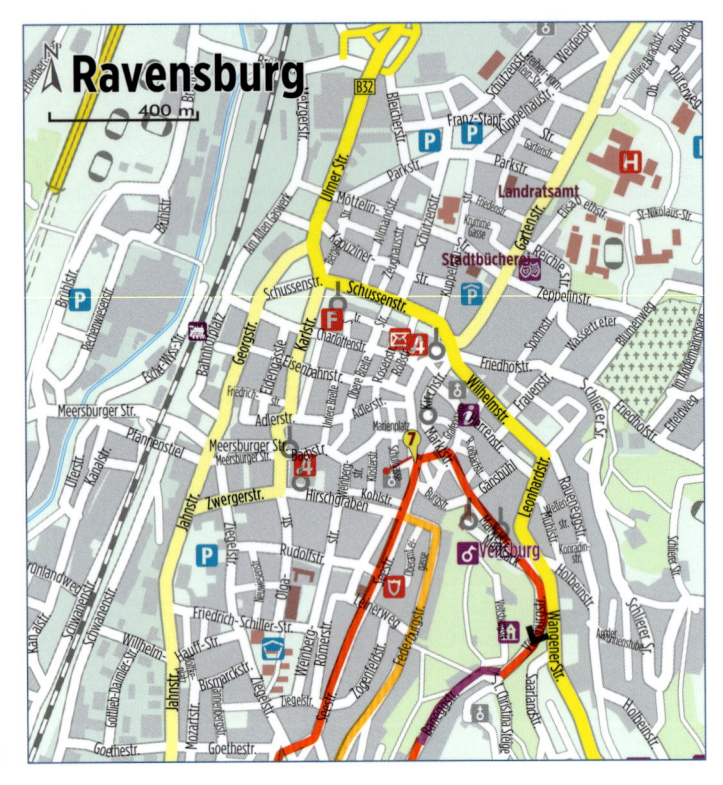

Oberhofen

An der folgenden Vorfahrtsstraße rechts Richtung Ravensburg, **Tettnanger Straße** ⤻ ab Ortsende gibt es einen beschilderten Radweg entlang der Straße ⤻ bergab vorbei an Sickenried ⤻ am Beginn der Linkskurve rechts auf den Radweg ⤻ in weiterer Folge an der Tettnanger Straße entlang durch das Siedlungsgebiet **Torkenweiler**.

Geradeaus über die Kreuzung und danach bergauf ⤻ Sie kommen nach **Weingartshof** ⤻ durch die Siedlung hindurch ⤻ in der Linkskurve der Straße folgen Sie dem Schild nach rechts ⤻ weiterhin die Tettnanger Straße Richtung Innenstadt und Weingarten ⤻ **6** rechts sehr stark bergauf, **Rebsteige** ⤻ an der folgenden Kreuzung links halten ⤻ leicht bergauf auf der **Banneggstraße** ⤻ durch den Wald ⤻ an einigen Häusern entlang ⤻ so gelangen Sie an einen Kreisverkehr. Hier befindet sich links die Veitsburg mit Jugendherberge ⤻ geradeaus führt die Route weiter ⤻ bergab durch den Wald an die **Marktstraße** ⤻ **7** links durch das Stadttor ⤻ geradeaus weiter auf der Marktstraße, gegen die Einbahn ins Zentrum.

Ravensburg

PLZ: 88212; Vorwahl: 0751

Tourist Information, Kirchstr. 16, ✆ 82-800, www.stadt-ravensburg.de

Ravensburg, Humpisquartier

🏛 **Museum Humpis-Quartier**, Markstr. 45, ☎ 82820, ÖZ: Di-So 11-18 Uhr, Do-20 Uhr. Das Museum wurde am Originalschauplatz eingerichtet – Quartier für Handwerker, die die Stadtgeschichte beeinflussten. In den Ravensburger Lebenswelten wird erzählt vom Lederhandwerker, vom Fernhändler, vom Gerber und vom Wirt.

🏛 **Museum Ravensburger**, Markstr. 26, ☎ 861377, ÖZ: Jan.-März 11-18 Uhr, April-Sept. 10-18 Uhr, Okt.-Dez. 11-18 Uhr. Auf drei Ebenen werden die Geschichte des Verlages und die Highlights präsentiert.

🏛 **Wirtschaftsmuseum Ravensburg**, Markt-str. 22, ☎ 35505-777, ÖZ: Di-So 11-18 Uhr, Do -20 Uhr. Im Museum gehen Sie auf Zeitreise durch die letzten 200 Jahre Wirtschaftsgeschichte im Landkreis Ravensburg.

⛪ **Klosterkirche Weißenau**, Abtei-straße, ÖZ: Führungen, Hr. Herbert Mayer ☎ 61442. Die barocke Klosterkirche St. Peter und Paul gehörte einst zur ehemaligen Abtei Weißenau. Die Innenausstattung der Kirche ist besonders sehenswert, vor allem der Hochaltar aus 1631, das Chorgestühl und die Heiligblut-Reliquie.

⛪ **Katholische Pfarrkriche Unserer Lieben Frau**. Entstand im 13. Jh. als Kapelle und wurde 1360 zur Kirche ausgebaut. Im Chor befinden sich bedeutende Glasmalereien aus dem 15. Jh.

⛪ **Evangelische Stadtkirche**. Wurde 1349 als Klosterkirche der Karmeliter geweiht und im 14. und 15. Jh mehrfach ausgebaut. Die Kirche stellt ein typisches Beispiel einer Bettelordenskirche dar mit Holzbalkendecke und einfachen monumentalen Formen.

✺ **Stadtbefestigung aus dem Mittelalter** mit **Untertor** und **Obertor** und den Türmen **Grüner Turm, Wehrturm am Gänsbühl, Schellenber-**

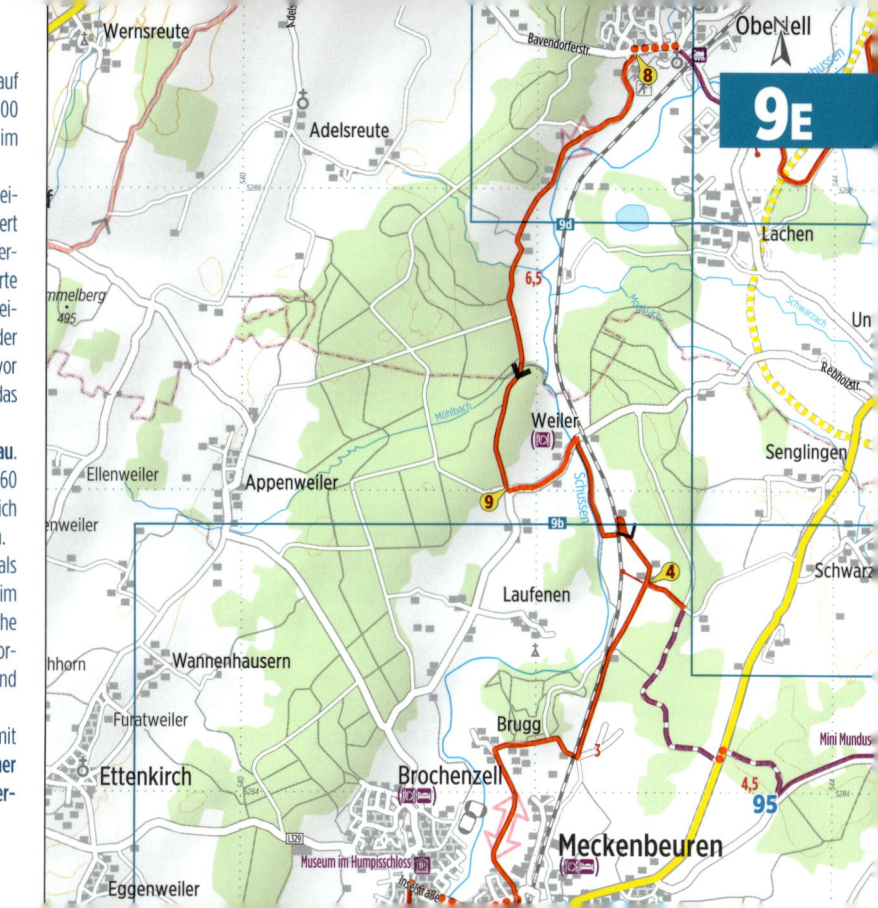

ger Turm, Gemalter Turm, Spitalturm und dem Wahrzeichen der Stadt – der Mehlsack.

- Mehlsack, Turmbesteigung: April-Nov., Sa u. So 10-15 Uhr. Seinen Namen trägt der im Jahr 1425 entstandene Turm aufgrund seiner runden Form und der strahlend weißen Farbe.
- Heilig Geist Spital, Untertor. Errichtet und erhalten von den Stiftungen der Ravensburger Bürger fanden hier Waisen, Arme, beeinträchtigte und alte Menschen Aufnahme. Sehenswert sind die große Halle mit gotischen Stützpfeilern und die Kapelle.
- Hallenbad Ravensburg, Ziegelstr. 33, ✆ 22223
- Naturfreibad Flappachbad, Strietach 4, ✆ 61842

Beim Rathaus halten Sie sich rechts und gleich wieder links ↝ am Gebäude entlang und wiederum links ↝ über den Rathausplatz und weiter auf dem Marienplatz ↝ schnurgerade nun weiter entlang der Seestraße ↝ über den Goetheplatz und weiter entlang der Hindenburgstraße ↝ beim großen Kreisverkehr rechts, die erste Ausfahrt, Weißenauer Straße ↝ an den Wohnhäusern entlang ↝ geradeaus über die große Ampelkreuzung mit der Jahnstraße und weiter auf der Ravensburger Straße nach Weißenau.

Weißenau

An der Kreuzung mit der Weingartshofer Straße rechts Richtung Festsaal ↝ auf dem Torplatz links Richtung Friedrichshafen ↝ geradeaus kommen Sie zum Bahnhof ↝ durch das wunderschöne Tor, weiter auf der Abteistraße ↝ am Kloster entlang.

Kloster Weißenau

Auf den Radweg entlang des Klostergartens ↝ auf der schönen Allee kommen Sie zum Friedhof Mariatal ↝ danach geht es durch die kleinen Siedlung.

Mariatal

Rechts Richtung Tettnang auf den Landwirtschaftsweg ↝ es geht am Umspannwerk vorbei ↝ Sie folgen dem Wegverlauf ↝ an einem Hof vorbei ↝ über eine kleine Brücke ↝ im Links-Rechts kommen Sie nach Weiherstobel.

Weiherstobel

Über eine Brücke und geradeaus in den Wald ↝ durch das kurze Waldstück gelangen Sie an die Kreisstraße ↝ diese hier überqueren und rechts auf den Begleitweg zur Straße ↝ es geht stetig leicht bergab ↝ die Schussen wird überquert und Sie kommen nach Oberzell ↝ die Bahn queren und weiter entlang der Straße ↝ links Richtung Meersburg auf die Bavendorfer Straße ↝ 8 links Richtung Grundschule und Schussentalhalle auf die Schulstraße ↝ es geht leicht bergauf ↝ aus Oberzell hinaus und weiter auf dem schönen Weg durch die Felder ↝ es geht am Hof Klöcken entlang ↝ links halten Richtung Unterklöcken ↝ Sie nähern sich der Schussen und fahren kurz daran entlang ↝ im Rechtsbogen leicht bergauf ↝ im Links-Rechts am Hof Unterklöcken vorbei ↝ kurz vor dem Wald endet der Asphalt ↝ auf Kies am Waldrand entlang ↝ erst bergauf und bergab ↝ weiterhin am Waldrand entlang ↝ Sie folgen hier den Wanderschildern mit der liegenden gelben Raute ↝ es geht in den Wald hinein ↝ über eine kleine Brücke bergauf ↝ der Weg ist weiterhin gekiest ↝ an einem kleinen Parkplatz vorbei und vor zur Straße ↝ 9 hier links auf die Kreisstraße Richtung Ravensburg ↝ es geht bergab an der Pferdekoppel entlang ↝ über die Brücke nach den Häusern von Weiler und gleich rechts ↝ auf dem Asphaltweg am Fluss Schussen entlang ↝ scharf links vom Fluss weg ↝ unter der Bahn hindurch ↝ gleich links hinauf und danach eine Rechtskehre im Hasenwinkel ↝ bergauf ↝ so gelangen Sie zu den Häusern von Lohner, wo die Runde endet 4.

Hier rechts zurück nach Oberbaumgarten und 1 zum Bahnhof Eriskirch auf dem schon bekannten Weg.

Eriskirch

Tour 10   Um die Seen   30 km

Vom Bodenseehafen Lindau fahren Sie auf dem beliebten Bodensee-Radweg über Wasserburg und Nonnenhorn nach Kressbronn. Hinter Kressbronn geht es schließlich hinauf durch schier endlos wirkende Apfelbaumplantagen und Weingärten zum Schleinsee und Degersee. Hier wendet sich die Route nach Süden und Sie starten die Abfahrt zurück zum See mit umwerfenden Ausblicken auf den Bodensee und die Alpen.

Charakteristik
Länge: 30 km
Start: Lindau
Ziel: Lindau
Wegbeschaffenheit: Die Route verläuft auf Nebenstraßen und Landwirtschaftswegen. es gibt nur einen kurzen unbefestigten Abschnitt hinter Wasserburg.

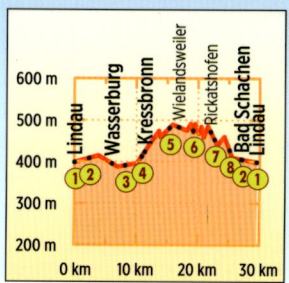

Verkehr: Zwischen Nonnenhorn und Kressbronn radeln Sie entlang des Bodensees im mäßigen Vekehr. In Lindau müssen Sie ebenso mit hohem Verkehrsaufkommen rechnen.
Beschilderung: Es gibt keine durchgehende Beschilderung für diese Tour.
Steigungen: Die Strecke verläuft zu Beginn relativ eben, hinter Kressbronn geht es stetig leicht bergauf und zum Schluss der Runde bergab zum See.
Anschlusstour(en): Tour 11

Lindau

PLZ: 88131; Vorwahl: 08382

- **Lindau Tourismus und Kongress GmbH**, Alfred-Nobel-Pl. 1, ✆ 260030, www.lindau-tourismus.de
- **Stadtmuseum** und **Städtische Kunstsammlung**, im Haus Cavazzen, Marktplatz, ✆ 944073, ÖZ: April-Okt., Di-Fr, So 11-17 Uhr, Sa 14-17 Uhr. Überblick über die städtische und ländliche Kunst der Region Bodenseeschwabens: Kunsthandwerk, Gemälde, Möbel, Skulpturen usw.
- **friedensräume**, Villa Lindenhof, Lindenhofweg 25, ✆ 24594, ÖZ: Mitte April-Mitte Okt., Di-Sa 10-13 u. 14-17 Uhr, So/Fei 14-17 Uhr. Umgeben von einem wunderschönen Park direkt am See mit Cafés und Restaurants ist die klassizistische Villa Lindenhof ein idealer Ort für Ruhe und Entspannung.
- **Altstadt**, auf der Insel. Die einst freie Reichsstadt erstreckte sich über drei Inseln, die durch Kanäle getrennt waren. Heute steht der alte Stadtteil zur Gänze unter Ensembleschutz und weist viele schmucke Patrizierhäuser, Laubengänge und Brunnen auf.
- **Altes Rathaus**, Maximilianstraße. Eines der schönsten Rathäuser Deutschlands entstand 1422-36 und wurde nicht viel später dem Renaissancestil angepasst. In dem Gebäude sind schöne Treppengiebel und Wandmalereien aus der Lindauer Geschichte zu sehen.
- **Seehafen**, an der Südseite der Insel gelegen, mit dem Alten und Neuen Leuchtturm und der Löwenmole, dem Lindauer Wahrzeichen.
- **Peterskirche**, Schrannenplatz. An der nördlichen Langhauswand der romanischen Kirche (um 1000) sind die einzig erhaltenen Fresken Hans Holbeins (1480) mit der Passion Christi und anderen Heiligendarstellungen zu sehen.
- **Strandbad** des Hotels Bad Schachen, Lindau-Schachen, ✆ 2980
- **Strandbad Eichwald**, Lindau-Reutin, Eichwaldstr. 16, ✆ 5539
- **Strandbad Lindenhof**, Lindau-Schachen, Lindenhofweg 41, ✆ 6637
- **Limare – Spaß- und Vitalbad Lindau**, Bregenzer Str. 37, ✆ 704130
- **Aeschacher Bad**, Aeschacher Ufer, Neben dem Bahndamm, ✆ 23446
- **Unger**, Ortsteil Insel, Inselgraben 14, ✆ 943688
- **Der Radgeber**, Ortsteil Aeschach, Wackerstr. 11, ✆ 9893400

Kulturhistorisches Interesse ziehen in Lindau das Alte Rathaus und vor allem die stolzen Patrizierhäuser mit Wandmalereien wie jenes „zum Cavazzen" auf sich. Die letzten erhaltenen Fresken von Hans Holbein dem Älteren sind in der ehemaligen Peterskirche zu bewundern. In Lindau findet man auch den einzigen Hafen Bayerns. Imposant ist auch der sechs Meter hohe Marmorlöwe aus dem Jahr 1856. Er thront gegenüber dem Mangturm genannten alten Leuchtturm aus dem 13. Jahrhundert.

Ungeheuerliches berichtet eine Sage vom ursprünglichen Bau des Münsters „Unserer Lieben Frau" in Lindau. Damals bot ein unbekannter Jüngling den verzweifelten Bauleuten seine Hilfe beim Aufrichten der schweren Steinsäulen an. Die einzige Bedingung: keine Fragen nach seinem Woher und Wohin. Die Bauleute waren einverstanden, die Fortschritte beim Bau waren unglaublich. Rätsel gab aber der Jüngling auf: Niemand sah ihn je essen; wegen seiner sagenhaften Kräfte fielen schließlich die verbotenen Fragen. Das Pech dabei: In diesem Moment wurde die letzte Säule aufgestellt – ohne Erfolg, wie unschwer zu erraten ist. Der Jüngling verschwand und galt seither als Engel. Neue Nahrung erhielt die Sage im September 1728, als ein Brand die Kirche und das dazugehörende Stift vernichtete. 1922 ließ ein neuerliches Feuer die Decke einstürzen. Das vorläufig letzte Kapitel der ungeheuren Serie: Im September 1987 fiel das Dachgewölbe auf Kirchenbänke und Seitenaltäre.

1 Sie starten in Lindau am Bahnhof ↷ links in die **Dammsteggasse** ↷ an den Gleisen entlang ↷ unter der Straßenbrücke hindurch ↷ auf dem Bahndamm radeln Sie ans Festland ↷ am Ufer halten Sie sich links ↷ der Dammweg mündet in die **Giebelbachstraße** ↷ links weiterhin am Ufer entlang ↷ an der Kreuzung mit der **Schachener Straße** links auf den Begleitweg ↷ Sie kommen nach Bad Schachen.

Bad Schachen

2 Vom Radweg biegen Sie links ein, **Oeschländerweg** ↷ Rechtsknick ↷ an der Gabelung links halten ↷ die Badstraße queren ↷ an der Kreuzung mit dem **Lindenhofweg** links halten ↷ rechts zur **Schachener Straße** in Reuten.

Reuten

Links durch den Ort ↷ weiter auf der **Reutener Straße** ↷ am Ortseingang von Wasserburg passieren Sie das Freizeitzentrum Wasserburg mit Surfschule und Freibad ↷ an der Vorfahrtsstraße, **Höhenstraße**, links nach Wasserburg.

99

Wasserburg

PLZ: 88142; Vorwahl: 08382

- **Tourist-Information**, Lindenpl. 1, ✆ 887474, www.wasserburg-bodensee.de
- **Museum im Malhaus**, Halbinsel, ✆ 89369, ÖZ: April-Okt., Di-So 10.30-12.30 Uhr, Mi-So 14.30-17 Uhr. Das Gebäude wurde 1596/97 von Jakob Fugger als Gerichtshaus errichtet, die Gefängniszellen stammen aus der Zeit der Hexenprozesse nach dem Dreißigjährigen Krieg. Neben den Hexenzellen und der Dauerausstellung „Fischer, Fische und Vögel am Bodensee" werden zwei weitere Dauerausstellungen gezeigt: Die eine ist dem bekannten Schriftsteller Martin Walser gewidmet, der in Wasserburg aufgewachsen ist, die andere dem sächsischen Poeten Horst Wolfram Geißler, dessen bekannteste Figur, der „liebe Augustin", im Pfarrhaus in Wasserburg aufwächst.
- **Schloss**, Halbinsel. Das auf dem 14. Jh. zurückgehende Schloss der Grafen Montfort wurde ursprünglich als „Burg im Wasser" durch eine Zugbrücke mit dem Land verbunden. Um 1720 ließen die Fugger den Graben zuschütten, wodurch die Halbinsel erst entstand. Heute wird die Anlage als Hotel genutzt. Keine Besichtigung möglich!
- **Fuggersiedlung**
- **Naturschutzgebiete Bichelweiher und Mittelmoos**, westlich bzw. nördlich der Stadt. Zahlreiche seltene Tier- und Pflanzenarten, darunter die Sibirische Schwertlilie und verschiedene Orchideen, größtes Naturschutzgebiet am bayerischen Bodensee.
- **Freischwimmbad Aquamarin**, Reutener Straße, ✆ 25187, ÖZ: Mitte Mai-Mitte Sept.
- **Unger**, ✆ 888496

Hafen von Wasserburg

Das mehrfach zerstörte und umgebaute Schloss, das heute ein Hotel beherbergt, geht auf das 14. Jahrhundert zurück. Vor dreihundert Jahren wäre noch ein Boot vonnöten gewesen, um zur Anlage zu kommen, seit 1720 gibt es einen Damm. Außerdem wird der vielfach auf Zelluloid und Leinwand gebannte Anblick von Wasserburg von der ursprünglich gotischen Kirche St. Georg mit dem Zwiebelturm geprägt.

Der Bichelweiher und der Uferstreifen in der Wasserburger Bucht beheimaten als Naturschutzgebiet seltene Tier- und Pflanzenarten, wie z. B. die Sibirische Schwertlilie.

Im starken Rechtsbogen gelangen Sie auf den **Lindenplatz** ⤳ wenden Sie sich nach links und folgen Sie dem Verlauf der **Halbinselstraße** ⤳ direkt am See biegen Sie in der Linkskurve beim Hotel rechts ab ⤳ das Schloss liegt zur Linken.

Einmal mehr zeigt sich hier die Begeisterung der Grafen Montfort für Schlösser auf Halbinseln. Im Schloss ist ein Hotel-Restaurant mit Sonnenterrasse, von der man einen der schönsten Sonnenuntergänge am Bodensee genießen kann

Der Asphalt endet ⤳ um die Wasserburger Bucht herum ⤳ weiter auf der **Wasserburger Straße** ⤳ an der **Conrad-Forster-Straße** links ⤳ **3** links auf die **Seestraße** ⤳ durch Nonnenhorn.

Nonnenhorn

PLZ: 88149; Vorwahl: 08382

- **Verkehrsamt**, Seehalde 2, ✆ 8250, www.nonnenhorn.eu

10A

- **Jakobuskapelle** (13. Jh.). Sowohl das Gebäude selbst als auch der Kapellenplatzplatz stehen unter Denkmalschutz.
- **Freibad**, An der Seestraße, ☏ 8456
- **Strandbad**, An der Seestraße, ☏ 8456

Nonnenhorn hat mit der spätgotischen St. Jakobus-Kapelle aus dem 13. Jahrhundert aufzuwarten. Außerdem ist eine Weinpresse aus dem Jahr 1591 in einem offenen Holzhaus in der Conrad-Forster-Straße zu bewundern.

Hier bilden in der Eiszeit geformte Hügel voll Obst- und Weinkulturen die Kulisse für die Weiterfahrt.

Von der Seestraße biegen Sie nach dem Strandbad links auf die Uferstraße 〰️ hinaus aus Nonnenhorn 〰️ auf der **Nonnenhorner Straße** kommen Sie nach Kressbronn 〰️ im Rechtsbogen weiter auf der **Seestraße** 4 nach dem Bahnübergang links, **Am Nonnenbach** 〰️ beim Bahnhof rechts auf die **Bahnhofstraße** 〰️ die Hauptstraße queren um auf die **Hemigkofener Straße** zu gelangen.

Kressbronn

PLZ: 88079; Vorwahl: 07543

- **Tourist-Information**, Nonnenbacher Weg 30 (im Bahnhof), ☏ 96650, www.kressbronn.de
- **Museum für Historische Schiffsmodelle**, Seestr. 20, ☏ 547460, ÖZ: Di-So 10-12 Uhr und 15-18 Uhr. Gezeigt werden die geschnitzten Nachbauten von Seglern und Ruderschaluppen verschiedenster europäischer Königshäuser von Ivan Trtanj.
- **Strandbad**, Bodanstraße, ☏ 500699
- **Hallenbad**, Maicher Straße, ☏ 54967
- **Zweirad Deusch**, Bodanstr. 34, ☏ 6785
- **Radsport Senger**, Kirchstr. 19/1, ☏ 8025

Der Erholungsort ist im Jahr 1934 aus der Zusammenlegung der Orte Hemigkofen und Nonnenbach entstanden. Mit seinen 5 Kilometern Uferlänge zählt Kressbronn somit zu den bedeutendsten Erholungsorten im östlichen Bodenseebereich. Die Gemeinde ist von 350 Hektar Obstplantagen umgeben und bietet vor allem während der Blütezeit ein besonderes Erlebnis.

Weiter auf der **Hemigkofener Straße** 〰️ bergauf zur Vorfahrtsstraße 〰️ an dieser rechts Richtung Wangen, **Kirchstraße** 〰️ Sie folgen der Beschilderung des Donau-Bodensee-Radweges 〰️ dem Verlauf der Durchfahrtsstraße in der Rechtskurve folgen 〰️ gleich wieder rechts halten auf den Weg **Kirchsteige** 〰️ es geht bergauf 〰️ in der Rechtskurve stark bergauf 〰️ beim kleinen Kreisverkehr unten geradeaus weiter aus dem Ort hinaus 〰️ auf dem Landwirtschaftsweg durch die Felder 〰️ beim Hof hindurch an die Vorfahrtsstraße 〰️ hier rechts nach Gattnau.

Gattnau

Bergauf durch den Ort auf der **St.-Gallus-Straße** 〰️ bei der Kirche leicht bergab 〰️ vorbei am Landgasthof 〰️ auf der Straße hinaus aus dem Örtchen, leicht bergauf 〰️ bei der Bushaltestelle links einbiegen 〰️ es geht gleich bergauf an den Höfen von **Hüttmannsberg** vorbei 〰️ stark bergauf 〰️ leicht bergab im Rechtsbogen unter der Straße hindurch 〰️ danach links den weißen Radschildern folgen 〰️ an der T-Kreuzung rechts an den Höfen von **Atlashofen** vorbei 〰️ es geht stark bergauf 〰️ an der folgenden Kreuzung nehmen Sie den mittleren Weg bergauf 〰️ im Rechtsbogen auf dem Asphaltweg bleiben 〰️ es geht bergab 〰️ vorbei am Waldkindergarten durch das Wäldchen hindurch 〰️ im starken Linksbogen quer über die Felder auf die Häuser von Nitzenweiler zu ~ **5** an der Vorfahrtsstraße rechts.

Nitzenweiler
Durch den kleinen Ort auf der K 7777 ~ an der Gabelung links halten, weiterhin auf der Kreisstraße ~ Sie radeln Richtung Neukirch und folgen somit der Donau-Bodensee-Beschilderung ~ es geht am Schleinsee entlang ~ in der Rechtskurve bergauf kommen Sie nach Schleinsee ~ durch das schmucke Dörfchen hindurch.

Schleinsee
Es geht über die Kuppe bergab ~ Sie radeln durch die schöne Landschaft nach **Wielandsweiler** ~ nach der Rechtskurve halten Sie sich rechts Richtung Oberreitnau ~ auf der K 7704 in der Rechtskurve am letzten Hof vorbei und hinaus aus dem Weiler ~ zur Linken der Wielandssee ~ auf diesem schönen Weg radeln Sie entlang der Weiden und Äcker ~ starke Rechtskurve und auf das Wäldchen zu ~ am Waldrand gelangen Sie an eine Kreuzung und hier halten Sie sich links ~ Sie folgen weiterhin den Donau-Bodensee-

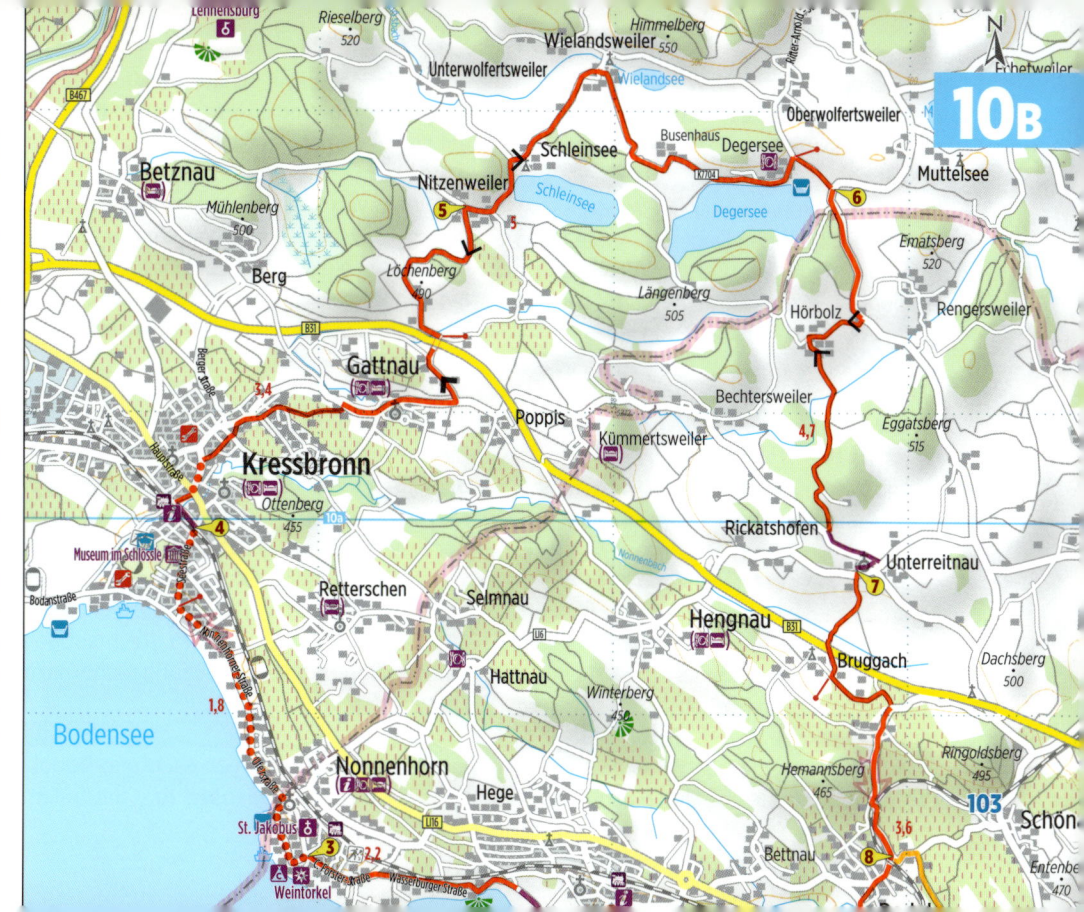

Radweg Schildern ~ am Waldrand entlang und danach in der Linkskurve zu den Höfen von Busenhaus hin.

Busenhaus
In der Rechtskurve weiter auf der Kreisstraße mit Ausblick auf den Degersee ~ Sie nähern sich dem Degersee und der gleichnamigen Siedlung ~ in der Linkskurve am Strandbad und an der Gastwirtschaft vorbei.

Degersee
Sie verlassen den Ort im Rechtsbogen Richtung Wangen ~ die Straße führt an die Vorfahrtsstraße ~ **6** hier zweigt die Route rechts ab und führt nun auf der Landstraße Richtung Lindau entlang ~ auf der schmalen Landstraße am Waldrand mit schönen Ausblicken nach links auf die Almen stetig bergab ~ Sie kommen zu den Häusern von Hörbolzmühle.

Hörbolzmühle
In der Linkskurve biegen Sie rechts ein ~ es geht bergauf nach Hörbolz.

Hörbolz
In der Linkskurve bergab zur Mühle hin ~ an der folgenden Kreuzung links hinunter, eng an der Hecke entlang ~ hinaus aus Hörbolz auf dem schmalen Weg an den Obstbaumfeldern entlang ~ es geht bergab ~ bergauf in den Wald hinein ~ bergab und nun auf dem schönen Waldweg weiter ~ starker Rechtsknick und im Linksbogen am Waldrand entlang – sehr idyllisch ~ an der Vorfahrtsstraße links auf den Begleitweg zur Straße ~ auf diesem Weg kommen Sie nach Unterreitnau mit seiner schönen Pfarrkirche.

Unterreitnau
An der Vorfahrtsstraße rechts ~ **7** links abbiegen Richtung Taubenbach ~ vorbei an dem letzten Hof von Unterreitnau und dann raus in die Wiesen ~ es geht bergab ~ auf der Brücke über die B 31 ~ bei den Häusern von **Bruggach**, bei der Kunstschmiede, halten Sie sich links Richtung Taubenberg ~ an der Obstplantage entlang ~ im Rechtsbogen stark bergauf ~ an der Kreuzung rechts nach Taubenberg hinein.

Taubenberg
Links halten, stark bergab Richtung Bodolz ~ direkt auf den Bodensee zu – mit tollem Ausblick auf den See in der Ferne ~ in einer Linkskurve über die Bahn ~ rechts hinunter auf die **Rathausstraße** ~ im Linksbogen von der Bahn weg und zwischen den Obstbäumen stetig leicht bergab ~ **8** rechts unter der Bahn hindurch nach Bodolz auf der Rathausstraße.

Bodolz
Links in die **Sennereistraße** Richtung Lindau ~ an der Stopptafel links auf die Bettnauer Straße ~ nach Enzisweiler.

Enzisweiler
Auf der **Austraße** durch die Siedlung ~ an der Vorfahrtsstraße links ~ beim Kreisverkehr rechts hinunter Richtung Bad Schachen, **Untere Steig** ~ bergab die Bahn queren ~ Sie kommen nach Lindau ~ Sie folgen den Verlauf der **Enzisweiler Straße** im Linksbogen ~ an der Vorfahrtsstraße gelangen Sie an den Bodenseeradweg ~ zurück nach Lindau **1**.

Lindau

Tour 11   Leiblachtalrunde   24 km

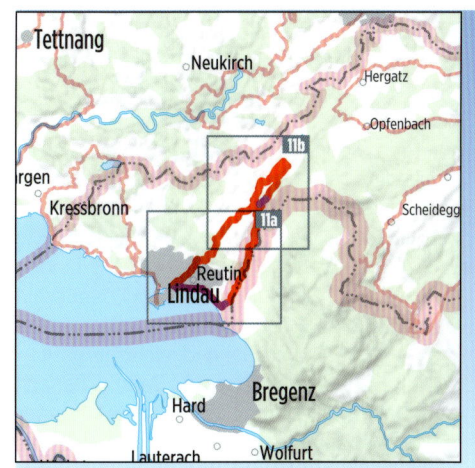

Sie starten in Lindau und radeln erstmal am Seeufer entlang nach Zech, hier biegen Sie ab ins Tal der Leiblach und folgen dem Flusslauf nach Thumen und Hergensweiler. Nach einer Pause treten Sie den Rückweg über Schlachters und Oberreutin zurück nach Lindau an.

Charakteristik
Länge: 24 km
Start: Lindau
Ziel: Lindau
Wegbeschaffenheit: Die Route verläuft auf ruhigen Kreisstraßen und Wirtschaftswegen. Es gibt nur einen kurzen unbefestigten Abschnitt hinter Mollenberg.
Verkehr: Nur in Lindau kommt es zu etwas stärkerer Verkehrsbelastung, die restliche Strecke verläuft auf sehr ruhigen Wegen.
Beschilderung: Die Tour ist mit Regionalschildern Allgäu und dem Logo der Leiblachtalrunde beschildert.
Steigungen: Die Strecke steigt vor Thumen stark an, verläuft dann relativ eben und schließlich wieder bergab zum See.
Anschlusstour(en): Tour 10

Lindau
s. S. 98

1 Sie starten die Tour am **Europaplatz** in Lindau ~ hier fahren Sie beim Kreisverkehr Richtung Bregenz auf dem Radweg entlang der **Bregenzer Straße** ~ noch vor den Gleisen rechts in die **Ladestraße** ~ es geht am Frachtbahnhof entlang und am Bodensee ~ an der T-Kreuzung mit der **Eichwaldstraße** rechts ~ es geht leicht bergab ~ am Strandbad vorbei ~ Sie folgen der weißen Beschilderung mit dem grünen Fahrrad ~ auf der Eichwaldstraße nun weiterhin am Seeufer entlang ~ vorbei an der Villa Leuchtenberg ~ in einer Linkskurve wird die Bahn gequert ~ im Linksbogen an die Vorfahrtsstraße ~ biegen Sie hier links ab auf den rechtsseitigen Begleitweg zur **Bregenzer Straße** ~ **2** vor der großen Werksanlage biegen Sie rechts ein auf den Rad- und Fußweg ~ am Fußballplatz entlang ~ geradeaus in die **Gerhart-Hauptmann-Straße** ~ es geht bergauf aus Lindau hinaus ~ über die Autobahn und leicht bergab ~ an der Vorfahrtsstraße links nach **Lindau/Oberhochsteg** hinein ~ bei der ersten Möglichkeit rechts in den **Hangnachweg** ~ es geht an der Leiblach und somit an der Staatsgrenze zu Österreich entlang ~ aus dem Wald heraus im Linksbogen, zur Linken eine Siedlung ~ wieder an der Leiblach entlang ~ auf der **Leiblachstraße** durch die kleine Siedlung Hangnach ~ leicht bergauf und die Leiblachbrücke rechts liegen lassen ~ weiterhin leicht bergauf an der kleinen Siedlung Hubers entlang ~ stetig bergauf ~ durch ein kleines Waldstück ~ Sie kommen nach Thumen.

Thumen

3 An der **Alten Landstraße** rechts Richtung Sigmarszell ~ es geht bergauf zur T-Kreuzung hin ~ an der **Zeller Straße** links ~ an der B 308 rechts auf den straßenbegleitenden Radweg ~ leicht bergab ~ in der Rechtskurve links Richtung Hergensweiler ~ ⚠ Achtung bei der Überquerung der Bundesstraße ~ es geht gleich stark bergauf in einer Rechts-Links-Kombination am Waldrand entlang ~ übers freie Feld ~ an der folgenden T-Kreuzung links ~ es geht leicht bergab ~ rechts Richtung Hergensweiler ~ durch eine kleine Siedlung hindurch ~ danach haben Sie eine wunderbare Aussicht ~ auf der **Dorfstraße** kommen Sie nach Hergensweiler.

Hergensweiler

Links in die **Bahnhofstraße** Richtung Lindau ~ **4** vor dem Bahnübergang links, weiterhin die Bahnhofstraße ~ am Sportplatz entlang ~ an einer Mühle vorbei und leicht bergauf ~ rechts auf der Brücke über die Bahn ~ danach links und an der Bahnlinie entlang ~ unter der Hochspannungsleitung hindurch ~ in der Rechtskurve leicht bergauf an einem Hof vorbei ~ an der T-Kreuzung links nach Mollenberg.

Mollenberg

Bei der Gabelung links halten ~ leicht bergab aus dem Örtchen hinaus ~ kurz am Waldrand entlang ~ der Asphalt endet ~ es geht leicht bergauf mit einer schönen Aussicht ~ leicht bergab auf den

Weiler Heimholz zu ⁓ an der Kreuzung links und über die Bahn ⁓ Rechtsbogen und dann auf der **Heimholzer Straße** nach Schlachters hinein ⁓ an der Vorfahrtsstraße rechts.

Schlachters

5 Von der Hauptstraße biegen Sie links ein auf die **Weiherstraße** ⁓ auf dieser verlassen Sie Schlachters und es geht weiter Richtung Weißensberg ⁓ in den Wald hinein ⁓ am Sportplatz vorbei ⁓ hier rechts halten in den Waldweg ⁓ es geht leicht bergauf ⁓ am Schlachterner Weiher vorbei ⁓ auf einer Brücke über die A 96 ⁓ weiterhin durch den lichten Wald ⁓ rechts an den Höfen von Oberhof vorbei ⁓ zur Rechten liegt Weißensberg ⁓ es geht leicht bergab mit schönem Ausblick nach links ⁓ an der kommenden T-Kreuzung links Richtung Bösenreutin, unter der Bundesstraße hindurch ⁓ an den Häusern von Oberhof vorbei, am Waldrand entlang ⁓ rechts Richtung Spreitelsfingen, weiterhin am Waldrand entlang ⁓ leicht bergab mit einem tollen Ausblick ⁓ in einer Rechtskurve zu den wenigen Häusern von **Streitelsfingen** und durch den Weiler hindurch ⁓ am Montfort-Schlössle vorbei

11B

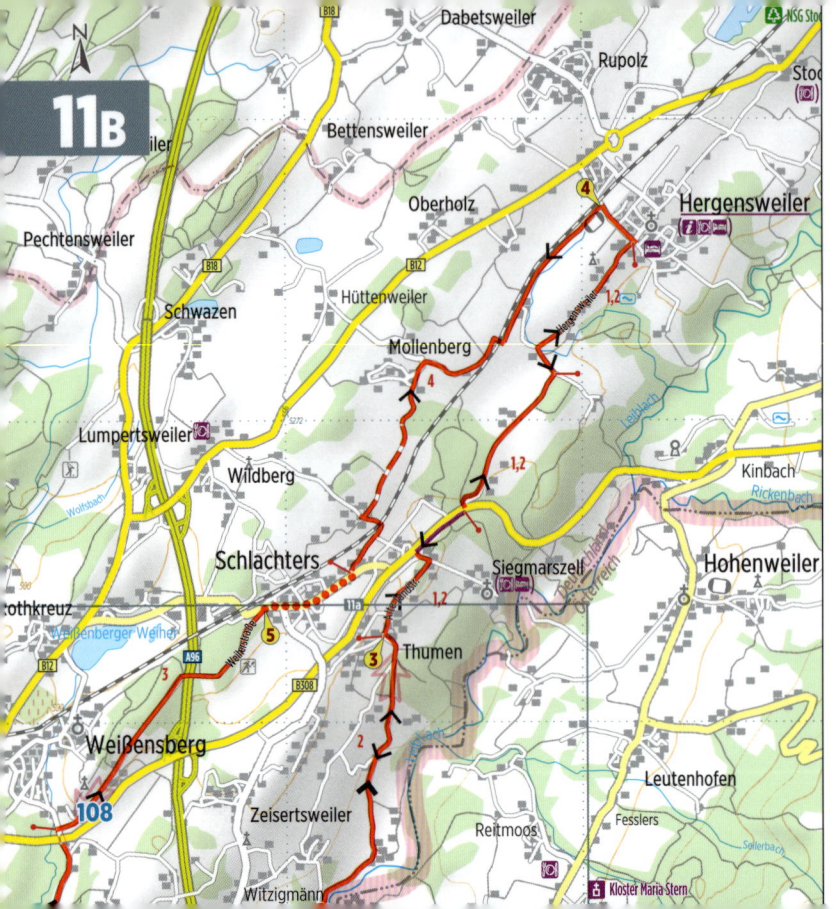

Im Leiblachtal

～ Sie lassen die Häuser hinter sich und nach einigen Kurven durch die Obstplantagen gelangen Sie an eine Gabelung ～ halten Sie sich rechts auf die **Streitelsfinger Straße** ～ auf dieser erreichen Sie nach einem kurvigen Bergab die Vorfahrtsstraße in **Motzach** ～ **6** hier links abbiegen und bergab auf dem **Motzacher Weg** ～ bergab an die Vorfahrtsstraße und hier halbrechts auf die **Köchlinstraße** ～ geradeaus über den Kreisverkehr ～ an der Vorfahrtsstraße, **Kemptener Straße**, geradeaus ⚠ in den **Bleicheweg** an einem kleinen Teich vorbei und danach an einem Bach entlang ～ geradeaus über die kleine Kreuzung und quer durch die Obstfelder ～ an der Gärtnerei vorbei ～ an der folgenden Kreuzung **7** rechts ～ über die Oberreitnauer Ach ～ links Richtung Insel Lindau in die **Hundweilerstraße** ～ unter der Straßenbrücke der Kolpingstraße hindurch ～ links am **Langenweg** ～ die Bahn queren ～ beim riesigen Parkplatz rechts auf den Radweg entlang der Straße und schon erreichen Sie den **Europaplatz** und somit Ihr Ziel **1**.

Lindau

Tour 12   Wasserroute   36,5 km

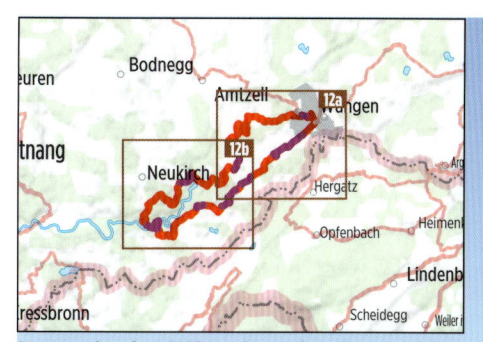

Charakteristik

Länge: 36,5 km
Start: Wangen im Allgäu
Ziel: Wangen im Allgäu
Wegbeschaffenheit: Die Route verläuft bei Schloss Achberg und beim Blausee und Mittelsee kurz auf unbefestigten Wegstücken, der Rest der Strecke ist asphaltiert.
Verkehr: Der Radweg verläuft meist auf ruhigen Wegen und kleinen Straßen, mäßiger Verkehr kommt in Wangen und in Schwarzenbach vor.
Beschilderung: Es gibt keine durchgehende Beschilderung, ab abschnittsweise können Sie sich an den Schildern mit dem blauen Frosch orientieren.
Steigungen: Zu Beginn führt die Strecke stetig leicht bergab. Ab Schwarzenbach beginnt ein ständiges Auf und Ab und dauert an bis Wangen wieder erreicht wird.
Anschlusstour(en): Tour 13, 15

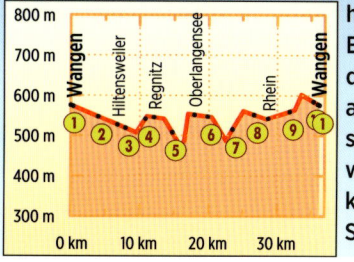

Schloss Achberg

Immer in der Nähe eines Gewässers! Vom mittelalterlich anmutenden Wangen im Allgäu radeln sie an der Argen entlang nach Neuravensburg, von dort geht es hinüber zum Schloss Achberg mit dem äußerst sehenswerten Hängesteg über die Argen. In einem Bogen über Goppertsweiler kommen Sie zum beeindruckenden Argenzusammenfluss. Vorbei an den Seen bei Primisweiler radeln Sie über Ettensweiler wieder zurück nach Wangen.

109

Wangen im Allgäu

PLZ: 88239; Vorwahl: 07522

- **Gästeamt-Tourist Information**, Bindstr. 10, ✆ 74-211, www.wangen.de
- **Städtische Museen in der Eselmühle**, Eselberg 1, ✆ 912682, ÖZ: April-Okt., Di-So/Fei 14-17 Uhr. Die Eselmühle beherbergt das **Wangener Heimatmuseum**, das **Museum für Mechanische Musikinstrumente** und das angegliederte **Käsereimuseum**. Entlang der Stadtmauer gelangt man zu den literarischen Museen und Archiven von Joseph Freiherr von Eichendorff und Gustav Freytag. Durch den Pulverturm gelangt man zum **Badstuben-Museum** mit der **Städtischen Galerie**.
- **St.-Martins-Kirche** mit dem „**Seelenmal**". Die Kirche gehört zu den ältesten Baudenkmälern der Stadt. Ihr Turm reicht bis in die Hohenstaufenzeit zurück und ist bis zur Glockenstube mit unregelmäßigen Findlingssteinen im romanischen Stil erbaut worden. Auf dem Kirchplatz, dem früheren Friedhof von St. Martin, steht seit Juli 2002 die sechs Meter hohe Skulptur des „**Seelenmals**" von Ubbo Enninga.
- **Spitalkirche und Heiliggeistspital**. Sie wurde 1719 bis 1723 anstelle einer mittelalterlichen Kapelle erbaut.
- **Evangelische Kirche**. Die evangelische Kirche wurde in den Jahren 1890-1893 nach den Plänen des Stuttgarter Architekten Theophil Frey erbaut. Zur Einweihung war der König von Württemberg zu Gast. Zur 100-Jahr-Feier im September 1993 wurde das Kirchengebäude gründlich renoviert.

Wangen

- **Frauentor**. Die heutige Form des Tores stammt aus 1608.
- Das **St.-Martins-Tor** wird heute auch Lindauer Tor genannt.
- Der **Pulverturm** wurde früher auch als Wasser- oder Färberturm bezeichnet.
- **Freibad Stefanshöhe**, Burglitz 15, ✆ 1225, ÖZ: Mo-Fr 7-20.30 Uhr, Sa, So/Fei 8.30-20.30 Uhr
- **Die Fahrradprofis**, Ravensburger Str. 71, ✆ 93020
- **Zweiradhaus Kipper**, Am Waltersbühl 15, ✆ 97930
- **Biggel**, Friedrich-Ebert-Str. 3, ✆ 21007

Die ehemalige freie Reichsstadt besticht durch ihre mittelalterlichen Türme und Tore. Zu den schönsten Straßenbildern Süddeutschlands zählen der Marktplatz, die Herren- und die Paradiesstraße. Gebäude wie das Rathaus, das Hinderofenhaus oder die St.-Martins-Kirche lohnen einen Stadtrundgang. Ebenso lädt die reizvolle Umgebung zu Spaziergängen, Wanderungen oder Radtouren ein.

1 Vom Bahnhof Wangen radeln Sie auf der **Bahnhofstraße** bergab ⤳ bei der Ampelkreuzung rechts ⤳ bei führt die Route geradeaus weiter, links kommen Sie in die sehenswerte Altstadt ⤳ für die Tour fahren Sie entlang der **Klosterbergstraße** ⤳ in der Linkskurve biegen Sie rechts ein Richtung Lindau, **Aumühleweg** ⤳ bei der Gabelung links Richtung Neuravensburg ⤳ am Parkplatz der Schule vorbei ⤳ danach gleich links über die Brücke und rechts ⤳ nun am Kanal entlang ⤳ der Asphalt endet ⤳ unter der Eisenbahnbrücke hindurch und danach bald wieder Asphalt ⤳ durch die Straßenunterführung hindurch ⤳ schließlich kommen Sie an die Obere Argen und radeln nun an ihrem rechten Ufer entlang durch die idyllischen Wiesen ⤳ bei einer kleinen Siedlung geht es im Rechtsbogen weg von der Argen über eine kleine Holzbrücke ⤳ parallel zur Landstraße auf dem Begleitweg ⤳ beim Gewerbepark halten Sie sich auf dem Radweg links, nun an der K 8005 entlang ⤳ **2** bei der folgenden großen Kreuzung rechts die Kreisstraße überqueren und weiter auf dem Weg **Im Unteren Feld** ↝ an den Werkshallen entlang ↝ links zum Fluss hin und rechts am Wasser entlang ↝ links über die Brücke und gleich rechts halten auf Asphalt ↝ es geht an einem einzelnen Hof vorbei ↝ an der Kreuzung in **Jussenweiler** rechts ↝ an den paar Häusern vorbei ↝ querfeldein ↝ über den hölzernen Argensteg ↝ links halten auf den straßenbegleitenden Radweg zur L 320 ↝ am Ende des Radweges beim nächsten Ort geradeaus über die Kreuzung ↝ an den wenigen Häusern von **Hiltensweiler** entlang und schnurgerade auf die Holzbrücke zu ↝ über die Brücke und danach rechts halten, wieder zur Straße hin ↝ an der Landstraße links auf den straßenbegleitenden Radweg ↝ am Ende des Radweges erreichen Sie Reute ↝ **3** hier links auf den **Fliederweg** ↝ durch die Siedlung an die **Mooweilerstraße** und hier biegen Sie rechts ab auf den Begleitweg ↝ an der **Bodenseestraße** links ↝ ein kurzes Stück auf der Straße durch Neuravensburg.

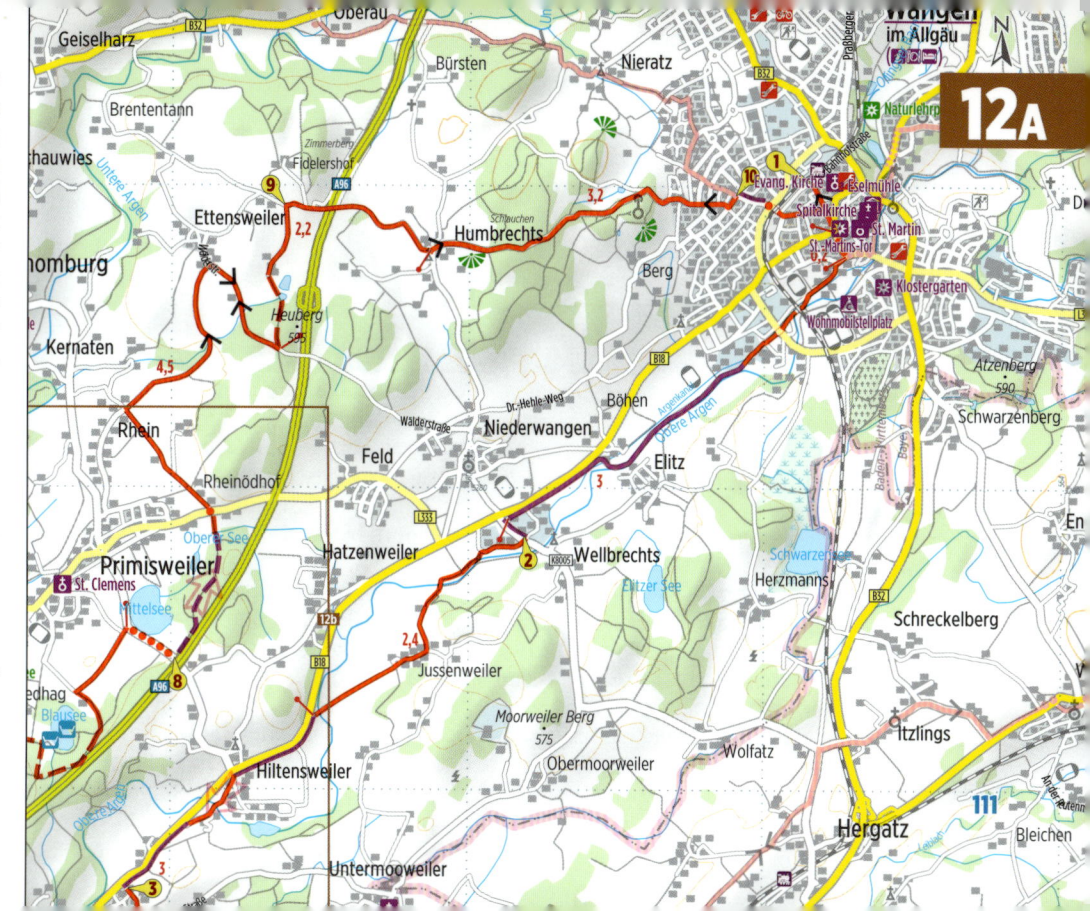

12A

Neuravensburg
PLZ: 88239; Vorwahl: 07528

Ruine Neuravensburg. Die Burg wurde vermutlich im 12.. Jh. als leicht befestigte Anlage errichtet und in den darauffolgenden Jahrhunderten immer wieder erweitert und vergrößert. 1525 wurde die Burg im Bauernkrieg zerstört und erst im 17. Jh. als Schloss neu aufgebaut. Schließlich erfolgte im 19. Jh. die Sprengung der Burg, Steine wurden als Baumaterial an die lokale Bevölkerung verkauft. Im 20. Jh. begannen Instandsetzungsarbeiten zur Erhaltung der Ruine.

Am Fuße der Burg Neuravensburg wurde im 13. Jh. eine Stadt angelegt, die jedoch schon kurze Zeit später insgesamt dreimal zerstört wurde. In den Jahrhunderten danach verödete das Gebiet und Neuravensburg wurde nur noch als Flecken genannt. Heute hat Neuravensburg mit seinen drei Teilorten knapp 3.000 Einwohner.

Von der Bodenseestraße biegen Sie rechts ein in die **Argentalstraße** über die Obere Argen geht es hinaus aus Neuravensburg am Beginn der Steigung biegen Sie links ein in den **Fischerweg** in den Wald hinein, an einem Parkplatz vorbei auf dem Forstweg in der Linkskurve und gleich rechts unter der Autobahn hindurch gleichzeitig wird die

Ruine Neuravensburg

Argen überquert sofort danach links stark bergauf dem Radschild folgen bei der Gabelung rechts bergauf **4** am Waldrand links auf den Asphaltweg auffahren zur Linken die Autobahn durch die kleine Siedlung **Strohdorf** hindurch hinter den Häusern endet der Asphalt und es geht auf Kies zwischen den Weiden entlang im Linksbogen auf den Wald zu durch das kurze Waldstück in einem Rechtsbogen entlang der Weide gelangen Sie an eine Wegkreuzung, halten Sie sich links auf Asphalt an einem Obstbaumfeld entlang Sie kommen zu den Häusern von Regnitz folgen Sie nun dem Wegverlauf im Linksbogen am Waldrand entlang bei den Höfen von **Isgatweiler** gelangen Sie an die L 2374 hier gleich rechts wieder weg von der Straße Richtung Schloss Achberg auf dieser Kreisstraße verlassen Sie den Weiler es geht leicht bergab in der Linkskurve der Straße, bei dem einzelnen Haus, biegen Sie rechts ein Richtung Schloss Achberg zwischen Parkplatz und einem kleinen Weiher hindurch Linkskurve zu den Häusern von Achberg.

Achberg

Schloss Achberg, Besucherservice ✆ 0751/859510, ÖZ: Mitte April-Mitte Okt., Fr 14-18 Uhr, Sa, So/Fei 10-18 Uhr. Ursprünglich wurde hier eine mittelalterliche Wehrburg errichtet, das Schloss entstand im 16. Jh.

An der Gabelung links halten zum Schloss am Ende des Weges vor dem Schloss rechts halten auf den Kiesweg **5** es geht bergab im Wald links halten und somit auf dem Hauptweg bleiben es geht leicht bergab über die Wiese und dann wieder in den Wald hinein an der Wegkreuzung scharf links es geht erst leicht bergab Sie kommen an den Fluss Argen und radeln nun am Ufer entlang rechts über den Steg Richtung Neukirch-Flunau maximal 10 Personen dürfen sich auf dem Hängebrückensteg bewegen ↝ auf einem Wiesenweg bergauf zu den Häusern von **Flunau** ↝ bei den Häusern links auf Asphalt ↝ am Ende der Siedlung rechts Richtung Oberlangensee ↝ es geht nun leicht bergauf ↝ auf dem Feldweg fahren Sie in Kurven über die Felder, es geht stetig bergauf ↝ bergab mündet der Weg in die K 7778 ↝ stark bergauf zum ersten Haus von **Oberlangensee** ↝ hier in der Rechtskurve weiter ↝ links auf der Kreisstraße weiter ↝ über die Wiesen ↝ unter der Hochspannungsleitung hindurch ↝ an den Häusern von Aberlingsbühl vorbei ↝ vor dem Wald rechts Richtung Lustensbach ↝ durch ein kurzes Waldstück ↝ kurvenreich leicht bergab ↝ zwischen den Höfen von **Lustensbach** hindurch ↝ an der T-Kreuzung rechts Richtung Blumegg ↝ es geht in den Wald und bald bergauf ↝ im weiten Linksbogen an eine Gabelung ↝ ❻ hier links halten, Blumegg rechts liegen lassen ↝ aus dem Wald hinaus und leicht bergab ↝ unter der Hochspannungsleitung hindurch ↝ an einem Haus vorbei, leicht bergauf ↝ erst am Waldrand entlang, dann in den lichten Wald hinein ↝ leicht bergab dem Wegverlauf aus

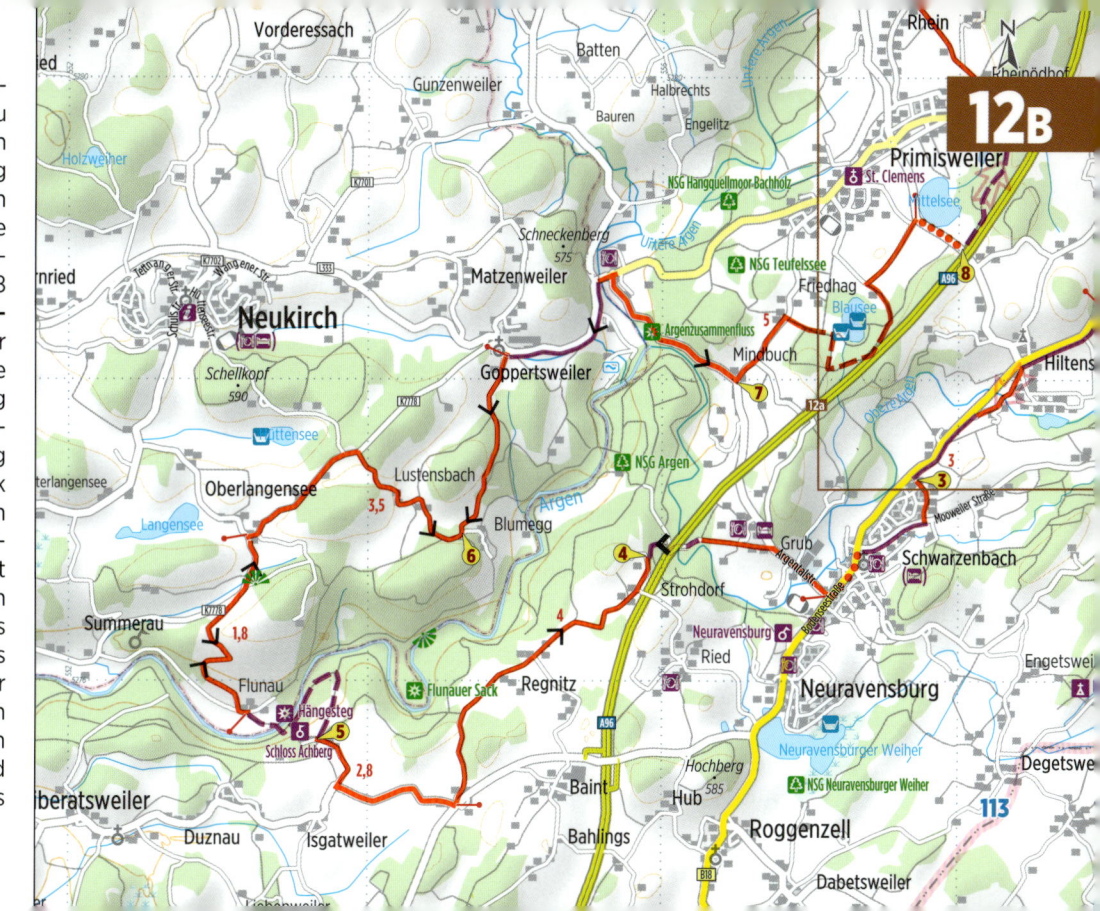

12B

dem Wald hinaus folgen ↝ Sie kommen nach Goppertsweiler auf der **Blumegger Straße**.

Goppertsweiler

An der Vorfahrtsstraße rechts ↝ am Gasthof vorbei ↝ es beginnt rechts ein straßenbegleitender Radweg ↝ er führt leicht bergab zur Brücke über die Untere Argen ↝ hier endet der Radweg ↝ über die Brücke ↝ bei der nächsten Möglichkeit rechts abbiegen auf die K 8002 Richtung Neuravensburg ↝ es geht leicht bergauf ↝ rechts unten befindet sich der Argenzusammenfluss, Obere und Untere Argen bilden hier die Argen ↝ weiterhin leicht bergauf ↝ im Weiler **Mindbuch** biegen Sie links ein **7** in den Weg mit der 6 t-Beschränkung ↝ nochmals kurz bergauf ↝ nach dem ersten Hof von **Friedhag** rechts Richtung Blausee-Zufahrt ↝ unter der Hochspannungsleitung hindurch ↝ am Waldrand entlang ↝ gleich nach dem Wald rechts weiter.

Geradeaus kommen Sie zum Blausee.
TIPP

An der folgenden großen Kreuzung links halten ↝ in den Wald hinein ↝ zur Rechten „hört" man die Autobahn ↝ links halten zur einer Schranke hin ↝ aus dem Wald hinaus ↝ an der Kiesstraße links ↝ an einem Pumphaus vorbei ↝ zur Linken Ausblick auf den Blausee ↝ an der folgenden Kreuzung rechts, schnurstracks auf den Mittelsee zu ↝ zur Linken sehen Sie die Häuser von Primisweiler ↝ an der Vorfahrtsstraße direkt am See rechts, K 8002 ↝ die Route führt auf die Autobahn zu ↝ **8** vor der Autobahnunterführung links einbiegen auf den unbefestigten Weg parallel zur Autobahn ↝ in den Wald und links halten ↝ aus dem Wald hinaus ↝ geradeaus über die Vorfahrtsstraße, L 333, in den Weg **Rhein** ↝ dieser Weg führt Sie zu den Häusern von **Rhein** ↝ an der Kreuzung beim Ort rechts Richtung Ettensweiler ↝ leicht bergauf ↝ auf dem schönen Weg wellig durch die Wiesen ↝ bei der nächsten Siedlung, **Ettensweiler**, rechts auf die **Wälderstraße** ↝ es geht leicht bergauf ↝ in der Rechtskurve, am Locherhof vorbei ↝ leicht bergab ↝ durch ein kurzes Waldstück ↝ auf der Lichtung am Waldrand links ↝ ein unbefestigter Weg am Waldrand entlang ↝ kurz in den Wald und bergab ↝ an einem Teich entlang ↝ in der Rechtskurve durch einen Hof hindurch – auf Asphalt ↝ **9** an der T-Kreuzung rechts ↝ auf einer Brücke über die Autobahn ↝ kurvenreich die Wiesen queren zu den Häusern von Humbrechts.

Humbrechts

Im Ort leicht bergauf ↝ geradeaus über die Kreuzung ↝ wiederum leicht bergauf durch den Ort ↝ aus dem Ort hinaus ↝ an den Weiden entlang mit schönem Ausblick nach rechts zum Wald ↝ zu Beginn leicht bergauf, danach eben dahin durch den lichten Wald ↝ unter der Hochspannungsleitung hindurch ↝ bergab lassen Sie den Wald hinter sich ↝ auf der **Humbrechtser Straße** kommen Sie nach Wangen ↝ bergab an die T-Kreuzung und links, **Richthofenstraße** ↝ **10** rechts auf die **Boelckestraße** Richtung Stadtmitte ↝ geradeaus über die Ampelkreuzung mit der Zeppelinstraße ↝ unter der Bahn hindurch ↝ auf der **Immelmannstraße** gelangen Sie an die T-Kreuzung vor den Toren der Altstadt **1** ↝ hier rechts ins Zentrum oder links zum Bahnhof, dem Ende der Tour.

Wangen im Allgäu

Tour 13   Von Wangen nach Leutkirch   65,5 km

Auf Abschnitten der Westallgäuer Käsestraße führt diese Route an einigen Sennereien des Allgäus vorbei. Genießen Sie auf jeden Fall die wunderbaren Ausblicke von den Almwegen auf das schöne Allgäu, die zahlreichen schönen Orte entlang der Strecke und eine leckere Käsejause in einer der zahlreichen Sennereien!

Charakteristik
Länge: 65,5 km
Start: Wangen
Ziel: Leutkirch
Wegbeschaffenheit: Die Strecke führt auf Kreisstraßen, Landstraßen, Radwegen entlang von Straßen und auf Wirtschaftswegen von Wangen nach Leutkirch. Es gibt nur einen kurzen unbefestigten Abschnitt vor Urlau.

Verkehr: In den Städten ist mit etwas Verkehrsbelastung zu rechnen und auch auf der L 320 bei Ratzenried.
Beschilderung: Abschnittsweise folgen Sie den alten und den neuen Schildern der Westallgäuer Käsestraße und auch des Bodensee-Königssee-Radweges und der Argental-Runde.
Steigungen: Die Strecke verläuft gleich zu Beginn – auf den ersten 10 Kilometern – bergauf und dann wechseln einander Bergauf und Bergab bis Isny ab und dahinter geht es ziemlich eben dahin.
Anschlusstour(en): Tour 12, 14, 16, 19

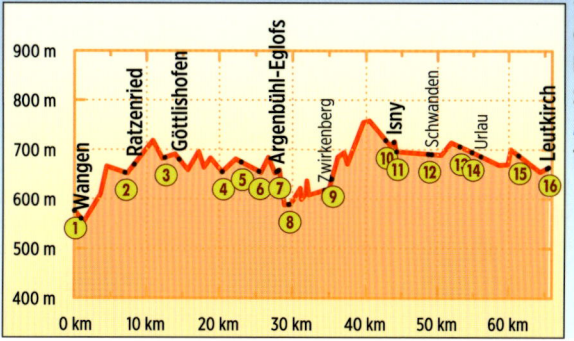

Wangen s. S. 110

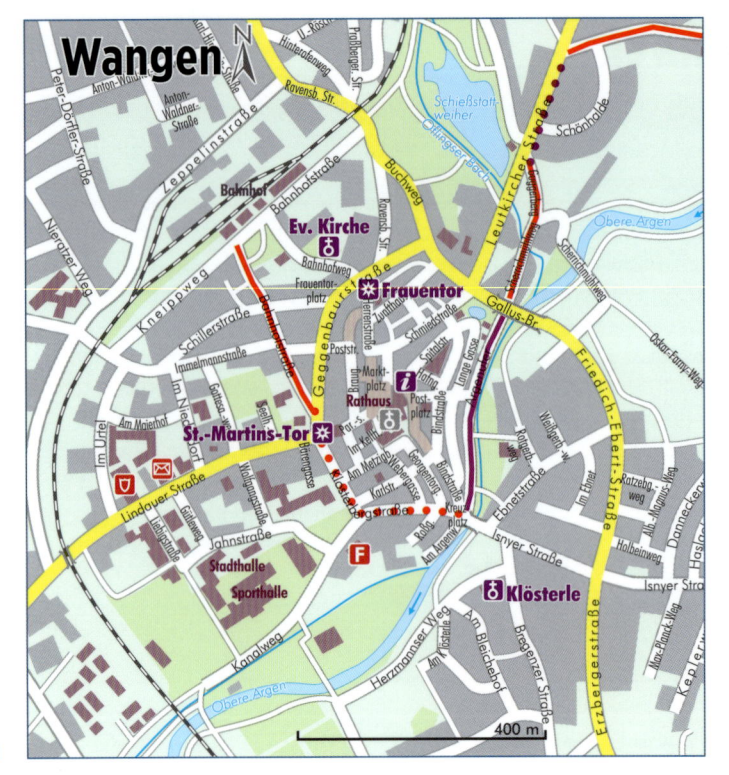

1 In Wangen starten Sie am Bahnhof ~ die **Bahnhofstraße** hinunter ~ an der Ampelkreuzung mit der **Klosterbergstraße** rechts, auf dieser entlang ~ in der Linkskurve noch vor der Argenbrücke links auf den Radweg am Ufer entlang ~ unter der Straßenbrücke hindurch auf den **Scherrichmühlweg** und links halten ~ links bergauf, **Guggerberg**, auf dem Radstreifen an der **Leutkircher Straße** entlang ~ rechts auf die Kreisstraße, **Am Engelberg** ~ links in den Radweg, **Am Knöbele** ~ auf diesem kommen Sie nach Deuchelried ~ an der Vorfahrtsstraße rechts halten.

Deuchelried

Auf der **Oberen Dorfstraße** ~ aus dem Ort hinaus Richtung Ratzenried, Sie folgen den weiß-grünen Radschildern ~ auf der schmalen Landstraße leicht bergauf zum Waldrand ~ es geht stark bergauf, durch das Waldstück hindurch ~ weiterhin bergauf ~ an einer Käserei vorbei ~ geradeaus bei der Kreuzung, auf der K 8010 weiter ~ nach der Linkskurve geht es bergab ~ wellig durch die wunderschöne Landschaft ~ an den Häusern von **Bühl** vorüber ~ schnurgerade auf den Wald zu ~ **2** an der T-Kreuzung mit der Vorfahrtsstraße nach rechts Richtung Christazhofen und Ratzenried ~ auf der **Wangener Straße** bergab ~ bergauf erreichen Sie Ratzenried ~ vorbei an Schloss und Kirche.

Ratzenried

Im Links- und Rechtsbogen um die Kirche herum ~ in der Linkskurve der Durchfahrtsstraße fahren Sie geradeaus weiter ~ rechts vorbei am Ristorante auf die **Wetzelsrieder Straße** ~ Rechtskurve und Linkskurve ~ links halten Richtung Isny, **Im Oberhof** ~ Sie

Wangen

verlassen Ratzenried ⤳ es geht weiterhin wellig dahin ⤳ stetig leicht bergauf durchfahren sie Mittelried ⤳ weiterhin dem Verlauf der Kreisstraße treu bleiben ⤳ nach der langgezogenen Linkskurve kurz bergab und danach stetig bergauf ⤳ oben angekommen erwartet Sie ein Rastplatz mit wunderbarem Ausblick auf die Voralpen ⤳ an ein paar Höfen vorbei ⤳ links liegt der Schlossweiher ⤳ kurz bergauf und bergab ⤳ an der folgenden Viererkreuzung mit Vorfahrtsstraße biegen Sie links ab **3**, **Göttlishofer Straße**.

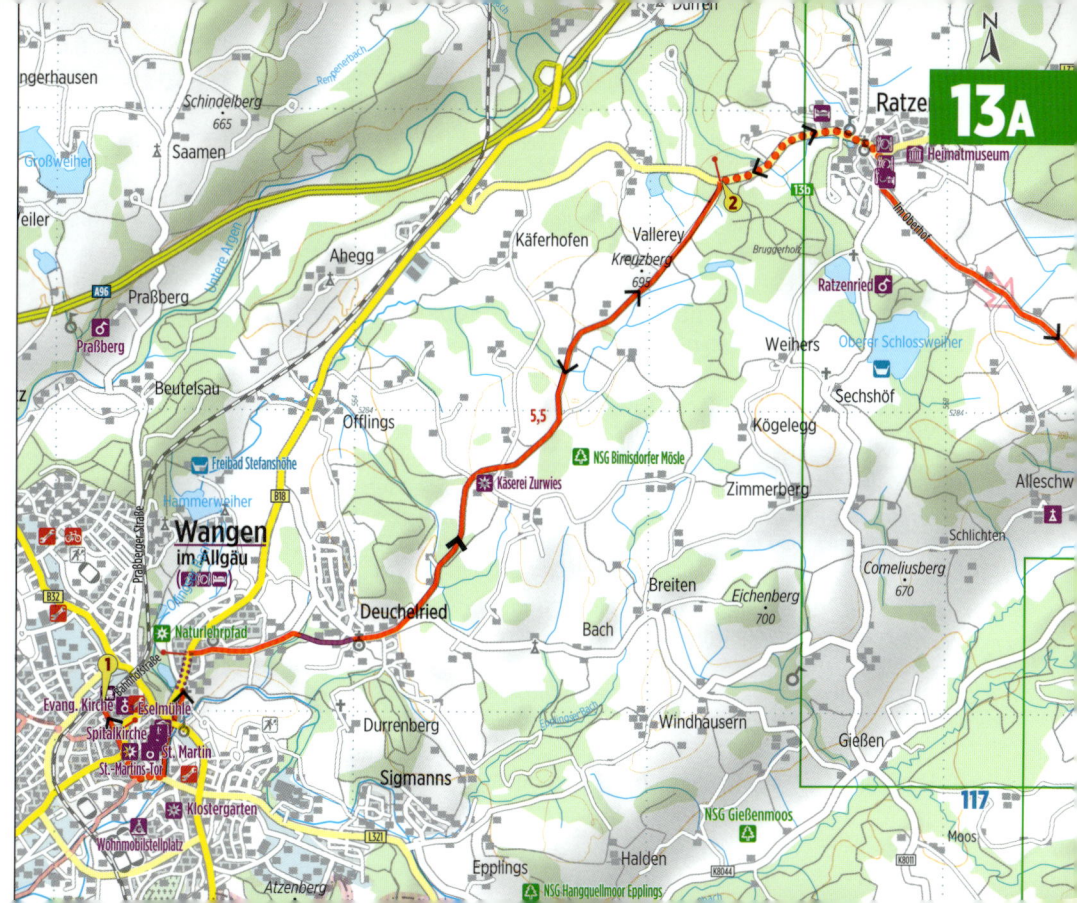

13A

Siggen
Leicht bergauf an der Grünanlage vorbei ⌇ Sie verlassen Siggen ⌇ bergab an einigen Höfen vorbei ⌇ danach geht's bergauf ⌇ vorbei an den Höfen von Buch, danach bergab ⌇ an der Vorfahrtsstraße in Göttlishofen erst links und gleich wieder rechts, **In den Blumenwiesen**.

Göttlishofen
Der Weg führt ganz leicht bergauf ⌇ Rechtskurve ⌇ bergab bei den nächsten Höfen ⌇ an der Kreuzung rechts hinunter, **Lindenstraße** ⌇ es geht kurz bergauf ⌇ Sie kommen an die Vorfahrtsstraße und biegen links ab.

Christazhofen
Es geht bergauf zur Kirche hin auf der **Dorfstraße** ⌇ über den Kirchplatz ⌇ links in die **Alpenstraße** Richtung Isny ⌇ leicht bergauf aus dem Ort hinaus ⌇ leicht bergab auf das Wäldchen zu ⌇ bergauf radeln Sie hindurch ⌇ es geht bergab auf dem **Haldenweg** ⌇ Sie kommen zu den Höfen von **Unterharprechts** ⌇ eine Rechtskurve und gleich rechts einbiegen ⌇ Richtung Fuchsloch radeln Sie an den Viehweiden entlang ⌇ an der Vorfahrtsstraße L 265 links ⌇ kurz leicht bergauf und noch vor dem folgenden Hof biegen Sie rechts ein Richtung Ratzenried ⌇ bergauf durch ein Waldstück ⌇ bergab auf ein paar Streuhöfe zu ⌇ **4** beim Transformator links Richtung Eisenharz ⌇ bergauf zur Kapelle hin ⌇ rechts halten und weiterhin bergauf ⌇ an einigen Höfen vorbei stetig leicht bergauf ⌇ bei den Höfen von Bienzen zweigt die Route rechts ab ⌇ an der folgenden Kreuzung links, leicht bergauf ⌇ an der Vorfahrtsstraße kurz rechts und gleich wieder links Richtung Weihers ⌇ **5** auf der Kuppe wiederum links ⌇ durch **Oberweihers** hindurch ⌇ schnurgerade ⌇ im Links-Rechts an den Höfen vorbei ⌇ vor der folgenden Kurve links Richtung Schneit und Gießen, dem Radschild der Westallgäuer Käsestraße folgend ⌇ es geht bergauf ⌇ an der T-Kreuzung links ⌇ im Rechtsbogen an die Vorfahrtsstraße und rechts Richtung Eglofs ⌇ auf der Kreisstraße bergauf und bergab ⌇ nach der Rechtskurve bei dem einzelnen Hof links den Schilden des Donau-Bodensee-Radweges folgend ⌇ **6** bald rechts Richtung Hofs und Eglofs ⌇ vorbei an einer Holzscheune ⌇ im Rechtsbogen links abbiegen ⌇ bei den Höfen von **Hofs** hindurch, bergauf ⌇ Sie folgen dem Verlauf des Hauptweges und lassen alle Abzweige links und rechts liegen ⌇ es geht bergab ⌇ auf dem **Eisenharzer Weg** kommen Sie nach Eglofs ⌇ es geht vorbei am Panoramabad Eglofs ⌇ starke Linkskurve, an die Vorfahrtsstraße ⌇ an der **Alpgaustraße** rechts auf den Begleitweg zur Straße.

Eglofs
- **Museum Eglofs** am Dorfplatz. Musikmuseum – zeigt die Entwicklungen heimischer Volkskunst.
- **Barockkirche St. Martin** (1766). Deckenbilder mit Heiligen, die vom Bauernstand verehrt werden, zeigen den Charakter einer bäuerlichen Gemeinde. Der Eglofser Hochaltar, so Kunstkenner, sei der schönste Hochaltar des gesamten Westallgäus. Eine Kostbarkeit stellt die „Madonna mit Kind" dar, vom Eglofstaler Künstler Anton Stiefenhofer, etwa 1790 geschaffen.
- **Panorama-Hallenbad**

Entlang der Alpgaustraße bergab ⌇ der Begleitweg endet ⌇ Sie radeln am schönen Dorfplatz vorbei ⌇ **7** noch vor dem Friedhof biegen Sie links ein ⌇ an einem Wäldchen entlang ⌇ danach auf dem schmalen Weg stark bergab, 18 % Gefälle werden angekündigt ⚠ ⌇ es folgt eine schlecht einsehbare Linkskehre

↬ weiterhin bergab mit wunderschönem Ausblick ↬ Sie erreichen in **Eglofstal** die Vorfahrtsstraße ↬ auf dem ampelgeregelten Fußgängerübergang queren Sie die B 12 ↬ links auf den begleitenden Radweg entlang der B 12 ↬ rechts Richtung Steinegaden ↬ **8** an der folgenden Gabelung links halten ↬ auf dem schönen und ebenen Weg gemütlich dahin ↬ an einem einzelnen Haus vorbei ↬ rechts halten ↬ durch den Hof hindurch ↬ bergauf auf den Wald zu ↬ rechts daneben fließt die Obere Argen ↬ der Asphalt endet, es geht weiter auf Kies ↬ kurz bergauf, dann bergab durch den Wald ↬ unten im Tal wieder Asphalt ↬ am Waldrand entlang ↬ durch das Argental begleiten Sie die Schilder der Argentalrunde ↬ in der Linkskurve bergauf in den Wald hinein ↬ direkt am Fluss entlang ↬ bergab ↬ Sie kommen zu einer Brücke, hier links halten.

TIPP: Rechts kommen Sie zu einem Ferienhof mit Campingmöglichkeit.

Auf dem idyllischen Sträßchen weiter im Argental ↬ vorbei an einem alten Holzhaus ↬ über eine kleine Brücke und danach ein

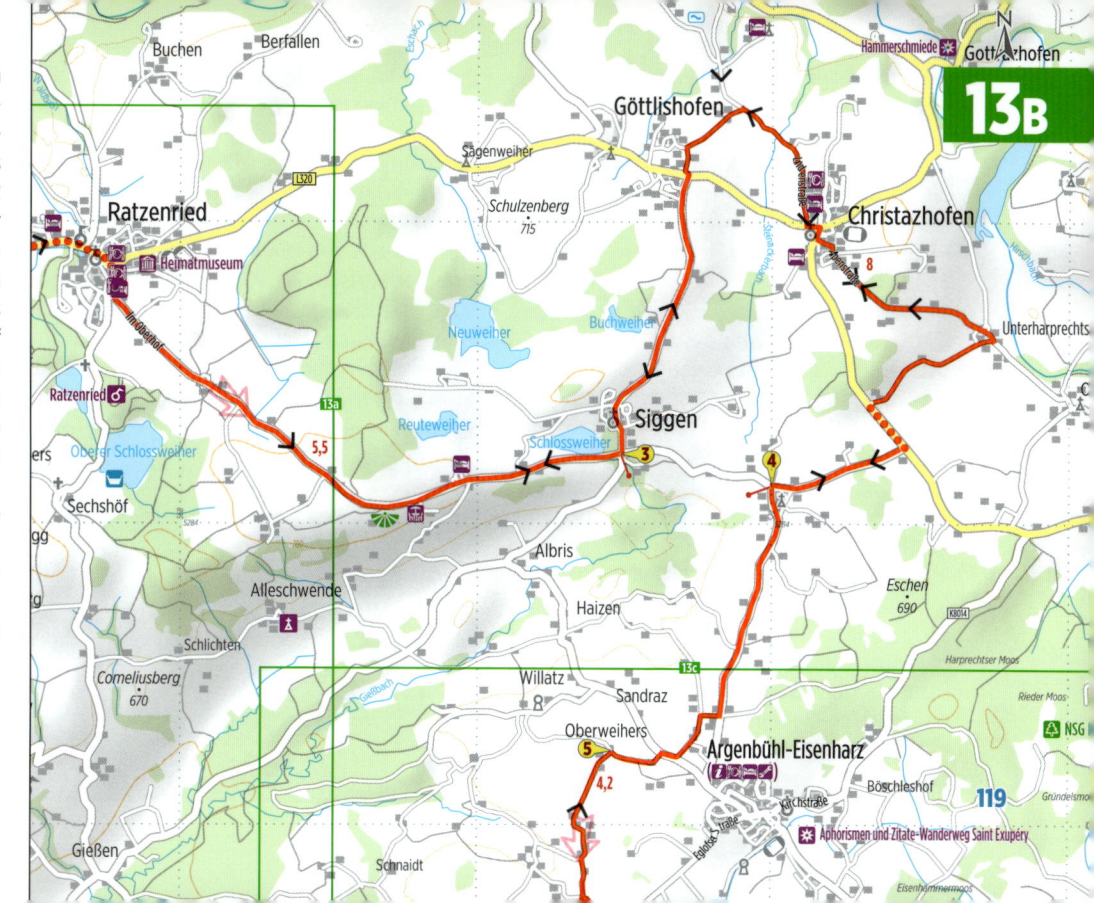

13B

wunderschöner Hof mit einer Fassade aus Holzschindeln, gleichzeitig eine Gastwirtschaft ~ im weiten Rechtsbogen an den Viehweiden entlang ~ ein weiter Linksbogen bringt Sie an die Vorfahrtsstraße ~ hier links nach Zwirkenberg ~ an der folgenden Kreuzung rechts Richtung Gestratz und Bergkäserei ~ auf der **Schulstraße** erreichen Sie Gestratz.

Gestratz

9 Im Ort an der Kreuzung bei der Kirche links, **An der Reuthe** ~ bis Isny sind es noch 8,2 km ~ aus dem Ort hinaus bergauf auf dem straßenbegleitenden Radweg ~ weiterhin bergauf nach Brugg ~ an der Vorfahrtsstraße rechts halten.

Brugg

Leicht bergauf durch den Ort ~ vorm Landgasthaus rechts auf den **Säntisweg** ~ vorbei am Spielplatz mit Rastmöglichkeit ~ an der folgenden Kreuzung rechts halten ~ hinaus aus Brugg und weiter Richtung Maierhöfen, leicht bergab ~ an den Viehweiden entlang ~ im Rechtsbogen um einen Hof herum ~ auf dem oberen Weg bleiben, bergauf ~ leicht bergab ~ Rechtskurve und bergauf ~ langgezogene Linkskurve, weiterhin bergauf ~ leicht bergab geht es an einigen Höfen vorbei ~ dahinter geht es wieder bergauf ~ durch die kleine Siedlung **Lengersau** hindurch ~ nach der Rechskurve leicht bergauf ~ geradeaus über die Viererkreuzung ~ im Rechtsbogen an einigen Höfen vorbei und danach bergab ~ bei den Häusern von **Hochstädt** gelangen Sie an eine Vorfahrtsstraße ~ halten Sie sich links auf dem asphaltierten Begleitweg zur Straße ~ Sie verlassen Hochstädt ~ an den Häusern von **Biesen** vorbei ~ an einem Hotel vorbei ~ den folgenden Abzweig nach links nehmen

Isny Allgäu

Radeln entlang der Käsestraße
„Senner-Radtour", 5 ÜF,
Rad-/Wanderkarte, Stadtführung
Ab 162 Euro p.P. im Doppelzimmer

Infos: Isny Marketing GmbH
07562. 97563-0 www.isny.de

Richtung Isny ~ über die Bundesstraße 12 und danach rechts halten ~ bei der Sennerei gelangen Sie an die Vorfahrtsstraße und halten sich links ~ auf dem Begleitweg zur **Maierhöfener Straße** radeln Sie nach Isny hinein ~ **10** der Radweg führt rechts von der Straße weg und am Ortsrand entlang ~ weiter auf der **Wilhelmstraße** ~ geradeaus über die Vorfahrtsstraße ~ Sie gelangen an den Stadtgraben ~ geradeaus über die Brücke zur Stadtmauer ~ durch die Stadtmauer und rechts halten an ihr entlang ~ im Linksbogen zur **Obertorstraße** ~ links in die Fußgängerzone, **Wassertorstraße**.

Isny im Allgäu
PLZ: 88316; Vorwahl: 07562

13c
Sandraz
Oberweihers
Argenbühl-Eisenharz
Böschleshof
Kirchstraße
Eglofser Straße
Aphorismen und Zitate-Wanderweg Saint Exupéry
Rieder Moos
NSG Bodenmöser
Gründelsmoos
Eisenhammermoos
Gründels
Schnaidt
13b
Linzgis
Untervorholz
Obervorholz
Steinberg
Walbelhof
Hofs
Bellmannshöfle
Strickers Höhe
Staudacher Weiher
NSG Staudacher Weiher
Moorbad
Vogelherd
600
St. Martin
Argenbühl-Eglofs
K8011
Burg
Osterwald
Eglofstal
Eyb
Obere Argen
Saubach
Malleichen
Baden-Württemberg
Bayern
Altenburg
Zwirkenberg
Schulstraße
Gestratz
Grünenbacher Str.
Thalendorf
Bergkäserei
Hofs
Harratried
Oberried
Bauschwanden
Wolfershofen
Dorenwaid
B12
Isnerberg
Hochglend
Brugg
Säntisweg
Hubers
Horben
Rutzenbach
Hochberg
Rauen
Schweineburg
Rothentöbele
Lengersau
Altringenberg
Ehrhafts
Biesen
Käsküche
Schweinebach
13d
Nikolaikirche
St. Georg und Jakob
Kunsthalle im Schloss
Museum am Mühlturm
Blaserturm
NSG Schachele
L318
Ringenberg
Warmhalden
Maierhö
Obersteig
Untersteig
Riedholz
Eistobel
121
5
6
7
8
9
10
4,2
4
0,4
1,5
1
2
1,2
1,2
4,7
0,8
1,8
0,4

13D

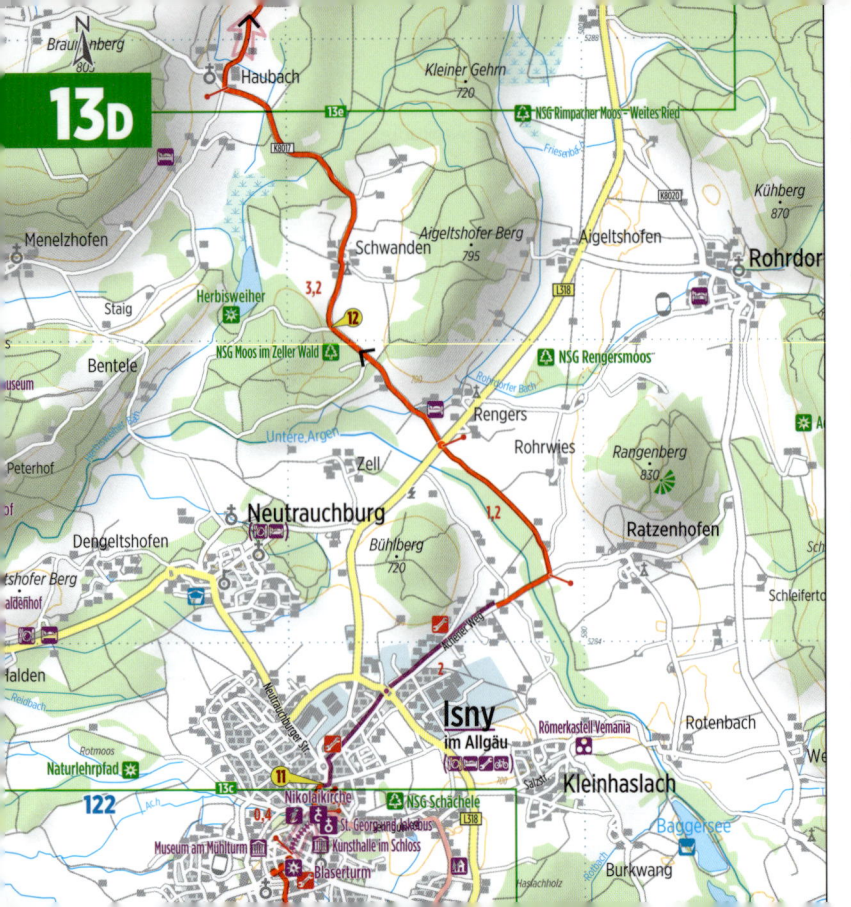

- **Isny Marketing GmbH, Büro für Tourismus**, Unterer Grabenweg 18, ✆ 975630, www.isny.de
- **Kunsthalle und Städtische Galerie im Schloss**, Schloss 1, ✆ 914100, ÖZ: Mi-Fr 14-18 Uhr, Sa, So/Fei 11-18 Uhr. Im ehemaligen Benediktinerkloster werden das Werk des Malers Friedrich Hechelmann und moderne Ausstellungen gezeigt.
- **Museum am Mühlturm**, Fabrikstr. 2, ✆ 975630, ÖZ: Sa, So 14-17 Uhr. Isnyer Stadtgeschichte mit Ausstellungen zu Flachsanbau, Weberei und Münzwerkstatt.
- **Wassertor-Museum**, Wassertorstr. 40, ✆ 975630, ÖZ: Führungen Mai-Okt., Sa 14 Uhr. Teil der Stadtmauer, ehemaliger Wehrturm mit Gefängnis und Türmerwohnung.
- **Städtische Galerie im Turm**, Espantorstr. 21, ✆ 9756350, ÖZ: Mi-Sa 15-18 Uhr, So 11-17 Uhr. In den Räumen des Espantorturms aus dem 13. Jh. präsentieren Künstler der Region in wechselnden Ausstellungen Bilder, Skulpturen und Objekte.
- **Nikolaikirche mit Predigerbibliothek**, Kirchplatz. 1288 als Leutkirche unter dem Patronat des Klosters vollendet. Mit der Reformation wurde die Kirche im 16. Jh. evang. Stadtpfarrkirche. Über der Sakristei: Original erhaltene Stiftungsbibliothek aus dem 15. Jh.
- **Kirche St. Georg und Jakobus**, Kirchplatz. Die ursprünglich aus dem 11. Jh. stammende kath. Kirche wurde nach dem Stadtbrand 1631 neu erbaut, der Innenraum erst im 18. Jh. vollendet. Besonders sehenswert sind die Deckenfresken und Altäre.
- **Rathaus**, Wassertorstraße 1-3. Das Rathaus aus dem 15. Jh. ist eine Verbindung von drei ehemaligen Patrizierhäusern. Im 17. Jh. wurde es im frühbarocken Stil umgebaut.
- **Blaserturm**, Marktplatz. Der Turm stammt aus dem 15. Jh. und diente als Hochwacht. Bei Gefahr blies ein Wächter in ein Horn, daher der Name Blaserturm.
- **Käsküche Isny**, Maierhöfener Str. 78, ✆ 912700, ÖZ: Mo-Fr 9-12.30 Uhr u. 14-18.30 Uhr, Sa 9-13 Uhr, So 14-18 Uhr. Die Besucher der Schaukäserei erhalten Einblick in die Kunst der Käseherstellung und der Käsereifung. Für ihre Arbeit erhielt die Käsküche zahlreiche Preise.
- **Zweirad Center Durach**, Achener Weg 11, ✆ 2456

Fahrradhof Ohmayer, Am Galgenbühl 9, ✆ 2820

Die Stadt Insy kann auf eine 1.000-jährige Geschichte zurückblicken. Graf von Altshausen-Veringen stiftete 1042 eine Kirche, die gegen Ende des 11. Jahrhunderts von Benediktinermönchen in ein Kloster umgewandelt wurde. Die Stadt gelangte durch die Herstellung und den Handel von Leinwand zu Ansehen und Reichtum. 1631 zerstörte ein verheerender Brand einen Großteil der Häuser in der Stadt. Diese Katastrophe war einschneidender als der Dreißigjährige Krieg. Im ausgehenden 19. Jahrhundert entstanden erste Vereine, die den Tourismus förderten. 1924, im Jahr der ersten Olympischen Winterspiele, war Isny Austragungsort der Ersten Deutschen Nordischen Skimeisterschaften.

Eingebettet in die idyllische Landschaft mit Blick auf die markante Bergkette der Allgäuer Alpen liegt der heilklimatische Kurort. Isny ist mittelalterliches Oval mit Stadtmauer, Wehrtürmen, Bürgerhäusern und Schloss. Geschichte ist

Käsküche Isny

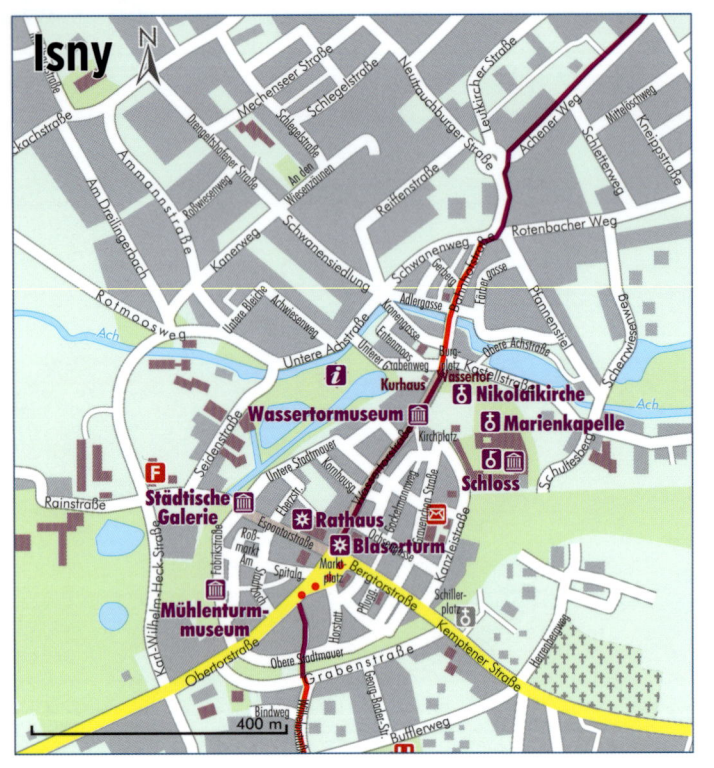

Teil der Gegenwart. Das zeigt sich beim Streifzug durch den Wehrgang oder beim Spaziergang durch die mit Patrizierhäusern gesäumte Wassertorstraße. Das Berg- und Hügelland um Isny formten vor 10.000 Jahren mächtige Gletscher. Die „junge" Landschaft prägen heute Naturräume, wie die Adelegg mit Schwarzem Grat, die Eistobelschlucht und die Moore Bodenmöser und Taufach-Fetzach-Moos.

Auf dem **Marktplatz** von Isny geradeaus durch die wunderschöne Altstadt auf der **Wassertorstraße** ~ über den **Burgplatz** weiter auf der **Bahnhofstraße** ~ **11** an der Stoppstraße rechts auf den straßenbegleitenden Radweg ~ beim Kreisverkehr die erste rechts ausfahren, **Achener Weg** ~ beim nächsten Kreisverkehr geradeaus durch, also die zweite Ausfahrt nehmen und somit den Donau-Bodenseeweg-Schildern folgen ~ der Radweg verläuft ab dem Kreisverkehr links entlang der Straße ~ am Gewerbegebiet entlang ~ hinaus aus Isny ~ schnurgerade weiter über die Untere Argen ~ bei der ersten Möglichkeit links einbiegen ~ am Hof von Furtenwies vorbei ~ am Waldrand entlang ~ der Weg endet an der L 318 ~ hier geradeaus Richtung Leutkirch auf die Kreisstraße ~ an einem riesigen Gehöft vorbei ~ am Waldrand entlang ~ **12** in der Rechtskurve auf die Höfe von **Schwanden** zu ~ einfach hindurch ~ leicht bergauf hinaus aus der Siedlung ~ Linkskurve in den Wald hinein ~ leicht bergauf ~ die Kreisstraße schlängelt sich durch den Wald ~ leicht bergab aus dem Forst hinaus ~ bergauf in der Linkskurve ~ bei den Häusern von **Haubach** biegen Sie rechts ab Richtung Leutkirch ⤳ auf der Allee leicht bergauf an den Wiesen entlang ⤳ leicht bergab in den Wald hinein ⤳ in einigen Kurven durch den Wald ⤳ in der Rechtskurve bergauf aus dem Wald an die Vorfahrtsstraße ⤳ hier rechts ohne Schild auf die **L 320** ⤳ nur ein kurzes Stück im Verkehr ⤳ bei der Siedlung **Boschen 13** gleich in den ersten Weg links einbiegen Richtung Käserei ⤳ auf diesem Anliegerweg sind es 10 km bis Leutkirch ⤳ am Boschenhof vorbei ⤳ an den Viehweiden entlang ⤳ am Hof Speckenloch vorbei ⤳ auf dem Weg im Rechts und Links und dann an einem Auffangbecken entlang ⤳ über einen Brücke und danach links ⤳ über die Schleuse und rechts halten ⤳ **14** rechts auf den Kiesweg ⤳ zur Rechten befindet sich ein Rastplatz ⤳ auf dem Kiesweg durch die Wiesen auf Urlau zu ⤳ auf Asphalt gelangen Sie am Ortsbeginn von Urlau auf dem **Fetzachweg** ⤳ weiter auf der **Missener Straße** durch den Ort.

Urlau

Vorbei an der Kirche auf der **Landstraße** ⤳ aus Urlau hinaus ⤳ Rechtskurve ⤳ gleich links noch vor der Kreuzung mit der Vorfahrtsstraße ⤳ auf diesem Radweg radeln Sie parallel zur Straße vorbei am alten Bahnhof von Urlau ⤳ vorbei am Gasthaus ⤳ an der Kreuzung mit der Vorfahrtsstraße rechts und an der nächsten Vorfahrtsstraße gleich wieder rechts ⤳ kurz im Verkehr ⤳ links abbiegen Richtung Unterösch ⤳ gleich wieder links ⤳ an den Höfen von Unterösch vorbei ⤳ an den Wiesen und Weiden entlang ⤳ Sie kommen zu den Häusern von **Grünenbach**, im Rechtsbogen ⤳ bei der Bushaltestelle links Richtung Allmishofen ⤳ das haben Sie in Kürze auch erreicht.

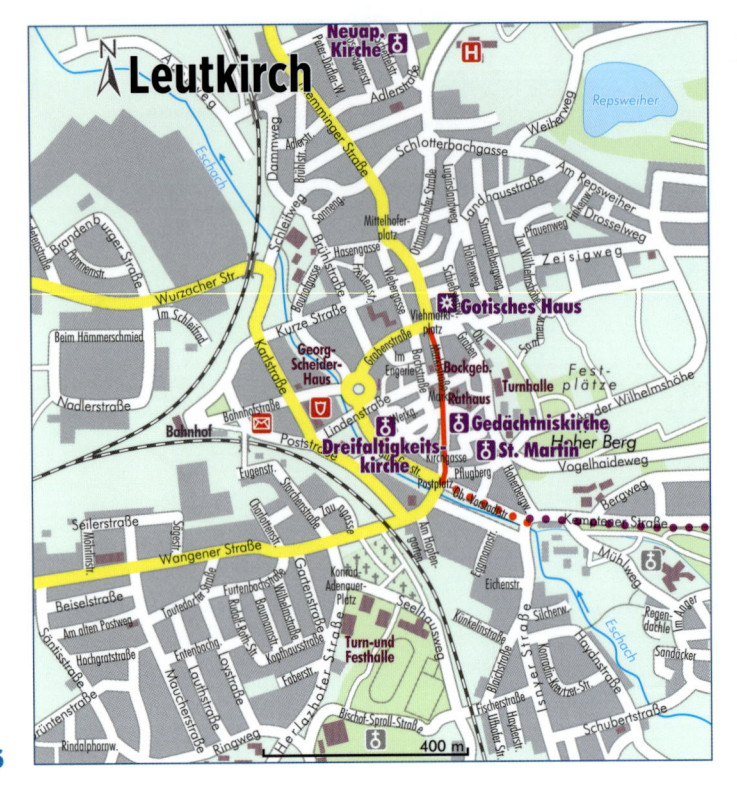

Allmishofen

Im Linksbogen und danach um den Hof herum ⤳ an der Gabelung rechts ⤳ der Landwirtschaftsweg ist mit 6 t beschränkt ⤳ bergauf verlassen Sie das Örtchen, weiter Richtung Wuchzenhofen ⤳ auf der Allee weiterhin bergauf ⤳ Sie folgen dem Schild nach links ⤳ nun dem Verlauf des Hauptweges folgen ⤳ 15 an der Kreuzung bei Tannhöfe biegen Sie links ab Richtung Adrazhofen ⤳ an der Schule von Wuchzenhofen vorbei ⤳ über die Wiese gelangen Sie an die Vorfahrtsstraße ⤳ hier links auf den straßenbegleitenden Radweg ⤳ entlang der **Rathausstraße** durch den Ort.

Adrazhofen

Vorbei an der Molkerei und hinaus aus Adrazhofen ⤳ entlang der L 308 radeln Sie auf Leutkirch zu ⤳ an Tennisplätzen, Freibad, Campingplatz und am Stadtweiher vorbei fahren Sie in die Stadt ein ⤳ hier endet der Radweg, weiter auf der **Kemptener Straße** ⤳ immer geradeaus laut Straßenschild „andere Richtungen" ⤳ rechts Richtung Stadtmitte ⤳ links halten, **Oberer Graben** ⤳ Sie gelangen an die **Untere Grabenstraße** mitten im Zentrum 16.

Leutkirch im Allgäu s. S. 128

Tour 14   Von Leutkirch im Allgäu nach Bad Wurzach   20 km

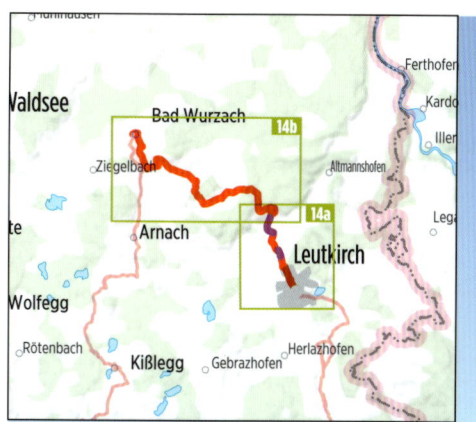

Charakteristik
Länge: 20 km
Start: Leutkirch
Ziel: Bad Wurzach
Wegbeschaffenheit: Die Route verläuft bis auf zwei kurze Abschnitte in und hinter Leutkirch zur Gänze auf Asphalt.
Verkehr: In Leutkirch und Bad Wurzach kommt es zu mäßigen Verkehrsbelastungen, die restliche Strecke verläuft auf ruhigen Kreisstraßen.
Beschilderung: Es gibt keine Beschilderung für diese Strecke. 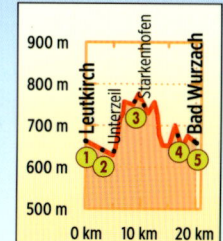
Steigungen: Hinter Leutkirch geht es stark bergauf, vorbei am Schloss Zeil. Dahinter gibt es nur wenige leichte Steigungen.
Anschlusstour(en): Tour 13, 15

Diese kurze Strecke eignet sich hervorragend zu einer ausgiebigen Besichtigung der beiden Städte Leutkirch und Bad Wurzach, wobei die arge Steigung zum Schloss Zeil auch einige Zeit beansprucht! Am Ende der Tour können Sie dann wunderbar in der Therme Vitalium in Bad Wurzach entspannen und sich von der anstrengenden Radtour erholen!

Leutkirch im Allgäu

PLZ: 88299; Vorwahl: 07561

- **Touristinfo**, Marktstr. 32, ✆ 87-154, www.leutkirch.de
- **Museum im Bock**, Gänsbühl 9, ✆ 87-154, ÖZ: Mi 14-17 Uhr, So/Fei 10-12 Uhr und 14-17 Uhr. Das Museum erzählt die Geschichte der Stadt und ihrer Bewohner.
- **Galerie im Kornhaus**, Kornhausstr. 1, ÖZ: Mo 9-18 Uhr, Mi, Fr 14-18 Uhr, Do 10-12 Uhr und 14-19 Uhr, Sa 10-12 Uhr. Die Galerie zeigt ständige Ausstellungen mit Grafiken, Ölgemälden und Zeichnungen von Prof. Erwin Henning, Sepp Mahler, Prof. Wolfgang von Websky, Wolfgang Henning, Barbara Vogler, Alfred Vollmar, Walter Kreissle.
- **Dreifaltigkeitskirche** (1613-15). Die Kirche war im im überwiegend katholischen Oberschwaben die erste Predigtsaalkirche.
- Die **Stadtpfarrkirche St. Martin** gilt als Keimzelle von Leutkirch.
- **Gotisches Haus**. Das mächtige Gebäude wurde im ausgehenden Mittelalter zwischen 1377 und 1379 erbaut.
- **Pulverturm** aus dem 17. Jh.
- **Freibad Stadtweiher**, Kempotener Str. 65, ✆ 3204
- **Schwimmhalle Oberer Graben**, ✆ 98596-17
- **Wilhelmshöhe**
- **Rad Sport Geser**, Bahnhof 5, ✆ 4246

Mit ihren acht Ortschaften und 175 Quadratkilometern Ausdehnung bildet die Große Kreisstadt eine der größten Gemeinden Baden-Württembergs. Schmuckstück der Stadt an der Oberschwäbischen Barockstraße ist das aus dem Jahr 1740 stammende Rathaus mit seinem beeindruckenden Ratssaal und den besonderen Stuckarbeiten. Die sanierte Altstadt mit ihren gemütlichen Gasthäusern und Cafés lädt zu einem entspannenden Bummel ein.

Rathaus mit Gänselieselbrunnen

1 Start in Leutkirch auf der **Unteren Grabenstraße** ↝ rechts in die **Brühlstraße** ↝ an der Kreuzung mit Schleifweg/Brühlstraße geradeaus auf den **Dammweg** ↝ links unter der Bahnunterführung hindurch ↝ rechts auf den unbefestigten Weg ↝ an den Werkshallen entlang auf den **Unterzeiler Weg** auffahren ↝ unter der Straßenbrücke hindurch ↝ links halten ↝ rechts auf den **Unterzeiler Weg** hinaus aus Leutkirch ↝ Linkskurve über die Brücke und dann rechts zur Bahn ↝ an der T-Kreuzung links ↝ **2** die erste Möglichkeit rechts nehmen ↝ auf dem Landwirtschaftsweg am Sägewerk vorbei ↝ leichter Linksknick ↝ an der folgenden Kreuzung zum Sägewerk hin ↝ in der Linkskurve und Rechtskurve auf die Brücke und an der Vorfahrtsstraße links halten auf den Radweg ↝ über die A 96 ↝ auf der L 309 nach Unterzeil ↝ bei der gotischen Kirche in der Rechtskurve, **Im alten Dorf** ↝ links neben der Straße beginnt ein Radweg, weiter Richtung Bad Wurzach ↝ bergab hinaus aus Unterzeil ↝ über die Wurzacher Ach ↝ bergauf am Rand der Siedlung und an der Landstraße entlang ↝ der Radweg endet und Sie fahren auf der Straße nun den Berg hinauf ↝ im Wald stark bergauf für ca. 1,5 km ↝ das Bergauf endet und Sie werden belohnt – mit dem Schloss Zeil.

TIPP: Nehmen Sie sich Zeit für eine Pause mit Besichtigung der beeindruckenden Schlossanlage.

Schloss Zeil

Das eigentliche Schlossgebäude ist für die Öffentlichkeit nicht zugänglich, aber die Außenanlagen wie Park und Aussichtsterrasse sind einen Besuch wert. In vorrömischer Zeit befand sich hier eine Hallstattfestung und im Mittelalter eine kleine Burganlage. Um 1600 begann man mit dem Bau des heutigen mächtigen Renaissance-Schlosses.

Auf ebener Strecke weiterhin durch den Wald ~ in der Linkskurve bergab, an den beiden Häusern von Sebastiansau vorbei ~ **3** an der folgenden Kreuzung links Richtung Starkenhofen und Galgenhöfle ~ auf Asphalt geht es leicht bergab ~ an der Gabelung rechts Richtung Starkenhofen, bergauf ~ durch **Galgenhöfle** hindurch ~ leicht bergauf an den Feldern entlang ~ über die Kuppe und leicht bergab mit schönem Ausblick ~ Sie kommen nach Starkenhofen ~ an der T-Kreuzung links Richtung Bauhofen ~ durch Starkenhofen hindurch.

Starkenhofen

An der Gabelung links und an der folgenden Kreuzung rechts, hinaus aus Starkenhofen ~ es geht bergab durch die schöne

Landschaft ⌒ kurz vor dem einzelnen Hof bergauf ⌒ beim nächsten Hof biegen Sie rechts ein ⌒ Sie treffen hier immer wieder auf Schilder des Donau-Bodensee-Weges ⌒ es geht bergauf auf den Wald zu ⌒ am Waldrand entlang ⌒ in der Linkskurve entfernen Sie sich von den Bäumen und radeln nun quer über Wiesen und Felder ⌒ es geht stark bergab ⌒ ⚠ Achtung scharfe Rechtskurve ⌒ nach einer Linkskurve kommen Sie nach Gospoldshofen ⌒ an der Gabelung rechts halten ⌒ links an dem wunderschönen Holzhaus mit Marterpfahl vorbei ⌒ an der folgenden T-Kreuzung rechts Richtung Eitrach und Seibranz ⌒ links an der Kirche vorbei.

Gospoldshofen

Links abbiegen Richtung Bad Wurzach, 5 km ⌒ am Parkplatz vorbei und hinaus aus dem Ort ⌒ nun radeln Sie auf der **Seibranzer Straße** Richtung Bad Wurzach ⌒ bei dem Hof bergab und dann schön eben dahin auf der Kreisstraße ⌒ vorbei an den Höfen von Oberschwanden, es geht bergauf ⌒ beim Hof von **Reinstein** links hinunter Richtung Berg ⌒ **4** beim Sackgassenschild rechts ⌒ bergab an den Feldern entlang zu den nächsten Häusern.

Bei Bad Wurzach

Truschwende

An der T-Kreuzung beim Transformator rechts ⌒ auf dem **Prozessionsweg** durch die Siedlung geradeaus hindurch ⌒ bergauf hinaus aus Truschwende ⌒ bergab auf den Josenhof zu ⌒ durch den Hof hindurch ⌒ in der Rechtskurve bergab ⌒ an der T-Kreuzung am Ende des Weges links ⌒ geradeaus an der Kreuzung mit der L 314 ⌒ auf dem **Gottesbergweg** auf Bad Wurzach zu ⌒ links oben sehen Sie die Wallfahrtskirche am Gottesberg ⌒ in der Rechtskurve weiter auf dem **Klosterweg** ⌒ an der Kreuzung mit der Vorstadtstraße links halten ⌒ in einer Links-Rechts-Kombi gelangen Sie direkt bei der Kirche an die **Memminger Straße** ⌒ hier links ⌒ Richtung Stadtmitte auf der 20 km/h Zone ⌒ über die Wurzacher Ach ⌒ links in die **Schloßstraße** ⌒ Sie haben das Zentrum erreicht **5**.

Bad Wurzach
PLZ: 88410, Vorwahl: 07564

- **Bad Wurzach Info**, Rosengarten 1, ✆ 302150, www.bad-wurzach.de
- **Oberschwäbisches Torfmuseum**, Torfbahn und Torflehrpfad, Am Ehem. Zeiler Torfwerk, Dr. Harry-Wiegand-Straße, ✆ 3167, ÖZ: Apr.-Okt., jeden 2. u. 4. Sa im Monat 13.30, 14.30 und 15.30 Uhr und n. V., Wissenswertes rund um den traditionsreichen Torfabbau.
- **Schaukäserei mit Käsereimuseum**, Simon-Göser-Str. 11 (OT Gospoldshofen), ✆ 3583, ÖZ: Apr.-Okt., Mo, Di 9-12 Uhr u. 15-19 Uhr, Mi 9-12 Uhr, Do-So 9-19 Uhr, Fr Sennerstüble bis 23 Uhr, Nov.-März, Mo, Di 9-12 Uhr und 15-17.30 Uhr, Mi 9-12 Uhr, Do-So 9-17.30 Uhr, Fr Sennerstüble bis 23 Uhr. Führungen ohne Voranmeldung: Apr.-Okt, jeden Do (außer Fei) 14.30 Uhr. Wie kommen die Löcher in den Käse? Hier können Sie dem Käsemeister über die Schulter schauen und anschl. eine zünftige Vesper genießen. Wie wurde Käse früher hergestellt? Das Museum bietet einen Einblick in die Vergangenheit.

14B
Bad Wurzach
Untergreut
Naturschutzzentrum
Vitalium
Schloss Bad Wurzach
St. Verena
Sepp-Mahler-Museum
Wallfahrtskirche
L314
Fischweiher
Kartause Marienau
L309
Eulenberg
750
Achberg
685
Prozessionsweg
Wengenreute
Talacker
Truschwende
Reinstein
Seibranz
Rippoldshofen
Seibranzer Straße
Gospoldshofen
Käsereimuseum
Gensen
NSG Herrgottsried
Herrgottsried
Geboldingen
Starkenhofen
St. Joseph
Berg
Brugg
Wurzacher Ach
K7918
Bauhofen
L265
Riedlings
14a
Zum Grünen Baum
St. Maria
Schloss Zeil
Altenhof
Unterzeil
131
Aue

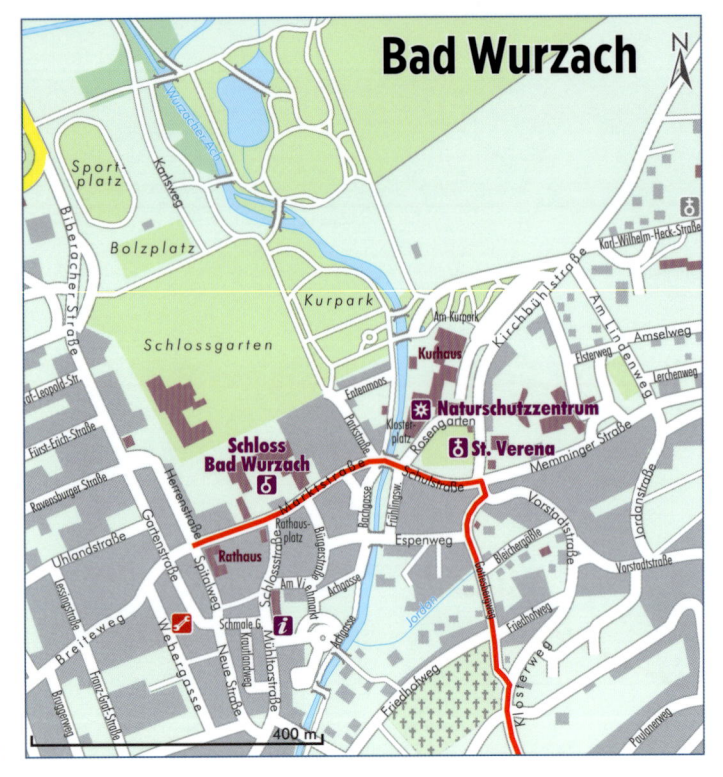

- **Kath. Pfarrkirche St. Verena** (1775-1777), mit markanter Turmfassade, im Innenraum ein bedeutendes Deckenfresko des Malers Andreas Brugger aus Langenargen.
- **Wallfahrtskirche auf dem Gottesberg** (1709). In einer Seitenkapelle der Barockkirche befindet sich die Heilig-Blut-Reliquie.
- **Schloss Bad Wurzach**, ÖZ: tägl. 8-18 Uhr. Sehenswert sind vor allem das barocke Treppenhaus (1723-28) und das schöne Deckenfresko, beides Juwele der Oberschwäbischen Barockstrasse.
- **Naturschutzzentrum Wurzacher Ried**, Rosengarten 1, ☎ 302190, ÖZ: Apr.-Okt. 10-18 Uhr, Nov.-März 10-17 Uhr. Die neue Dauerausstellung „MOOR EXTREM" des Naturschutzzentrums bringt dem Besucher die Besonderheiten des Wurzacher Rieds und die Extreme der Moorlandschaft auf einzigartige Weise näher. Modern, interaktiv, multimedial... Lassen Sie sich überraschen!
- **Vitalium**, Karl-Wilhelm-Heck-Str. 8, ☎ 304250/256, ÖZ: Mo-Fr 13-22 Uhr, Sa 10-22 Uhr, So/Fei 10-20 Uhr, Mo Damensauna. Thermalbad, Sauna und Wellness vom Feinsten. Die Gesundheits- und Wellnessoase VITALIUM lässt fast keine Wünsche offen. Genießen Sie im Wohlfühlhaus von La Stone bis Cleopatrabad und von Ayurveda bis Kräuterstempelmassage.
- **Zweiradsport Geyer**, Gartenstr. 30, ☎ 3570

In Bad Wurzach hat Gesundheit Geschichte gemacht. Das vielfältige Angebot des Kurortes reicht von klassischen Mooranwendungen bis zu modernen Entspannungs- und Wellnessangeboten. Und das nicht erst seit kurzem – Bad Wurzach ist das älteste staatlich anerkannte Moorheilbad in Baden Württemberg und zugleich eines der jüngsten Thermalbäder. Auch kulturell hat die Stadt einiges zu bieten. So besticht das einstige Residenzstädtchen mit seinem Schloss, das für sein barockes Treppenhaus berühmt ist, und der „schönsten Hauskapelle der Welt" im Kloster Maria Rosengarten.

Tour 15   Von Bad Wurzach nach Wangen   51,5 km

Gut erholt vom Thermenbesuch in Bad Wurzach starten Sie diese Tour nach Wangen. Am Rande der Riedlandschaften entlang erreichen Sie die erste Station – Kißlegg, wo es das Neue und das Alte Schloss zu besichtigen gibt. Durch die Allgäuer Landschaft kommen Sie in das Dorf Hannober von wo Sie einen Ausflug zur Waldburg unternehmen können. Hinunter geht es dann über Amtzell nach Wangen über die sehenswerten Pfärricher Häuser – mit wunderschönen Ausblicken.

Charakteristik
Länge: 51,5 km
Start: Bad Wurzach
Ziel: Wangen im Allgäu
Wegbeschaffenheit: Die Route verläuft ausschließlich auf asphaltierten Wegen, Kreis- und Landstraßen. Es kommen keinen unbefestigten Streckenabschnitte vor.
Verkehr: Mit etwas mehr Verkehr müssen Sie in Bad Wurzach, Kißlegg und Wangen rechnen und außerdem auf den Landstraßen durch Immenried und Hannober.

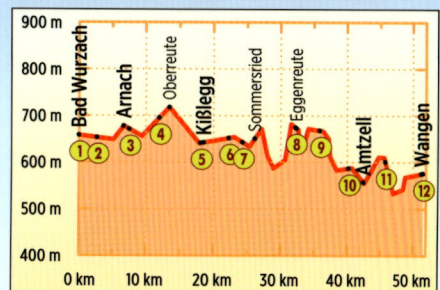

Beschilderung: Sie folgen abschnittsweise weißen Pfeilwegweisern mit einem „E" und einem Fahrrad darauf.
Steigungen: Starke Steigungen erwarten Sie vor Oberreute, vor Eggenreute und zwischen Amtzell und Wangen.
Anschlusstour(en): Tour 13, 13, 14

15A

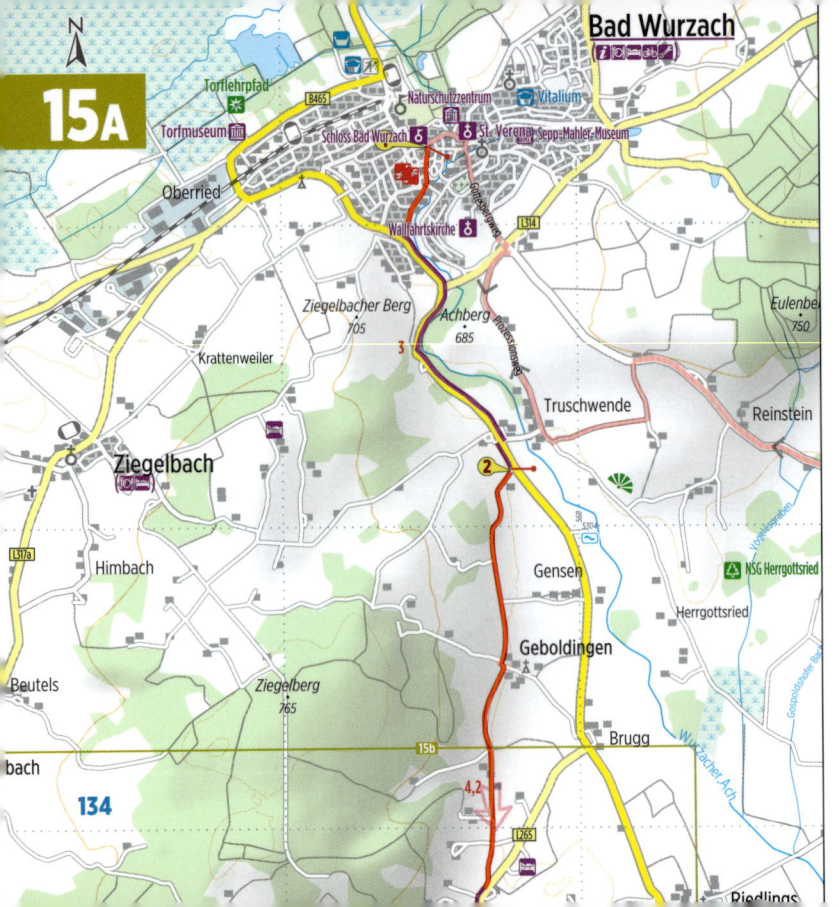

Bad Wurzach

1 Start auf der **Schloßstraße** ~ weiter auf der **Mühltorstraße** ~ Rechtskurve auf die **Leutkircher Straße** ~ es beginnt ein Radweg, der im Linksbogen entlang der Bundesstraße weiterführt ~ für ca. 2 km radeln Sie mehr oder weniger entlang der B 465 ~ an der Kreuzung bei Truschwende wechselt der Radweg die Straßenseite ~ bei **2** biegen Sie nach rechts ein und folgen dem kleinen weißen Radschild mit einem „e" drauf ~ vorbei an der Montagefirma ~ auf dem asphaltierten Feldweg durch die schöne Landschaft ~ Sie kommen zu den Höfen von **Geboldingen** ~ an dem riesigen Stall entlang ~ links und rechts auf den 6 t Weg, weiter an den Feldern entlang ~ an der Kreuzung bei dem einzelnen Hof geradeaus ~ in der Ebene an den Wiesen entlang ~ an der Vorfahrtsstraße rechts auf den begleitenden Radweg ~ dieser wechselt die Straßenseite und führt entlang der Landstraße nach Arnach ~ vor der Kirche links dem Radschild Richtung Kißlegg folgend.

Im Schloss Bad Wurzach

Arnach

Auf der 30 km/h Zone rechts halten, **Am Kirchberg** ～ bergauf an der Kirche vorbei ～ bergab zur Vorfahrtsstraße hin ～ links Richtung Kißlegg - 10,9 km ～ an der Schäferei vorbei ～ in der Linkskurve geradeaus auf die **Ratperoniusstraße**, dem gelben Radschild mit blauem Radfahrer folgen ～ es geht an einigen großen Hallen entlang ～ geradeaus über die Kreuzung ～ **3** direkt am Ortsende rechts auf den Wirtschaftsweg mit 6 t Beschränkung ～ bergauf an den Feldern entlang ～ leicht bergab an dem Waldstück entlang ～ danach bergauf ～ in der Rechtskurve bergab an dem Hof **Brenters** vorbei ～ unter der Stromleitung hindurch ～ bergab vorbei am Hof **Rahmhaus** ～ an der Vorfahrtsstraße rechts ～ es geht bergauf ～ an den Wiesen und Weiden entlang ～ auf der **St.-Rochus-Straße** kommen Sie nach Immenried.

Immenried

Im Rechtsbogen gelangen Sie an die Vorfahrtsstraße ～ erst rechts zur Hauptstraße ～ hier links abbiegen ～ zur Rechten befindet sich die Kirche St. Ursula ～ am Café vorbei geht es leicht bergab durch den Ort ～ nach Ortsende **4** biegen Sie bei der ersten Möglichkeit rechts ein Richtung Wucherer ～ leicht bergauf an den Viehweiden entlang ～ an einigen vereinzelten Höfen vorbei ～ der Weg schlängelt sich durch die Wiesen ～ durch **Oberreute** hindurch ～ danach leicht bergab ～ immer wieder eröffnen sich wunderschöne Ausblicke ～ bergab in der Rechtskurve ～ an der Viehweide entlang ～ zu den Höfen von **Wiggenreute** ～ hier

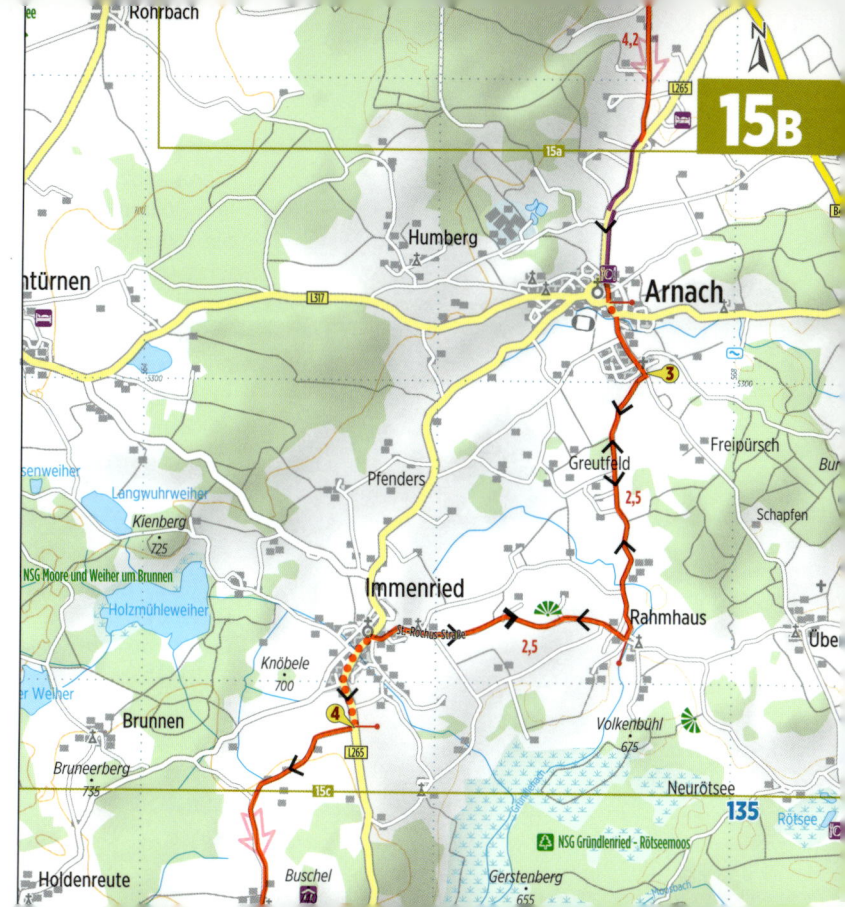

Kißlegg

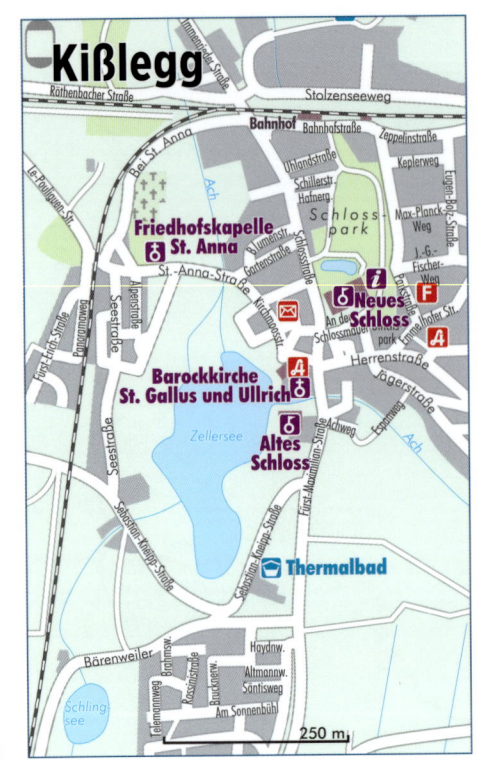

an der Vorfahrtsstraße kurz rechts und gleich wieder links Richtung Wolfegg ↝ bergab aus dem Dörfchen hinaus ↝ geradeaus über die Viererkreuzung, bergab ↝ an den Häusern von **Höllenbach** vorbei ↝ bergab zum Wald hin ↝ durch das kurze Waldstück an die Vorfahrtsstraße L 330 ↝ hier links auf die Straße, bergauf und bergab im Verkehr ↝ rechts auf die **Le Pouliguen-Straße** ↝ nach dem Bahnübergang links halten ↝ Sie kommen nach **St. Anna**, ein Ortsteil von Kißlegg ↝ abermals die Bahn queren ↝ in der Linkskurve weiter Richtung Ortsmitte ↝ an der Kirche vorbei kurz bergab auf der **St.-Anna-Straße** ↝ über eine Brücke ↝ 5 links dem Aufkleber folgen ↝ an der Stoppstraße rechts, **Schloßstraße**.

Kißlegg
PLZ: 88352; Vorwahl: 07563

- Gäste- und Bürgerbüro, Neues Schloss, Schlossstr. 5, ✆ 936-0, www.kisslegg.de
- Katholische Pfarrkirche **St. Gallus und Ulrich** (1548)
- Das **Alte Schloss** wurde in der zweiten Hälfte des 16. Jhs. erbaut. Das Schloss ist im Besitz der gräflichen Familie zu Waldburg-Wolfegg und Waldsee. Eine Besichtigung ist nicht möglich.
- **Neues Schloss**, ÖZ: April-Okt., Di, Do, Fr 14-17 Uhr, So/Fei 13-17 Uhr. Der dreigeschoßige Bau wurde in den Jahren 1721-27 nach dem Entwurf des Füssener Baumeisters Johann Georg Fischer errichtet.
- **Strandbad Obersee**
- **Zweirad Wenzler**, Herrenstr. 24, ✆ 2320

Auf der Schloßstraße radeln Sie am Schloss Kißlegg vorbei ↝ an der **Herrenstraße** links Richtung Wangen ↝ rechts in die **Jägerstraße** ↝ an der Gabelung rechts halten, **Löhleweg** ↝ am Stadtrand entlang, rechts von Ihnen die Wolfegger Ach ↝ hinaus aus Kisslegg, auf den Reiterhof zu ↝ bei diesem Hof biegen Sie rechts ab in den mit 6 t beschränkten Landwirtschaftsweg ↝ an der Kläranlage vorbei ↝ über die Wolfegger Ach ↝ schnurgerade auf die Vorfahrtsstraße zu, bergauf ↝ an der Vorfahrtsstraße links auf den Begleitweg ↝ es geht leicht bergauf entlang der K 8008 ↝ der Radweg endet ↝ 6 nach ca. 1,5 km beim Hof **Schurtannen** biegen Sie rechts ein ↝ rechts halten ↝ auf einer Brücke über die Bahn geradeaus hinunter Richtung Stähleshof und Bachmühle ↝ kurz bergauf am **Stähleshof** vorbei ↝ weiterhin bergauf ↝ Rechtskurve bergab im Linksbogen ↝ scharfe Rechtskurve ↝ **7** an der folgenden Kreuzung links hinunter ↝ schnurgerade über die Wolfegger Ach ↝ an der folgenden Kreuzung bei dem Bauernhof **Fischreute** links Richtung Sommersried ↝ vorbei am Zeppelin-Denkmal ↝ an der folgenden Gabelung rechts halten, weißes Schild mit grünem Rad ↝ an der T-Kreuzung rechts direkt am Hof vorbei ↝ Linksbogen und durch den nächsten Hof hindurch ↝ dem Wegverlauf durch die Wiesen folgen ↝ in den Wald und bergab ↝ bleiben Sie auf dem Hauptweg ↝ aus dem Wald hinaus ↝ an einem einzelnen Hof vorbei ↝ über die Kuppe und bergab mit Blick auf Leupolz ↝ an der T-Kreuzung links auf die **Oberweiler Straße** ↝ in der Linkskurve zur Vorfahrtsstraße.

Leupolz

PLZ: 88239; Vorwahl: 07506

- **Ortsverwaltung Leupolz**, Am Dorfpl. 2, ✆ 254, www.tor-zum-allgaeu.de
- **Museum ländliches Kulturgut im Dorfstadel**. Auf 4 Stockwerken bietet das Museum Einglicke in das ländliche Kulturgut der Gemeinde.

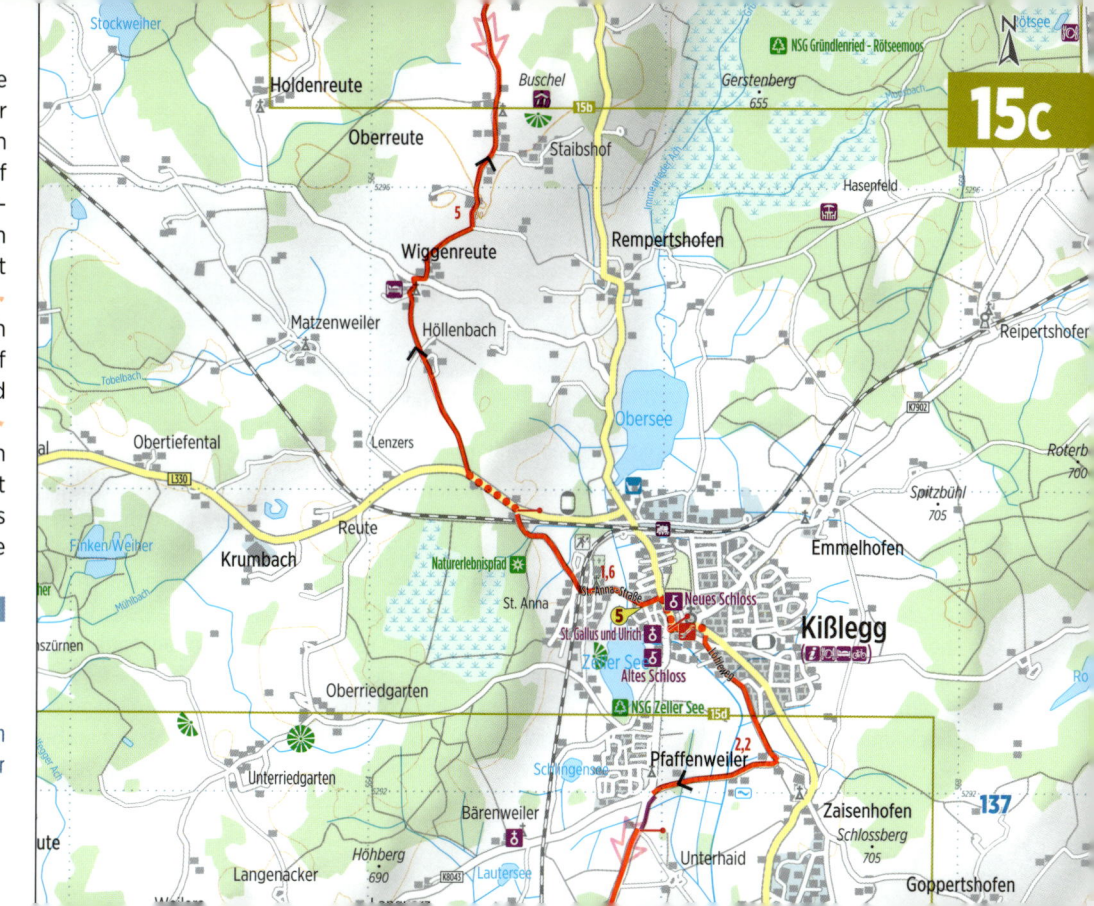

15c

✹ **Allgäuer Emmentalkäserei Leupolz,** Steinbergstr. 1, ✆ 225, Führungen möglich, Ladenöffnungszeiten: Mo, Di, Do 9-12.30 Uhr, Mi, Fr 9-18 Uhr, Sa 8-12 Uhr

An der Vorfahrtsstraße, **Kißlegger Straße**, links hinunter ⤳ rechts auf den Radweg ⤳ bergab verlassen Sie Leupolz ⤳ rechts auf dem Radweg entlang der **Karseer Straße** weiter ⤳ bergab über eine kleine Holzbrücke ⤳ wieder zur Straße hinauf und an dieser entlang ⤳ neben der **Jugendheimstraße** kommen Sie nach Karsee ⤳ zur Linken befindet sich der Karsee ⤳ der Radweg endet.

Karsee

An der Kreuzung bei der Kirche links, **Seestraße** ⤳ beim Sportplatz in der Rechtskurve, weiterhin auf der Seestraße ⤳ aus Karsee hinaus und nun bergauf mit 15% Steigung ⤳ vorbei an den Höfen von **Luben** ⤳ weiterhin stark bergauf ⤳ geradeaus über die Kreuzung und weiterhin bergauf bei den Höfen von Riefen ⤳ starke Linkskurve am Hof King vorbei und noch immer stark bergauf ⤳ leicht bergab, Rechtskurve ⤳ wieder bergauf ⤳ **8** an der Viererkreuzung bei Eggenreute endet das

Waldburg

Bergauf endlich ⤳ hier geradeaus über die Kreuzung, Sie folgen der Radwegbeschilderung mit dem blauen und grünen Apfel ⤳ nun geht es bergab, mit 13% ⚠ Achtung Rechtskurve und dann stark bergab ⤳ durch das Waldstück - Linkskurve und am Waldrand entlang ⤳ bergauf in der Rechtskurve am Waldrand entlang ⤳ es folgt eine weite Linkskurve und es geht wieder mal bergauf ⤳ zur Rechten die Häuser von Abraham ⤳ es geht vorbei am Felder See ⤳ an einigen Höfen vorbei ⤳ Sie kommen nach Hannober ⤳ hier bei der Kirche führt die Route geradeaus weiter, **9** rechts zweigt der Ausflug nach Waldburg ab.

Ausflug Waldburg

Sie biegen bei der Kirche von Hannober rechts ab auf die **K 7989** ⤳ hinaus aus Hannober Richtung Edensbach ⤳ starke Linkskurve und danach langgezogene Rechtskurve ⤳ so kommen Sie nach Edensbach.

Edensbach

Sie folgen dem Verlauf der Kreisstraße in der starken Linkskurve durch den Ort ⤳ es beginnt ein Radweg links an der Straße entlang ⤳ es geht stark bergauf ⤳ hinaus aus Edensbach, weiter Richtung Waldburg ⤳ stark bergab ⤳ der Radweg entfernt sich im Linksbogen von der Kreisstraße und führt zu einer Siedlung hin ⤳ an der T-Kreuzung rechts und wieder zur Kreisstraße hin ⤳ an der Kreisstraße, **Amtzeller Straße**, links in den Ort hinein mit Ausblick auf die Waldburg ⤳ im Linksbogen weiter auf der **Hauptstraße** ⤳ rechts geht es zur Waldburg.

Waldburg

PLZ: 88289; Vorwahl: 07529

🛈 **Gästeamt Waldburg,** Hauptstr. 20, ✆ 9717-10, www.gemeinde-waldburg.de

138

15D

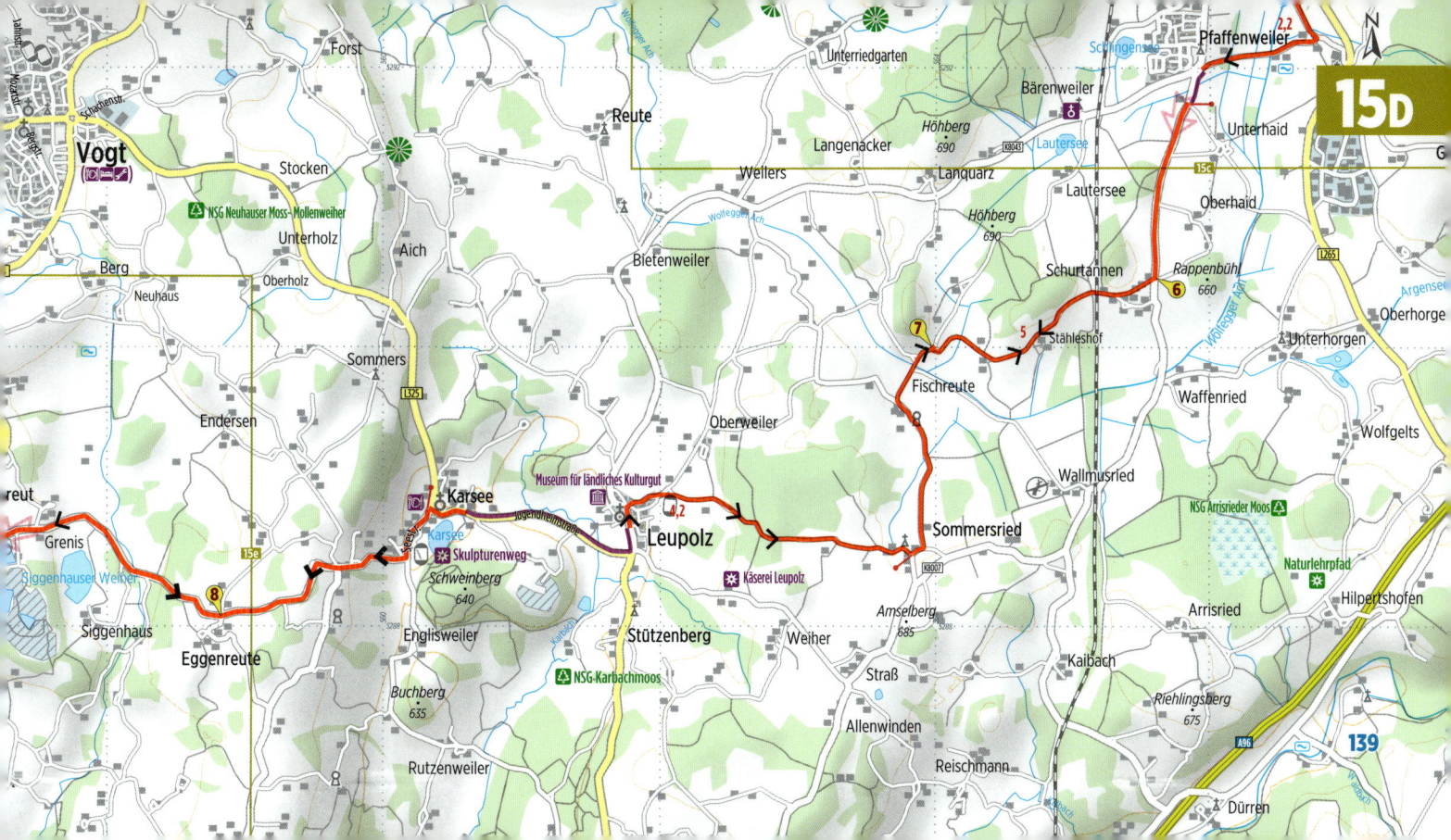

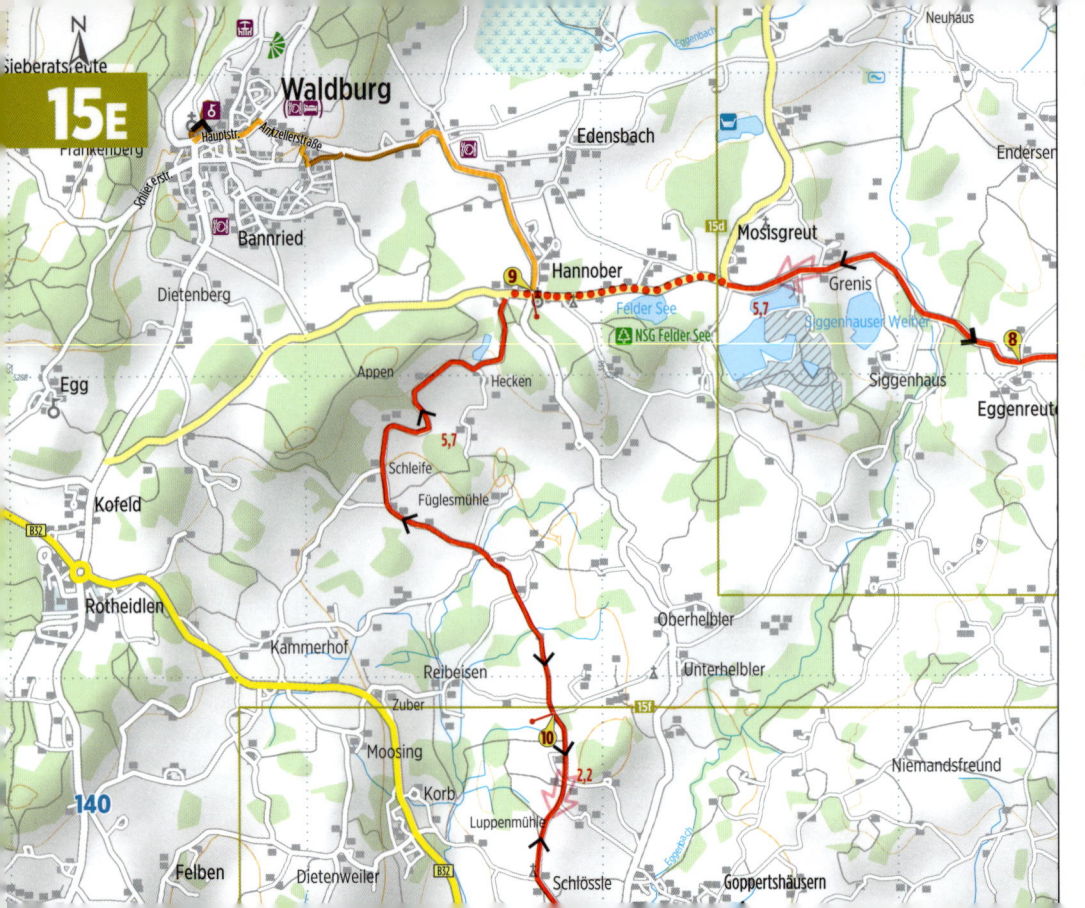

Waldburg, Schloss 1, ☎ 911120, ÖZ: April-Ende Okt., Di-So/Fei 10-17 Uhr. Die gut erhaltene mittelalterliche Burganlage beheimatet ein Museum zur Geschichte des Hauses Waldburg und der Landesvermessung. Die Ursprünge der Burg gehen auf das 12. Jh. zurück.

Wieder zurück zur Hauptroute auf dem schon bekannten Weg.

Hannober
Für die Hauptroute fahren Sie an der Kreuzung ❾ geradeaus weiter ⌇ Sie biegen in die erste links ein Richtung Wangen bei den Häusern von **Widmannsbronn** ⌇ es geht durch den Wald hindurch und bergab ⌇ rechts unten sehen Sie einen Teich ⌇ in der Rechtskurve zu den Höfen von Hecker ⌇ an der Kreuzung rechts Richtung Appen ⌇ diesen Hof erreichen Sie nach einem kurzen Bergauf und Bergab ⌇ folgen Sie den weiß-grünen Schildern ⌇ in einer Schleife an den Viehweiden entlang ⌇ bergab zu den Höfen von **Schleife**, an der Gabelung links halten ⌇ bei der Füglesmühle im leichten Linksbogen ⌇ weiter Richtung Füßinger und Amtzell ⌇ stetig leicht bergauf ⌇ ❿ an der Kreuzung geradeaus Richtung

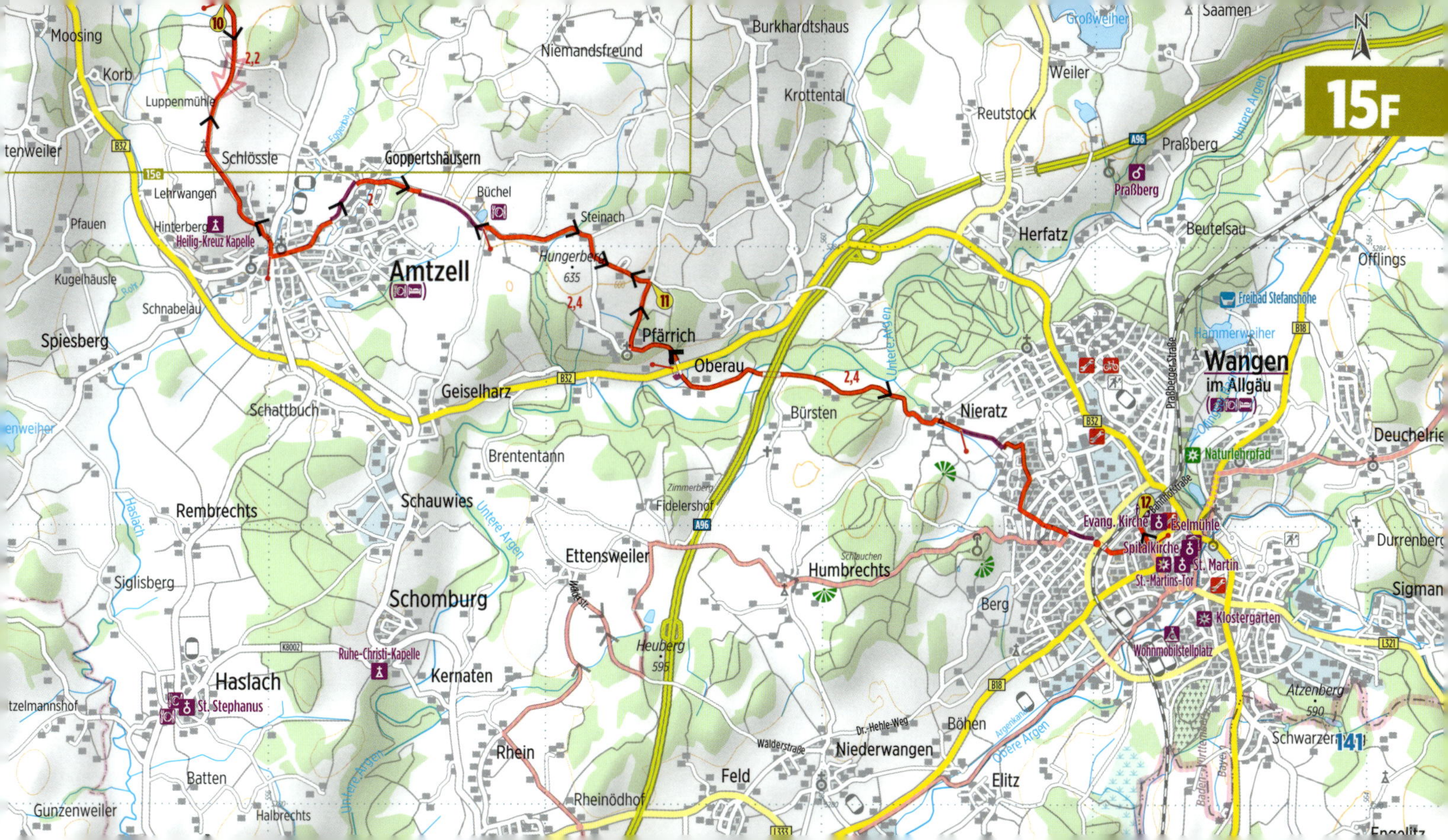
15F
Moosing
Korb
Luppenmühle
Schlössle
Niemandsfreund
Burkhardtshaus
Krottental
Weiler
Reutstock
Großweiher
Saamen
Praßberg
tenweiler
Goppertshäusern
Lehrwangen
Pfauen
Hinterberg
Heilig-Kreuz Kapelle
Büchel
Steinach
Amtzell
Hungerberg
635
Herfatz
Beutelsau
Offlings
Kugelhäusle
Schnabelau
Spiesberg
Pfärrich
Oberau
Geiselharz
Schattbuch
Bürsten
Nieratz
Freibad Stefanshöhe
Hammerweiher
Wangen
im Allgäu
Deuchelried
Brententann
Naturlehrpfad
Rembrechts
Schauwies
Zimmerberg
Fidelershof
Evang. Kirche
Eselmühle
Spitalkirche
St. Martin
St.-Martins-Tor
Durrenberg
Ettensweiler
Humbrechts
Schlauchen
Siglisberg
Schomburg
Berg
Sigmanns
Klostergarten
Heuberg
595
Ruhe-Christi-Kapelle
Kernaten
Wohnmobilstellplatz
Haslach
St. Stephanus
tzelmannshof
Atzenberg
590
Schwarzen
141
Rhein
Böhen
Niederwangen
Dr.-Hehle-Weg
Walderstraße
Elitz
Batten
Feld
Gunzenweiler
Halbrechts
Rheinödhof
Untere Argen
Obere Argen
Haslach
B32
A96
B18
L321
K8002
15e
10
11
12
2,2
2,4
2,4
2

Wangen - 11 km ~ bergauf zu dem Hof von Hanser ~ hier geradeaus und bergab ~ beim Hof Schmitten geradeaus hindurch ~ auf der **Bergstraße** erreichen Sie die ersten Häuser von **Amtzell** ~ es geht bergab an die Vorfahrtsstraße ~ hier rechts Richtung Wangen - 8,5 km.

Amtzell
An der **Wangener Straße** links abbiegen ~ nach der Kirche links auf die **Pfärricher Straße**, dem R 3 Schild folgen ~ in der Linkskurve bergauf ~ Sie kommen von Amtzell nach **Goppertshäusern** auf dem linksseitigen Radweg ~ der Radweg endet ~ in der Rechtskurve über die Brücke mit dem Holzgeländer ~ bergauf ~ Sie verlassen Goppertshäusern ~ am Ortsende beginnt auf der rechten Seite ein Begleitweg ~ auf diesem Weg radeln Sie nach Büchel ~ bergab vorbei an einem kleinen Teich ~ vorbei am Gasthof ~ bergauf auf dem Radweg entlang der Straße ~ der Radweg endet und Sie erreichen die Kuppe ~ vorbei an der Siedlung Steinach mit schönen alten Häusern ~ in der Rechtskurve bergauf ~ vorbei an den Häusern von Weißenbach ~ in der Linkskurve Richtung Wangen ~ es geht bergauf ~ durch die **Pfärricher Höfe** hindurch ~ bergab zur Kreuzung hin ~ 11 hier rechts abbiegen bei der Käserei ~ es geht bergab ~ am Waldrand entlang ~ bergauf kommen Sie zu den Häusern und der Kirche von **Pfärrich** ~ an der Kreuzung bei der Kirche links auf den Wald zu ~ in der Rechtskurve stark bergab durch den lichten Wald ~ rechts ab auf den Radweg unter der B 32 hindurch ~ über eine kleine Brücke kommen Sie nach **Oberau** ~ über die Wiese ~ im Rechtsbogen über die Untere Argen ~ unter der A 96 hindurch ~ Sie folgen dem Wegverlauf Richtung Nieratz und Wangen ~ es geht leicht bergab ~ am Waldrand entlang ~ bergauf durch das Waldstück ~ Rechtskurve bergauf ~ links Richtung Wittwaiß und Nieratz ~ an den Häusern von Nieratz vorbei.

Nieratz
Bei der Kapelle rechts Richtung Wangen Stadtmitte/Bahnhof ~ schnurgerade über die Felder auf dem **Ruth-Storm-Weg** ~ vorbei am Poller ~ rechts am Spielplatz vorbei auf diesem **Ruth-Storm-Weg** ~ an der T-Kreuzung links und gleich die nächste rechts, **Prato-Straße** im Links-Rechts an die **Gustav-Freytag-Straße** und rechts ~ geradeaus über die Kreuzung ~ im Linksbogen auf den **Hugo-Wolf-Weg** ~ weiter auf dem **Uhland-Weg** ~ geradeaus Richtung Stadtmitte ~ auf der **Boelckestraße** gelangen Sie an die Vorfahrtsstraße, Ampelkreuzung ~ hier geradeaus unter der Bahn hindurch auf die **Immelmannstraße** ~ an der T-Kreuzung beim Parkplatz geth es rechts Richtung Stadtmitte und links zum Bahnhof auf der **Bahnhofstraße** 12.

Wangen im Allgäu

Tour 16   Argental-Runde   45 km

Charakteristik
Länge: 45 km
Start: Isny
Ziel: Isny
Wegbeschaffenheit: Die Route verläuft ausschließlich auf asphaltierten Wegen – Radwege entlang der Landstraßen, Kreisstraßen und Wirtschaftswege.
Verkehr: Der Radweg verläuft meist auf ruhigen Wegen und kleinen Straßen, zu mäßiger Verkehrsbelastung kommt es vor Röthenbach und hinter Gestratz. 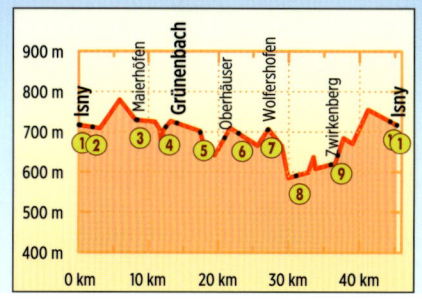 
Beschilderung: Sie folgen den Regionalschilder Allgäu mit dem Logo der Argental-Runde.
Steigungen: Die Strecke verläuft mit stetigem Auf und Ab – eine sehr starke Steigung erwartet Sie auf dem Weg zum Bahnhof Oberhäuser.
Anschlusstour(en): Tour 13, 17, 18, 19

Diese abwechslungsreiche Tour starte in Isny im Allgäu und führt über Maierhöfen ins Tal des Grünenbachs. Sie kommen am berühmten Eistobel der Argen vorbei, der auf jeden Fall eine Besichtigung lohnt. Über die Orte Röthenbach, Riedhirsch und Wolfershofen erreichen Sie schließlich das Tal der Oberen Argen und folgen ihrem Verlauf. In Gestratz verlassen sie das Tal und fahren wieder nach Isny zurück.

Isny im Allgäu   s. S. 120

1 Sie starten Im Zentrum von Isny auf der **Wassertorstraße**, der Fugängerzone ⇨ auf dem Burgplatz kommen Sie zu einem Schilderbaum ⇨ rechts Richtung Kempten für die Argental-Runde ⇨ auf der **Kastellstraße** vorbei am Sauweiher ⇨ weiter auf der Kastellstraße und nach dem nächsten kleinen Teich biegen Sie beim Friedhof rechts ein auf die **Dekan-Marquart-Straße** ⇨ durch das Siedlungsgebiet an die Kemptener Straße ⇨ geradeaus überqueren und dann rechts halten an dem Weidezaun entlang ⇨ **2** an der folgenden Wegkreuzung links auf **Wolfbühler Weg** ⇨ auf dem Weg geradeaus hinunter, unter der Straßenbrücke hindurch ⇨ Sie folgen den weißen quadratischen Radschildern mit dem grünen Rad drauf ⇨ links auf den Begleitweg zur Bundesstraße ⇨ über eine Kuppe und danach rechts auf die Asphaltstraße ⇨ es geht bergab ⇨ über eine kleine Brücke und dann geradeaus weiter auf der Landstraße ⇨ Sie fahren Richtung Maierhöfen und Wolfbühl ⇨ an Viehweiden entlang ⇨ vor dem folgenden Gehöft biegen Sie rechts ein Richtung Wolfbühl und Maierhöfen ⇨ bergab zum Wald hin ⇨ über einen Bach ⇨ am Waldrand entlang ⇨ in der Rechtskurve kurz bergauf ⇨ an der Wegkreuzung links den Radschildern folgen ⇨ über eine kleine Brücke ⇨ bei den Häfen von Wolfbühl hindurch ⇨ Richtung Maierhöfen fahren Sie in den Wald hinein ⇨ es geht leicht bergauf ⇨ beim Wegkreuz halten Sie sich rechts ⇨ es geht leicht bergauf im Hochwald ⇨ bei der Holzhütte in der Rechtskurve raus aus dem Wald ⇨ an einem einzelnen Hof vorbei mit einem wunderschönen Ausblick nach links ⇨ es geht leicht bergauf ⇨ am Waldrand entlang ⇨ Linkskurve und bergab an den Wiesen entlang ⇨ durch einen Hof hindurch ⇨ an der T-Kreuzung links ⇨ Rechtskurve und zur Straße hin ⇨ an der Kreuzung mit der Hauptstraße links halten und an der Straße entlang ⇨ Sie kommen nach Maierhöfen.

Mittelalterliche Stadtanlage in Isny

Maierhöfen

3 Sie biegen links ab auf den **Ibergweg** Richtung Grünenbach und Eistobel ⇨ an der folgenden Kreuzung am Ortsrand rechts und gleich wieder rechts halten Richtung Skilifte Iberg ⇨ auf diesem idyllischen Weg am Fuße der Allgäuer Almen radeln Sie dahin ⇨ an einigen Höfen vorbei ⇨ leicht bergab kommen Sie nach Riedholz ⇨ durch den Ort hindurch.

Riedholz

In der Rechtskurve vorbei am Gasthof und dann bergauf ⇨ bergab und nach der Rechtskurve gelangen Sie bald an die Vorfahrtsstraße ⇨ links auf den Begleitweg zur Straße ⇨ überqueren Sie noch vor der Brücke die Straße und radeln Sie über den Eistobel der Argen ⇨ gleich nach der Brücke rechts einbiegen ⇨ rechts und links ⇨ Sie kommen nach dem Linksknick vorbei am Eingang zum Eistobel.

Eistobel Argen

Entstanden ist der Eistobel vor ca. 15.000 Jahren, als gegen Ende der letzten Eiszeit allmählich wieder wärmeres Klima herrschte.

Im Talbecken der heutigen Ortschaft Ebratshofen bildete sich ein Schmelzwassersee, dessen Abfluss sich immer mehr in das Gestein einschnitt. Heute zählt der Eistobel zu den schönsten Geotopen Bayerns, die Vegetation erinnert manchmal an tropischen Regenwald. Auch die Fauna ist ganz speziell an diesen Standort angepasst. Gut zu sehen sind diese Spezialisten des Tierreiches und vieles andere in den Kurzfilmen, die Sie im Infopavillon beim Eingang sehen können. Im eigentlichen Tobel wandern Sie an folgenden besonders markanten Punkten vorbei: Die „Ersten Wasserfälle" werden durch eine Barriere aus hartem Nagelfluh gebildet. (Dieses Gestein ist in seinem Aussehen ungefähr mit körnigem Beton zu vergleichen.) Der „Große Wasserfall" rauscht 18 m über eine schräge Felswand in einen tiefes Becken. Der „Zwinger" ist ein enger Abschnitt mit einer Menge an verstreuten Felsblöcken. Hier ist der Weg teilweise mit Geländer gesichert. Die „Hohe Wand" besteht aus Sandstein und ist fast 50 m hoch. Der dritte große Wasserfall heißt „Wasserfall am Eissteg", etwas oberhalb befindet sich noch die „Große Nagelfluhwand", wo die Argen zu einem kleinen See aufgestaut ist.

Am Parkplatz entlang und danach weiter auf dem Radweg ⌇ beim Hof links und noch vor der Straße rechts auf den begleitenden Radweg 4 ⌇ bergauf an der Straße entlang ⌇ an einem Hof vorbei ⌇ kurz kräftig bergauf ⌇ Sie kommen nach Grünenbach, rechts ab auf den **Sennereiweg** ⌇ eng zwischen den Häusern entlang.

Grünenbach

Leicht bergab gelangen Sie an die Vorfahrtsstraße ⌇ Sie halten sich rechts bei der bunten Gästeinformation und radeln durch den

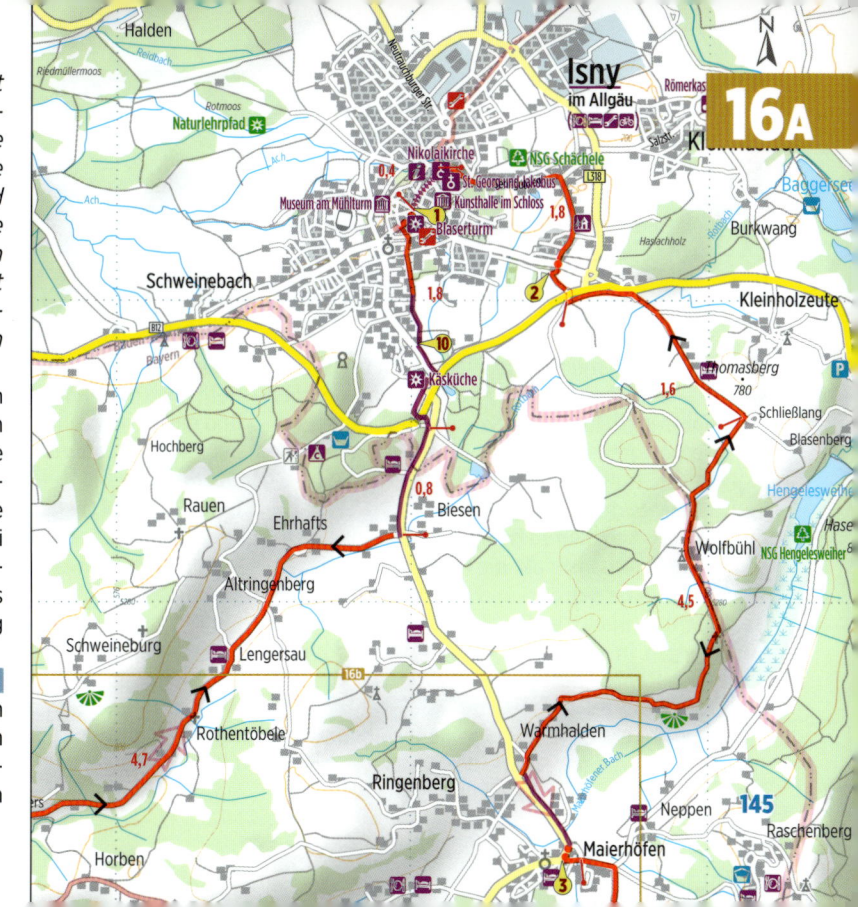

Ort hindurch auf der Hauptstraße ~ direkt am Ortsende beginnt links ein Radweg an der Straße LI5 entlang ~ Sie fahren Richtung Oberstaufen ~ auf dem Radweg kommen Sie nach Schönau ~ bei der Bushaltestelle endet der Radweg und Sie radeln auf der Straße nach Schönau hinein.

Schönau

An der **Lindauer Straße** rechts halten auf den begleitenden Radweg ~ vor der starken Linkskurve mündet der Radweg in die Straße **5** ~ auf dieser geht es nun bergab ~ rechts unten liegt Röthenbach ~ scharfe Rechtskehre und es geht in den Ort hinein auf der **Kemptener Straße** ~ über die Brücke.

Röthenbach

In der Rechtskurve beim Gasthaus links Richtung Oberhäuser auf die **Montfortstraße** ~ an der Kirche vorbei ~ am Ortsende beginnt rechts entlang der Straße ein Radweg ~ leicht bergab in der Rechtskurve ~ Sie kommen nach Rentershofen.

Rentershofen

Nun auf der Straße und es geht stark bergauf ~ Sie verlassen Rentershofen und weiterhin bergauf ~ in der Linkskehre steil bergauf, es

Im Eistobel der Argen

geht nach Oberhäuser ~ rechts über die Bahn und gleich wieder rechts auf die **Bahnhofstraße** ~ auf dieser durch den Ort bis zum Bahnhof.

Oberhäuser

Beim Bahnhof biegen Sie rechts ein über den Parkplatz ~ am Ende des Parkplatzes rechts halten zum Radweg entlang der Gleise ~ auf dem Radweg links ~ an einem Waldstück entlang ~ am Baumarkt vorbei auf dem mittleren Weg unter der Straße hindurch ~ links halten und weiter an der Straße entlang ~ eine Straße queren und **6** an der folgenden Kreuzung rechts Richtung Eglofs, den Radschildern folgend ~ es geht bergab ~ zwischen einigen Häusern hindurch nach Riedhirsch hinein.

Riedhirsch

Im Ort rechts halten ~ an der Bäckerei vorbei ~ rechts hinunter abbiegen Richtung Eglofs ~ über den gesperrten Bahnübergang – mit Klingel ~ danach links an der Bahn entlang ~ an der folgenden Kreuzung rechts hinunter ~ an einem Hof vorbei ~ in den Wald hinein und am Waldrand entlang ~ bergauf zu einem großen Hof ~ Sie folgen dem weiß-grünen Radschild, bergab ~ auf die Häuser von **Wolfertshofen** zu ~ in der Linkskurve ~ bergauf an eine T-Kreuzung und **7** rechts halten ~ Linkskurve und bergab ~ an der Gabelung bei dem Bildstock links halten ~ es geht bergauf ~ bergab mit einem schönen Ausblick ~ an der Bushaltestelle vorbei ~ durch die Höfe von **Oberried** und in der Rechtskurve weiter ~ durch ein Waldstück hindurch ~ bei dem Schilderbaum geradeaus Richtung Eglofs ~ über die Kuppe und bergab im Rechtsbogen ~ es folgt eine Linkskurve ~ bergab ins Eglofstal ~ Sie kommen am Schloss Syrgenstein vorbei.

Schloss Syrgenstein

Direkt vor dem Schloss, das sich in Privatbesitz befindet, in der Linkskurve ~ bergab in den Wald ~ an der B 12 rechts auf dem begleiten-

146

16B
Argenbühl-Eglofs
Vogelherd
St. Martin
Eglofstal
Burg
Osterwald
Eyb
Obere Argen
Malleichen
Hochglend
Brugg
Hubers
Rothentöbele
Ringenberg
Maierhöfen
Horben
Obersteig
Untersteig
Altenburg
Bergkäserei
Gestratz
Hofs
Harratried
Bauschwanden
Oberried
Zwirkenberg
Schulstraße
Thalendorf
Riedholz
Wolfershofen
Eistobel
Au
Steinegaden
Altensberg
NSG Eistobel
Iberg
Hohenegger Berg
Hohenegg
Schneit
Egg
Sennerei
Grünenbach
Ruine Altlaubenberg
Kapf
Schüttentobel
Lindauer Straße
Schönau
Ebratshofen
Riedhirsch
Oberhäuser
Röthenbach
Rentershofen
Auers
Heimhofer Straße
Montfortstraße
St2001
147

den Fußweg ⌒ über die Obere Argen ⌒ Sie kommen nach **Eglofstal**.

Eglofstal

Rechts auf den begleitenden Radweg entlang der Bundesstraße 12 ⌒ rechts Richtung Steinegaden ⌒ **8** an der folgenden Gabelung links halten ⌒ auf dem schönen und ebenen Weg gemütlich dahin ⌒ an einem einzelnen Haus vorbei ⌒ rechts halten ⌒ durch den Hof hindurch ⌒ bergauf auf den Wald zu ⌒ rechts daneben fließt die Obere Argen ⌒ der Asphalt endet, es geht weiter auf Kies ⌒ kurz bergauf, dann bergab durch den Wald ⌒ unten im Tal wieder Asphalt ⌒ am Waldrand entlang ⌒ durch das Argental begleiten Sie die Schilder der Argentalrunde ⌒ in der Linkskurve bergauf in den Wald hinein ⌒ direkt am Fluss entlang ⌒ bergab ⌒ Sie kommen zu einer Brücke, hier links halten.

> **TIPP** Rechts kommen Sie zu einem Ferienhof mit Campingmöglichkeit.

Auf dem idyllischen Sträßchen weiter im Argental ⌒ vorbei an einem alten Holzhaus ⌒ über eine kleine Brücke und danach ein wunderschöner Hof mit einer Fassade aus Holzschindeln, gleichzeitig eine Gastwirtschaft ⌒ im weiten Rechtsbogen an den Viehweiden entlang ⌒ ein weiter Linksbogen bringt Sie an die Vorfahrtsstraße ⌒ hier links nach Zwirkenberg ⌒ an der folgenden Kreuzung rechts Richtung Gestratz und Bergkäserei ⌒ auf der **Schulstraße** erreichen Sie Gestratz.

Gestratz

9 Im Ort an der Kreuzung bei der Kirche links, **An der Reuthe** ⌒ bis Isny sind es noch 8,2 km ⌒ aus dem Ort hinaus bergauf auf dem straßenbegleitenden Radweg ⌒ weiterhin bergauf nach Brugg ⌒ an der Vorfahrtsstraße rechts halten.

Brugg

Leicht bergauf durch den Ort ⌒ vorm Landgasthaus rechts auf den **Säntisweg** ⌒ vorbei am Spielplatz mit Rastmöglichkeit ⌒ an der folgenden Kreuzung rechts halten ⌒ hinaus aus Brugg und weiter Richtung Maierhöfen, leicht bergab ⌒ an den Viehweiden entlang ⌒ im Rechtsbogen um einen Hof herum ⌒ auf dem oberen Weg bleiben, bergauf ⌒ leicht bergab ⌒ Rechtskurve und bergauf ⌒ langgezogene Linkskurve, weiterhin bergauf ⌒ leicht bergab geht es an einigen Höfen vorbei ⌒ dahinter geht es wieder bergauf ⌒ durch die kleine Siedlung **Lengersau** hindurch ⌒ nach der Rechskurve leicht bergauf ⌒ geradeaus über die Viererkreuzung ⌒ im Rechtsbogen an einigen Höfen vorbei und danach bergab ⌒ bei den Häusern von Hochstädt gelangen Sie an eine Vorfahrtsstraße ⌒ halten Sie sich links ⌒ auf dem asphaltierten Begleitweg zur Straße ⌒ Sie verlassen Hochstädt ⌒ an den Häusern von **Biesen** vorbei ⌒ an einem Hotel vorbei ⌒ den folgenden Abzweig nach links nehmen Richtung Isny ⌒ über die Bundesstraße 12 und danach rechts halten ⌒ bei der Sennerei gelangen Sie an die Vorfahrtsstraße und halten sich links ⌒ auf dem Begleitweg zur **Maierhöfener Straße** radeln Sie nach Isny hinein ⌒ **10** der Radweg führt rechts von der Straße weg und am Ortsrand entlang ⌒ weiter auf der **Wilhelmstraße** ⌒ geradeaus über die Vorfahrtsstraße ⌒ Sie gelangen an den Stadtgraben ⌒ geradeaus über die Brücke zur Stadtmauer ⌒ durch die Stadtmauer und rechts halten an ihr entlang ⌒ im Linksbogen zur **Obertorstraße** ⌒ links in die Fußgängerzone, **Wassertorstraße 1**.

Isny im Allgäu

Tour 17   Bähnlerunde   35 km

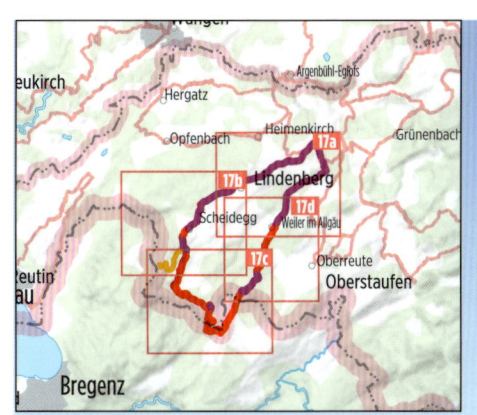

Auf alten Bahntrassen und entlang der Bahnlinie lernen Sie erst Lindenberg im Allgäu und danach Scheidegg kennen, wo Sie einen Ausflug zum skywalk allgäu unternehmen können. Nach einem kurzen Ausflug nach Österreich radeln Sie über Weiler im Allgäu wieder zurück zum Bahnhof Oberhäuser – stets begleitet von wunderbaren Ausblicken!

Charakteristik

Länge: 35 km
Start: Oberhäuser/Bahnhof Röthenbach
Ziel: Oberhäuser/Bahnhof Röthenbach
Wegbeschaffenheit: Auf gut ausgebauten Radwegen, Wirtschaftswegen und auf kurzen Landstraßenabschnitten verläuft die Bähnlerunde. Es gibt nur einen kurzen unbefestigten Radweg hinter Thal. 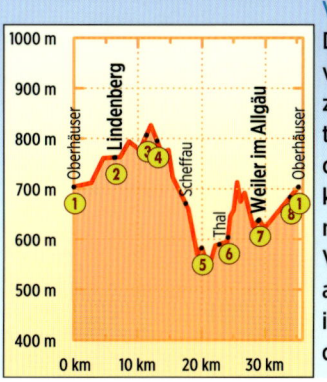
Verkehr: Die Route verläuft zum Großteil abseits des Verkehrs, mit mäßigem Verkehrsaufkommen ist in Lindenberg, Scheidegg, auf der L 2 hinter Neuhaus und in Weiler zu rechnen. 
Beschilderung: Die Tour ist durchgehend beschildert mit dem Regionalschild Allgäu und dem Logo der Bähnlerunde
Steigungen: Die Strecke verläuft zu Beginn stetig bergauf bis Scheidegg und danach geht es bergab ins Rotachtal. Von hier geht es wieder bergauf unterbrochen von einer kurzen Gefällestrecke in den Ort Weiler.
Anschlusstour(en): 16

149

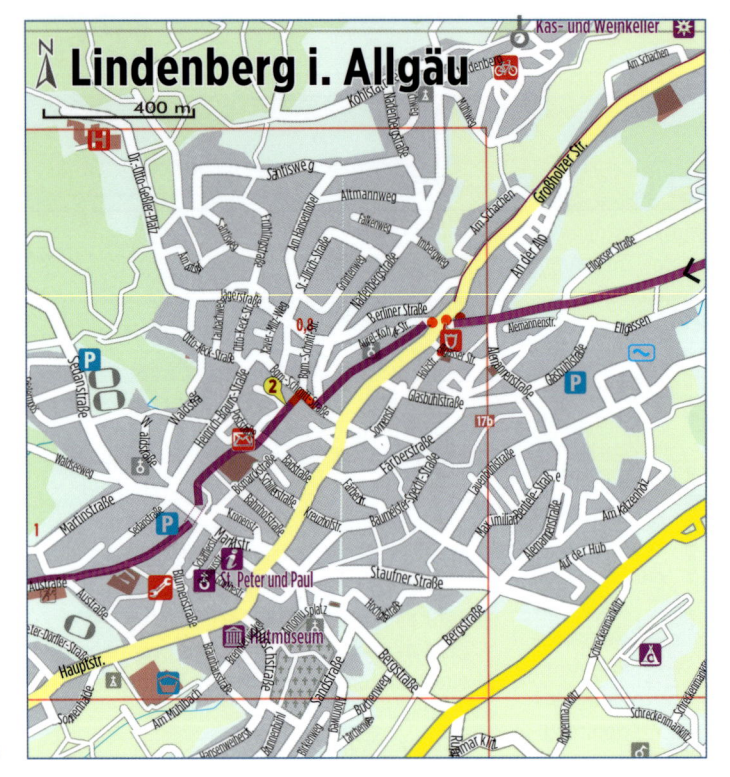

Bahnhof Röthenbach

1 Sie starten diese Tour am Bahnhof Röthenbach/Oberhäuser ~ vom Bahnhof fahren Sie auf dem Radweg entlang der Bahngleise Richtung Norden ~ an einem Agrarmarkt vorbei ~ unter der Vorfahrtsstraße hindurch und in der Folge an der Straße entlang ~ auf diesem Radweg geht es zügig voran, weil leicht bergab ~ an der Weggabelung links, weiterhin an der Straße entlang ~ es geht bergauf ~ links über die Radlerbrücke und nun durch die Wiesenlandschaft der Beschilderung folgen ~ Sie haben hier einen schönen Rundblick ~ es geht stetig leicht bergauf durch Wald und Wiesen ~ vorbei an einem Rastplatz ~ leicht bergauf kommen Sie zu den ersten Häusern von Lindenberg im Allgäu ~ auf dem Radweg gelangen Sie an die Vorfahrtsstraße mitten im Ort, **Hauptstraße** ~ hier geradeaus auf den Radweg links entlang der **Aurel-Kohler-Straße** ~ auf dem Radweg durch das Siedlungsgebiet ~ an der Querstraße geradeaus drüber in die **Bürgermeister Schmitt-Straße** ~ am Ende des Werksgebäudes **2** links auf den Radweg ~ am Werksgelände entlang ~ die Poststraße überqueren ~ vor dem Supermarkt rechts und gleich links ~ auf dem Radweg am Supermarkt entlang und darauf durch den kleinen Park.

Lindenberg im Allgäu

PLZ: 88161; Vorwahl: 08381

Tourist Information, Stadtpl. 1, ✆ 803-28, www.lindenberg.de

Hutmuseum, Brennerwinkel 4, ÖZ: Feb.-Okt., Mi 15-17.30 Uhr, So 10-12 Uhr. Die Huttradition Lindenbergs geht auf das 16. Jh. zurück, in der Biedermeierzeit wurden dann die ersten Hutfabriken gegründet. Im 20. Jh. erlebte dieser Industriezweig seine Blüte und Lindenberg wurde sogar „Klein-Paris der Hutmode" genannt. Heute gibt es nur mehr eine Hutfabrik in Lindenberg.

Stadtpfarrkirche St. Peter und Paul, imposanter neobarocker Bau aus dem 20. Jh.

Lindenberger Waldsee

Hallenbad Lindenberg, Am Mühlbach 6, ✆ 82504

Im Park über eine kleine Brücke und unter der Straßenbrücke hindurch ⭢ am Ende des Radweges an der Kreuzung rechts halten, weiter auf dem Radweg parallel zur Straße und rechts vorbei an den Tennisplätzen ⭢ geradeaus über die Querstraße und weiter auf dem Radweg über die Wiese ⭢ an einem großen Parkplatz vorbei ⭢ aus Lindenberg hinaus und in den Wald hinein ⭢ auf Asphalt nun schnurgerade weiter ⭢ rechts auf einen unbefestigten Weg ⭢ Sie kommen aus dem Wald heraus ⭢ an der T-Kreuzung links zu der kleinen Siedlung **Haus** ⭢ an der Vorfahrtsstraße rechts ⭢ kurz darauf kommen Sie zu den ersten Häusern von Scheidegg ⭢ es geht leicht bergab ⭢ auf dem Radweg links um den Kreisverkehr herum ⭢ kurz darauf auf dem Radstreifen der **Bahnhofstraße** weiter ⭢ es geht leicht bergauf durch den Ort.

Scheidegg
PLZ: 88175; Vorwahl: 08381

- **Scheidegg Tourismus**, Rathauspl. 8, ✆ 89555, www.scheidegg.de
- **Handwerkermuseum Heimathaus**, ÖZ: nur mit Führung jeden Mi und jeden 1. u. 3. So im Monat 10 Uhr
- **skywalk allgäu**, Oberschwenden, ✆ 896-1800, ÖZ: tägl. 11-18 Uhr. Hier gibt es einen Baumwipfelpfad, Abenteuerspielplatz, Naturerlebnispfad und Barfußpfad.

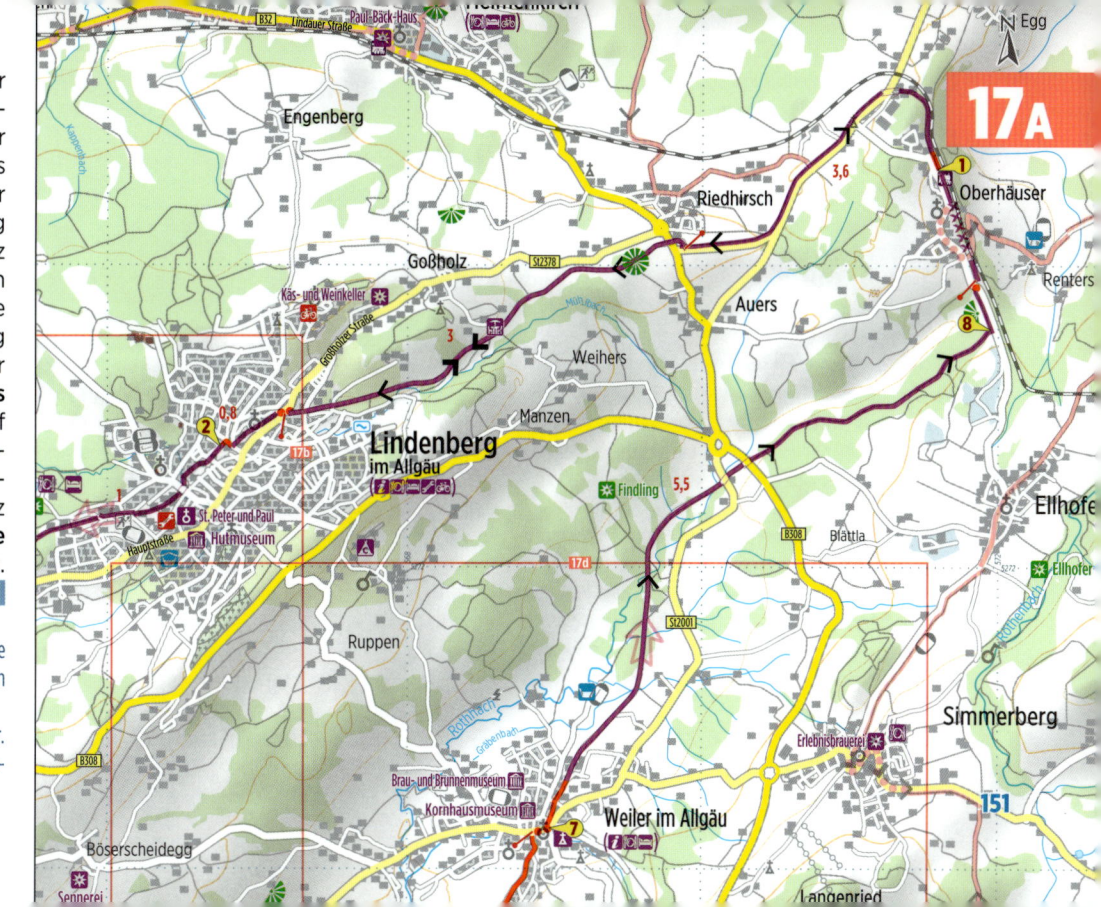

17A

✺ **Scheidegger Wasserfälle**, Rickenbacher Tobel, Kontakt und Info bei Hr. Ruess ✆ 2129

✺ **Sennerei Böserscheidegg**, Böserscheidegg 12, ✆ 83456, ÖZ: tägl. 7-12 Uhr und 16.30-19 Uhr. Es werden auch Führungen durch die Sennerei angeboten und im Verkaufsladen können Sie Allgäuer Käse erwerben.

✺ **Reptilienzoo Scheidegg**, Gretenmühle 9, ✆ 8917538, ÖZ: Mo-Do 10-18 Uhr, Sa, So 10-18 Uhr, Okt., Nov., Feb. und März nur -17 Uhr. In Terrarien gibt es verschiedene Echsen, Spinnen, Skorpione, Warane und Schlangen zu sehen. Im Außenbereich befinden sich Schildkröten, Kreuzotter, Ringelnatter, Feuersalamander und Kröten.

✉ **Alpenfreibad**, ca. 1 km entfernt

Über den **Rathausplatz** vorbei an Rathaus und Gasthäusern ↷ in der Linkskurve geradeaus ↷ bei der Pizzeria links halten gegen die Einbahn ↷ **3** beim Restaurant links halten ↷ in der Rechtskurve dem Verlauf der **Prinzregent-Luitpold-Straße** folgen ↷ Sie verlassen den Ort ↷ vorbei am Hammerweiher und am Kurhaus ↷ hier beginnt rechts ein Begleitweg zur Straße.

▌ Rechts kommen Sie in 2 km zum ausgeschilderten skywalk allgäu.

skywalk allgäu

Auf der Hauptroute rechts an der Straße entlang ↷ nach der Brücke rechts einbiegen Richtung Forst ↷ auf der schmalen Straße nun leicht bergab zu den Häusern von Forst ↷ ⚠ Achtung Engstelle ↷ am Gasthof in **Forst** vorbei, bergab ↷ **4** rechts nach Bronnschwand ↷ an den einzelnen Höfen vorbei ↷ hier haben Sie einen wunderbaren Rundblick ↷ leicht bergab durch die schöne Landschaft ↷ in den Wald und weiterhin leicht bergab ↷ starke Rechtskurve und bergauf ↷ Linkskehre und in der Rechtskurve aus dem Wald hinaus ↷ an Feldern entlang ↷ Sie kommen schließlich zu den Häusern von **Unterstein** und radeln auf der Asphaltstraße durch die kleine Siedlung ↷ links bergab Richtung Scheffau ↷ es geht leicht bergab ↷ bei der Gabelung rechts Richtung Scheffau ↷ dann zweimal links halten, die Hofzufahrten rechts liegen lassen ↷ im weiten Rechtsbogen bergab ↷ weiter auf der Straße an den einzelnen Häusern von **Haslach** vorbei ↷ bergab in den Wald hinein ↷ nach dem Waldstück leicht bergauf ↷ auf der **Haslacher Straße** erreichen Sie Scheffau.

Scheffau

Stark bergab zur Kirche hin ↷ in der Linkskurve vorbei an den Gasthäusern und zur Vorfahrtsstraße hin ↷ hier biegen Sie rechts ab auf den linksseitigen straßenbegleitenden Radweg ↷ nach 100 m endet der Radweg ↷ auf der Straße geht es nun bergab mit einem wunderschönen Ausblick ↷ vorbei an einem Ferienhof und weiterhin bergab ↷ in einer Rechts-Linkskurve an die Vorfahrtsstraße ↷ hier rechts abbiegen in Neuhaus.

Neuhaus

Leicht bergab aus Neuhaus hinaus ↷ in einer Rechtskehre weiterhin bergab ins Tal ↷ hier überqueren Sie in einem Wäldchen den Kesselbach und damit die Staatsgrenze nach Österreich ↷ auf dem Weg **Hub** radeln Sie in Vorarlberg ein ↷ es geht leicht bergauf zu einer Kreuzung bei den ersten Häusern ↷ **5** hier links auf den Weg mit der 5 t-Beschränkung

152

↝ es geht leicht bergab ↝ an der kommenden Gabelung links zum Bauernhof hin ↝ in einer Linkskurve um diesen herum ↝ Rechtskehre und bergab über die Rotach an die Vorfahrtsstraße ↝ hier links bergauf nach Thal.

Thal

Geradeaus durch den Ort hindurch ↝ leicht bergauf ↝ an der Kirche vorbei und gleich weiter nach **Hagen** ↝ am Ortsende über eine Kreuzung und leicht bergauf ↝ über den Eyenbach kommen Sie zurück nach Deutschland und treffen wieder auf Schilder ↝ an ein paar Häusern vorbei ↝ an der T-Kreuzung rechts und **6** bei der nächsten Möglichkeit gleich wieder rechts und bergauf ↝ der Asphalt endet und es geht in den Wald hinein ↝ es geht stark bergauf ↝ bei der Gabelung links halten ↝ auf dem Kiesweg nun durch den Wald ↝ bei der Gabelung nach dem kleinen Wendeplatz rechts

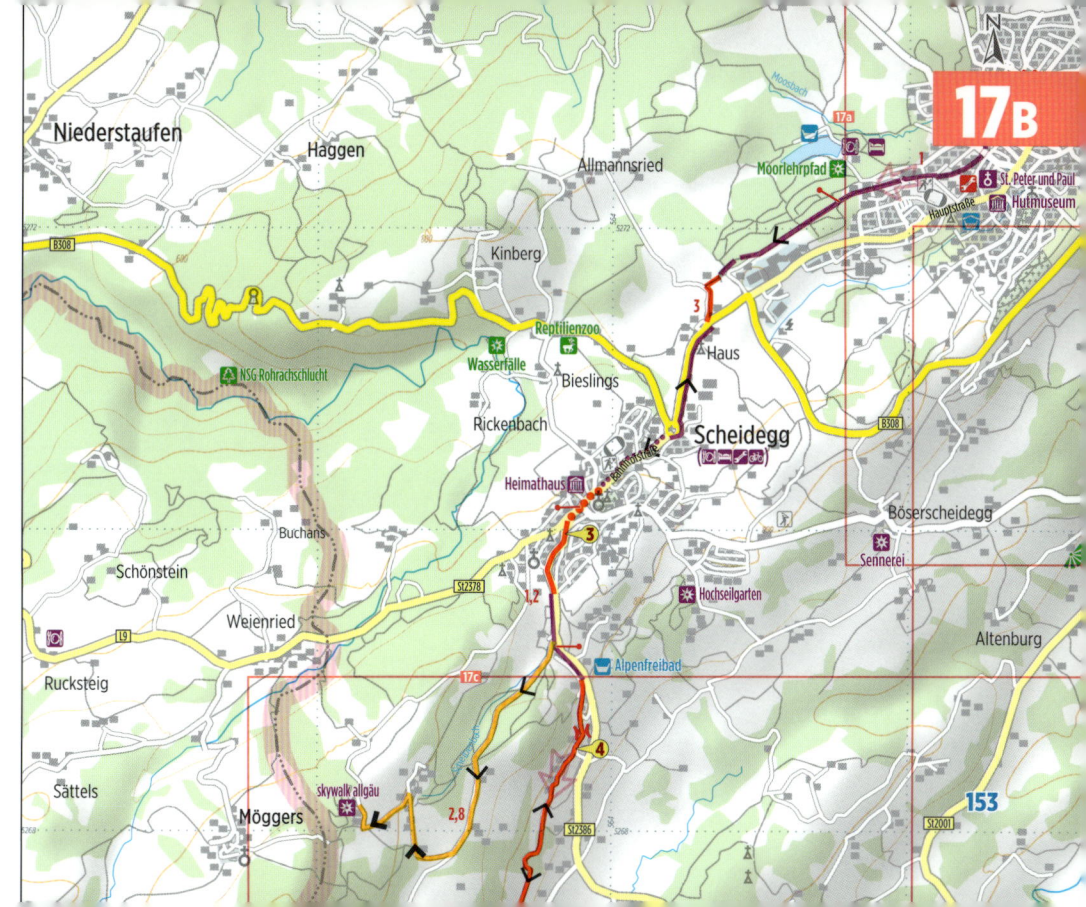

Ausblick beim skywalk allgäu

17c

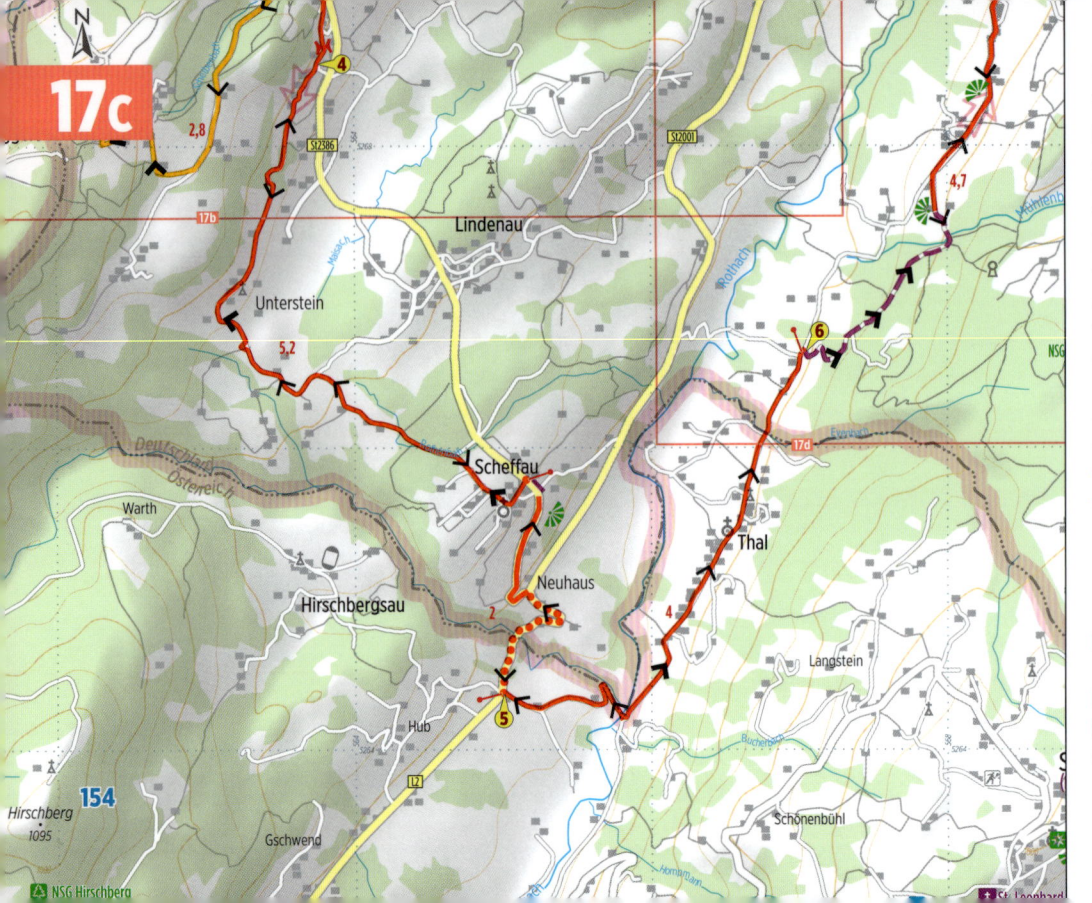

halten ⤳ es geht erst leicht bergauf ⤳ danach folgt ein starker Anstieg ⤳ entlang der Straße parallel zum Mühlenbach ⤳ auf der Lichtung an der Gabelung links halten ⤳ über den Mühlenbach und an der folgenden Gabelung wiederum links ⤳ leicht bergab aus dem Wald hinaus ⤳ Rechtskurve und nun erwartet Sie ein wunderbarer Ausblick nach links ⤳ geradeaus auf die Asphaltstraße auffahren ⤳ an der Vorfahrtsstraße rechts Richtung Weiler ⤳ durch die kleine Siedlung **Weißen** hindurch ⤳ es geht leicht bergauf ⤳ mit schönem Ausblick radeln Sie auf die nächste Siedlung zu, **Hagelstein** ⤳ an der Gabelung links halten ⤳ leicht bergab ⤳ weiterhin bergab an den Häusern vorbei ⤳ im Tal angekommen, erreichen Sie Weiler im Allgäu ⤳ auf der **Scheibener Straße** kommen Sie zum **Kirchenplatz**.

Weiler im Allgäu
PLZ: 88171; Vorwahl: 08387

- **Tourist-Information**, Hauptstr. 14, ✆ 391-50, www.weiler-simmerberg.de
- **Kornhaus-Museum**, Hauptstr. 13, ✆ 1654
- **Westallgäuer Heimatmuseum**, Hauptstr. 2, ✆ 650
- **Käsereigenossenschaft Bremenried eG**, Bregenzer Str. 96, ✆ 2658, ÖZ: tägl. 7-12 Uhr u. 16-19 Uhr, So/Fei 7-11.30 Uhr u.

Weiler im Allgäu, Heimatmuseum

17.30-19 Uhr. Die Produktion kann tägl. beobachtet werden und es gibt auch Führungen von Juni-Sept., jeden Di 17 Uhr.

- **Post Brauerei und Siebers-Quelle**, Käsg. 17, ✆ 9210-0, ÖZ: wöchentliche Führungen von Juni-Sept., jeden Di 9.45 Uhr
- **Freibad**, Kristinusstr. 71, ✆ 391810

An der Vorfahrtsstraße, **Hauptstraße**, rechts ~ **7** vor dem Heimatmuseum links einbiegen ~ rechts **Fridolin-Holzer-Straße** und gleich wieder links ~ auf der **Jakob-Lang-Straße** verlassen Sie den Ort und fahren auf den Rad- und Fußweg, der durch das Gewerbegebiet führt ~ durch Wiesen und Felder und Waldstücke ~ nach ca. 2 km überqueren Sie die Rotach ~ unter der Straßenbrücke hindurch und kurz darauf unter der B 308 hindurch ~ weiter auf diesem gut ausgebauten Radweg entlang der alten Bahntrasse durch die schöne Landschaft des Allgäu ~ es geht leicht bergauf ~ nach einem Linksbogen **8** geht es parallel zur Straße LI3 dahin ~ diese wird schließlich geradeaus überquert ~ um die Schranke herum und es geht dann auf dem Radweg parallel zu den Bahngleisen weiter ~ unter der Straßenbrücke hindurch ~ es geht leicht bergauf zum Bahnhof Röthenbach/Oberhäuser **1**.

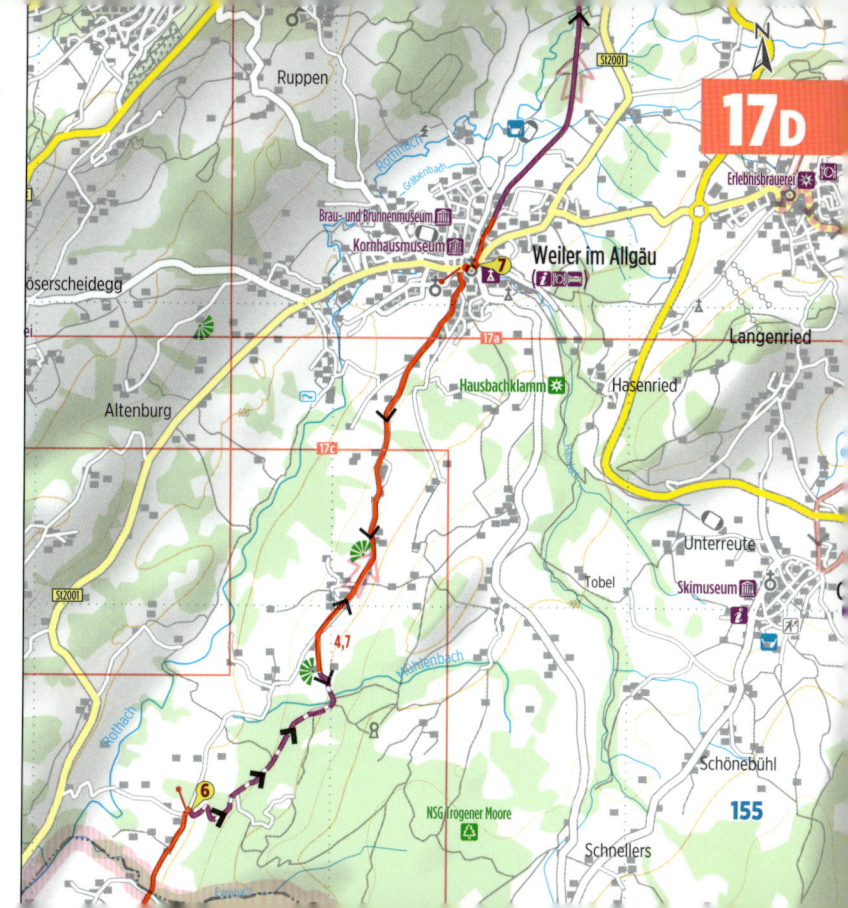

17 D

155

Tour 18 Leiblach-Runde

24 km

Charakteristik
Länge: 24 km
Start: Opfenbach
Ziel: Opfenbach
Wegbeschaffenheit: Die Route verläuft bis auf einen kurzen Abschnitt hinter Wohmbrechts ausschließlich auf Asphalt.
Verkehr: Es erwarten Sie nur kurze Abschnitte im Verkehr durch die Orte Heimenkirch und Mellatz. Die restliche Strecke verläuft auf ruhigen Wegen.
Beschilderung: Die gesamte Runde ist mit Regionalschildern Allgäu und dem Logo der Leiblach-Runde gekennzeichnet. 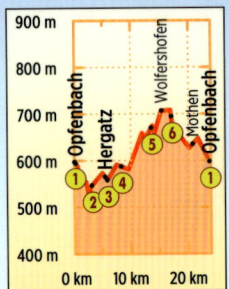
Steigungen: Die Strecke führt zu Beginn bergab ins Leiblachtal. Vom Tal steigt sie stetig an bis Wolfershofen, von wo es dann wieder bergab geht nach Opfenbach zurück. 
Anschlusstour(en): 16

Diese Rundtour führt Sie über die Höhen des Westallgäus und durch das Leiblachtal. Auf dem Weg begegnen Ihnen hübsche kleinen Ortschaften, nette Einkehrmöglichkeiten und interessante Sehenswürdigkeiten wie zum Beispiel die Kirche von Maria Thann. Das Highlight dieser Rundtour sind aber auf jeden Fall die umwerfen Fernblicke auf die Berge!

Opfenbach
1 Start auf der Durchfahrtsstraße, **Allgäustraße** ❧ biegen Sie rechts in die **Waldburgstraße** ein ❧ starke Rechtskurve und danach leicht bergab ❧ bei der Kirche im Linksbogen bergab ❧ auf der **Steigstraße** verlassen Sie Opfenbach und fahren schnurgerade auf Göritz zu.

Göritz
An der T-Kreuzung links ❧ auf der **Säntisstraße** durch die Ortschaft ❧ leicht bergab ❧ in der Linkskurve aus Göritz hinaus ❧ Richtung Beuren ❧ über die Weide und durch den Jungwald ❧ nach dem Hof **Beuren** gelangen Sie an eine Kreuzung ❧ hier rechts Richtung Lindau in den Weg mit 3 t Beschränkung ❧ an der Gabelung rechts halten ❧ im weiten Linksbogen am Waldrand entlang ❧ rechts halten in den Wald ❧ es geht stark bergab ❧ ⚠ Vorsicht! unten erwartet Sie eine Rechtskehre ❧ durch das Sägewerk hindurch ❧ über die Brücke ❧ stark bergauf ❧ an der Gabelung halten Sie sich links ❧ so gelangen Sie an die Vorfahrtsstraße, B 12 ❧ hier geradeaus ❧ über die Bahn und in der Rechtskurve weiter **2**, den Radschildern folgen ❧ parallel zur Bahn an den Bäumen entlang ❧ Links-Rechtskombination ❧ in einiger Entfernung zur Bahn über die Wiese ❧ bergauf auf dem **Höhenweg** ❧ nach der Links-Rechtskombination an einigen Höfen vorbei ❧ auf der Höhe radeln Sie mit wunderbarem Ausblick ❧ bei der folgenden Kreuzung geradeaus dem Radschild folgend ❧ kurz bergauf, so kommen Sie nach **Hergatz** ❧ bergab an die Vorfahrtsstraße ❧ zur Rechten liegt Hergatz, die Route führt nach links auf die L115 **3** in der Linkskurve folgen Sie den Schildern nach rechts ❧ auf einer Brücke über die Bahngleise und die B 32 ❧ anschließend kommen Sie nach Itzlings.

Itzlings
Auf der Durchfahrtsstraße bergauf zur Kirche hin ❧ am Ortsende in der Rechtskurve weiter ❧ es geht bergauf auf der **Itzlinger Straße** ❧ an der Bundesstraße 12 fahren Sie links bergauf auf den begleitenden Radweg ❧ dieser führt schnurstracks nach Wohmbrechts.

Wohmbrechts
Der Radweg endet ❧ rechts in den **Schloßweg**, es folgen eine Links- und Rechtskurve ❧ schließlich wieder zurück zur Durchfahrtsstraße und rechts auf dieser weiter ❧ kurz vor Ortsende rechts Richtung Heimenkirch einbiegen auf die **Heimenkircher Straße** ❧ **4** beim Autohaus links dem weißen Radschild mit grünem Fahrrad folgend, **Unteres Moos** ❧ gleich rechts halten über die kleine Brücke ❧ auf dem Weg endet der Asphalt und es geht auf Kies weiter an den Wiesen entlang ❧ leicht bergab in den Wald hinein ❧ auf der Lichtung entlang einer Sumpfwiese ❧ nach dem kurzen Waldstück gelangen Sie an eine T-Kreuzung ❧ hier rechts auf Asphalt ❧ erst bergab und danach stark bergauf nach Maria Thann ❧ auf der Straße **Butzen** fahren Sie in den Ort hinein.

Maria Thann
8 **Zu Unserer Lieben Frau**, Wallfahrtskirche seit dem 15. Jh. mit grünem Zwiebelturm

An der T-Kreuzung links Richtung Röthenbach/Heimenkirch ❧ um die Kirche herum ❧ an der

Gabelung rechts ↝ auf dem **Giebelweg** bergauf aus Maria-Thann hinaus ↝ am Bildstock vorbei und bergab an den Weiden entlang ↝ an der T-Kreuzung rechts ↝ nach ca. 250 m links dem Radschild folgen ↝ erst bergab und dann bergauf zu den Häusern von Lengatz.

Lengatz

Durch den kleinen Weiler ↝ Sie lassen die Häuser bald hinter sich ↝ bergab mit schönem Ausblick ↝ gleich weiter nach **Edelitz** ↝ im Links-Rechts zwischen den Häusern hindurch ↝ Sie folgen dem Weg Richtung Syrgenstein ↝ über die Wiesen ↝ in einer Rechtskurve an die T-Kreuzung ↝ **5** rechts Richtung Heimenkirch ↝ in den Wald hinein, den Radschildern folgen ↝ es geht kurz bergauf in der Linkskurve ↝ Rechtskurve ↝ bergab aus dem Wald hinaus ↝ Linkskurve und bergauf zwischen den vereinzelten Höfen von **Oberried** hindurch ↝ die Straße nach Hofs links liegen lassen und weiter bergauf ↝ über die Kuppe und bergab ↝ durch die Senke und bergauf zu den Häusern von Wolfertshofen.

Wolfertshofen

Durch die kleine Siedlung ↝ vorbei an einem kleinen Teich ↝ bergauf zum nächsten Hof ↝ von hier haben Sie einen wunderbaren Ausblick ↝ bergab ↝ Sie fahren an den Streuhöfen von **Menzen** vorbei ↝ entlang von Wiesen und Weiden ↝ bergab an die T-Kreuzung bei den ersten Häusern von Heimenkirch, **6** links ↝ es folgt eine Rechtskurve ↝ rechts hinunter in den Ort mit einem wunderschönen Ausblick auf die Kirche ↝ geradeaus hinunter in die Sackgasse ↝ an der **Kolpingstraße** links Rechtskurve auf die **Bachstraße**, an der großen Käsefabrik vorbei ↝ an der Kreuzung mit der Bundesstraße, **Kemptener Straße**, rechts ↝ auf der Straße vorbei am Gasthof ↝ in der Rechtskurve zum **Kirchplatz** ↝ bei der Kirche links weiter auf der **Lindauer Straße**.

Heimenkirch

✱ **Paul-Bäck-Haus**, Kemptener Str. 6. Das denkmalgeschützte Bürgerhaus stammt aus dem 15. Jh. Von 2005-10 wurde es aufwändig saniert und fasziniert heute durch die Verbindung von historischen und modernen Elementen.

✉ **Leiblachtalbad**, Freibadstr. 9, ✆ 08381/84574

Es beginnt links entlang der Straße ein Radweg ↝ leicht bergab bis zum Ortsende ↝ auf dem Radweg weiter nach Meckatz.

Meckatz

PLZ: 88178 ; Vorwahl: 08381

✱ **Meckatzer Löwenbräu**, Meckatz 10, ✆ 504-0, Brauereibesichtigung: Ostern-Ende Sept., Mi 10 Uhr

Weiterhin an der Straße entlang Richtung Opfenbach ↝ bergab durch die Streusiedlung **Biesenberg** ↝ bergauf zum Bahnübergang ↝ diesen auf der Straße übersetzen ↝ danach links auf den straßenbegleitenden Radweg ↝ auf dem Radweg erreichen Sie Mellatz.

Mellatz

🅱 **Lourdeskapelle**

Am Ortseingang begrüßt Sie die hübsche kleine Lourdeskapelle ↝ der Radweg endet ↝ bergab aus dem Ort hinaus ↝ rechts auf den Begleitweg zur Bundesstraße ↝ auf dem Radweg kommen Sie entlang der **Allgäustraße** nach Opfenbach **1**.

Opfenbach

Heimenkirch

18
Wellbrechts
K8005
Schwarzensee
Eltzer See
Herzmanns
B32
Schreckelberg
Möllen
Beuren
Mühlbolz
Vogelherd
600
Grod
B12
Eglofstal
Schloss Syrgenstein
Wohmbrechts
Moorweiler Berg
575
Obermoorweiler
Wolfatz
Itzlings
1,8
2,8
0,8
Maria Thann
Edelitz
2,6
Lengatz
Kummbach
Hergatz
Bleichen
Leiblach
Muthen
Hofs
Harra
1,8
Oberried
Dürrach
Unten
2,5
Hämmerte
Mapprechts
Wolfershofen
NSG Degermoos
Maria vom Sieg
Sühnekirche
Myweiler
Swin-Golf
Mocca
Wigratzbad
Zwiesele
Oberhäuser
Leiblach
Spattweg
460
Obermützenbrugg
Mothenmühle
3
Berg
Buhmühle
Leiblachbad
Göritz
Meckatz
Heimenkirch
Mothen
B32
Lindauer Straße
Paul-Bäck-Haus
3
Mellatz
5,7
Opfenbach
B12
Leiblach
Engenberg
Kappenbach
Litzis
Ruhlands
Schaubrennerei
Heimen
Goßholz
St2378
Umgangs
Käs- und Weinkeller

Tour 19   Tobelbachrunde   33 km

Charakteristik
Länge: 33 km
Start: Ellhofen (Nähe Bahnhof Oberhäuser)
Ziel: Ellhofen
Wegbeschaffenheit: Die Route verläuft auf Radwegen entlang der Straßen, auf Wirtschaftswegen und Kreisstraßen. Es gibt einen unbefestigten Abschnitt zwischen Oberreute und Hopfen.
Verkehr: Auf der Route erwarten Sie nur mäßige Verkehrsbelastungen – in Stiefenhofen und in Simmerberg.
Beschilderung: Auf der Runde orientieren Sie sich an den Regionalschildern Allgäu mit dem Logo Tobelbach-Runde.
Steigungen: Die gesamte Strecke verläuft in einem ständigen Auf und Ab – nennenswerte starke Steigungen erwarten Sie einerseits aus Röthenbach hinaus und andererseits in Simmerberg.
Anschlusstour(en): 16, 17, 20

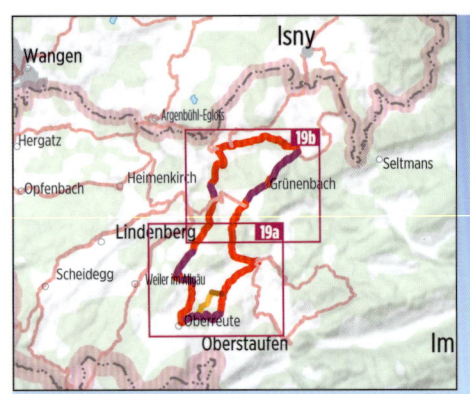

Die Tobelbachrunde führt gleich zu Beginn über Simmerberg beschaulich bergauf nach Oberreute. Danach erreichen Sie auf hügeliger Strecke durch Wälder und über Wiesen Stiefenhofen. Weiterhin radeln Sie auf beschaulichen Wegen und durch idyllische Weiler nach Röthenbach, von wo ein kräftefordernder aber wunderschöner Weg nach Ellhofen zurück führt.

160

Ellhofen

PLZ: 74248; Vorwahl: 07134

- **Gemeinde Ellhofen**, Kirchpl. 1, ✆ 9881-0, www.ellhofen.de
- **Evangelische Kirche** aus dem 15. Jh. mit einem sehenswerten spätgotischen Hochaltar.
- **Heimatstube**, Kirchweg 7, ÖZ: jeden 1. So im Monat 10-12 Uhr

1 Start in Ellhofen auf der LI3 Ortsdurchfahrtsstraße ~ Richtung Simmerberg sind es rund 2 km ~ am Ortsende links auf den straßenbegleitenden Radweg ~ es geht bergab ~ vorbei am Sportplatz ~ auf dem Radweg entlang der Allee, **Ellhofer Straße**, nach Simmerberg.

Simmerberg

PLZ: 88171; Vorwahl: 08387

- **Tourist-Information**, Weiler-Simmerberg-Ellhofen, Hauptstr. 14 in Weiler, ✆ 391-50, www.weiler-simmerberg.de
- **Erlebnisbrauerei Simmerberg**, Ellhofer Str. 2, ✆ 3806, ÖZ: tägl. ab 11 Uhr, So ab 10 Uhr – Führungen durch die Brauerei nach Voranm.

An der Vorfahrtsstraße links Richtung Oberstaufen und Stiefenhofen ~ in der Linkskehre bergauf ~ auf der **Alten Salzstraße** geht es stark bergauf ~ es folgt eine Rechtskehre ~ weiterhin bergauf ~ Linkskurve und hinaus aus Simmerberg ~ am Ortsende rechts auf den Begleitweg zur Straße ~ **2** rechts einbiegen beim Weiler Simmerberg ↝ am Hof vorbei ↝ es geht bergab auf den Wald zu ↝ im Wald leicht bergauf ↝ über die Kuppe und in der Rechtskurve bergab ↝ an einem Hof vorbei ↝ danach geht's bergauf ↝ Sie kommen zu der Streusiedlung **Beule** ↝ in der Linkskurve weiterhin bergauf ↝ am Hang entlang mit einem schönen Ausblick ↝ an der folgenden Kreuzung halblinks ↝ unter der alten Steinbrücke hindurch ↝ auf der 30 km/h Zone kommen Sie nach Oberreute, **Zum Mühlenweiher**.

Oberreute
PLZ: 88179; Vorwahl: 08387

- **Gästeamt Oberreute**, Hauptstr. 34, ✆ 1233, www.oberreute.de
- **Skimuseum**, ÖZ: Mo-Fr 8.30-12 Uhr und 13.30-16.30 Uhr, Juli u. Aug. 9-11 Uhr, Mitte Nov.-Mitte Dez., Mo-Fr 8.30-12 Uhr. Hier werden 100 Jahre Skigeschichte lebendig.
- **Freibad**, Freibadweg 5, ✆ 3119

An der Vorfahrtsstraße, **Staufner Straße**, links ↝ gleich wieder links halten und bergab auf die Bundesstraße zu ↝ noch vor der Bundesstraße rechts ↝ links unter der Bundesstraße hindurch ↝ auf den Wald zu, bergab ↝ im weiten Rechtsbogen durch den Wald ↝ bei einem Haus kommen Sie vom Wald herunter ↝ an der Baumreihe entlang ↝ an der folgenden T-Kreuzung links auf Asphalt ↝ nach ca. 200 m biegen Sie rechts ein auf den Waldweg **3** ↝ es geht bergauf ↝ an der Wegkreuzung rechts ↝ es geht nun stetig bergauf durch den Wald ↝ über eine Lichtung ↝ an der folgenden T-Kreuzung rechts, wieder durch den Wald ↝ in einer weiten Linkskurve bergauf, kurz Asphalt ↝ in der folgenden Rechtskurve weiterhin bergauf, wieder auf Kies ↝ an der T-Kreuzung beim Wanderparkplatz links auf Asphalt ↝ an einzelnen Höfen vorbei kommen Sie bergab nach Hopfen.

Hopfen
Durch den lieblichen kleinen Ort hindurch ↝ hinter den Häusern bergab, weiter Richtung Stiefenhofen ↝ bergauf an die Vorfahrtsstraße und diese geradeaus überqueren ⚠ Vorsicht! ↝ ein Weg mit 6 t Beschränkung und bergauf ↝ Sie kommen nach Isenbretshofen ↝ vorbei an einem Ferienhof ↝ auf schmaler Straße zwischen den Häusern hindurch ↝ leicht bergab und bergauf ↝ an einer Zimmerei vorbei ↝ bergauf über die Kuppe und dann bergab in der Rechtskurve ↝ an einem Hof vorbei ↝ leicht bergauf und an den Überresten eines Hofes vorbei ↝ weiterhin bergauf mit einer schönen Aussicht rundherum ↝ an der folgenden Wegkreuzung geradeaus den Schildern der Tobelbachrunde folgen ↝ durch ein Waldstück hindurch und bergab ↝ in der folgenden Linkskurve mit 15% bergab ↝ Sie haben eine tollen Ausblick auf Stiefenhofen ↝ bergab in den Ort ↝ auf dem **Kirchholzweg** gelangen Sie an die Stoppstraße.

Stiefenhofen
4 Hier links abbiegen ↝ in der Rechtskurve gleich wieder links abbiegen in die **Simmerberger Straße** ↝ bergauf – LI14 nach Mittelhofen.

Mittelhofen
Leicht bergab durch den Ort hindurch ↝ in der Linkskurve der Straße geradeaus in

den Ort Rutzhofen ∿ es geht vorbei an der Sennerei.

Rutzhofen
Durch das nette Örtchen hindurch ∿ hinter dem letzten Haus eröffnet sich ein wunderbarer Ausblick auf die Landschaft des Allgäus ∿ es geht bergab ∿ Sie kommen nach Heimhofen.

Heimhofen
In der Linkskurve vorbei an der Bushaltestelle und hinaus aus Heimhofen Richtung Schönau ∿ vorbei an der schönen Kapelle ∿ bergab mit 10% Gefälle ∿ ⚠ Achtung scharfe Linkskurve unter der Bahn hindurch ∿ weiterhin bergab nach Schönau.

Schönau
An der Vorfahrtsstraße rechts und gleich wieder links auf die Hauptstraße Richtung Isny und Eistobel ∿ am Ortsende beginnt rechts ein straßenbegleitender Radweg ∿ dieser führt Sie nach Grünenbach.

Grünenbach
PLZ: 88167; Vorwahl: 08383

- **Gästeamt**, Ebratshofen 33, ☎ 9299811816, www.gruenenbach.de
- **Freizeitparadies**, Riederweg, ☎ 7622, ÖZ: tägl. 13-22 Uhr, in den Ferien 10-22 Uhr, Minigolf, Tennis, Tischfußball, Billard und Kiosk

19B

163

✳ **Sennerei**, Sennereiweg 2, ✆ 612, ÖZ: Mo, Di, Do, Fr 8-12 Uhr u. 15-18.30 Uhr, Mi, Sa 8-12 Uhr u. 17.30-18.30 Uhr, So/Fei 8-9 Uhr u. 17.30-18.30 Uhr, Führungen Fr 10.30 Uhr. Aus dem Kupferkessel in der kleinen Käseküche entstehen aus naturbelassener und silagefreier Rohmilch jährlich stattliche 150.000 kg leckere Schnittkäse-Spezialitäten. Zum Teil werden je nach Saison auch frische Kräuter wie Bärlauch oder Bergschnittlauch beigemischt.

Auf der Hauptstraße durch Grünenbach hindurch ⤳ kurz vor Ortsende beginnt links ein Radweg entlang der Straße ⤳ Sie verlassen Grünenbach entlang der Straße 1318 ⤳ links und kurz darauf rechts am Informationszentrum Argentobel vorbei ⤳ in einem Rechts-Links-Rechts Schwenk wieder zurück an die Straße, diese überqueren um auf den Radweg zu gelangen ⤳ über die Argentobelbrücke ⤳ weiterhin rechts entlang der Straße ⤳ bei der Bushaltestelle **5** links Richtung Gestratz ⤳ im Linksbogen an den Häusern von Unter- und Obersteig vorbei ⤳ beim Wegkreuz in der Rechtskurve weiter ⤳ in der Linkskurve bergauf ⤳ hier haben Sie einen schönen Ausblick nach links ⤳ durch das Waldstück an die T-Kreuzung ⤳ links Richtung Gestratz ⤳ an einem schönen Bildstock vorbei, bergab ⤳ auf dem Weg Horben radeln Sie entlang der Wiesen und Felder ⤳ leicht bergauf zwischen den Häusern von Horben hindurch ⤳ in der Linkskurve bergab ⤳ bergauf zur Rechtskurve hin ⤳ beim Wegkreuz über die Kuppe und leicht bergab auf dem Weg **Riedern** ⤳ auf dem **Sennereiweg** kommen Sie nach Gestratz.

Gestratz

Über eine Brücke ⤳ geradeaus über die Kreuzung vorbei am Gasthaus ⤳ links an der Kirche vorbei auf der **Schulstraße** ⤳ aus Gestratz hinaus leicht bergab ⤳ an einem Holzhaus vorbei ⤳ noch vor der Kreuzung mit der Vorfahrtsstraße **6** links einbiegen Richtung Röthenbach ⤳ über die Argen ⤳ auf dem schönen Weg im Tal des Röthenbaches radeln Sie an Weiden und Feldern entlang ⤳ Sie gelangen zu den Höfen von **Unterschmitten** ⤳ weiter in der Linkskurve zwischen den Höfen von **Oberschmitten** hindurch ⤳ es geht stark bergauf ⤳ über eine Brücke ⤳ am Waldrand entlang ⤳ Sie kommen zu den ersten Häusern von Röthenbach ⤳ an der Vorfahrtsstraße links ⤳ auf dem straßenbegleitenden Radweg fahren Sie nach Röthenbach hinein ⤳ es geht bergauf entlang der **Lindauer Straße** ⤳ der Radweg endet am Ortsbeginn.

Röthenbach
PLZ: 88167; Vorwahl: 08384

🛈 **Gästeamt**, Mühlenstr. 1, ✆ 1816, www.vg-argental.de/roethenbach

🏛 **Heimatstube** in der Grundschule, Kirchweg 1, ✆ 396, ÖZ: jeden 1. Mittwoch im Monat 14-17 Uhr u. n. V. Viele Fotos und Ausstellungsstücke geben einen Einblick in das Leben und den Alltag früherer Zeiten.

⛪ **Pfarrkirche St. Martin** (13. Jh.), davor der **Heiligenbrunnen** (1566)

🏊 **Freibad** im Ortsteil Rentershofen, ✆ 452, ÖZ: Ende Mai-Anfang Sept., tägl. 9.30-19 Uhr

7 Vor der Kirche links abbiegen auf die **Montfortstraße** und gleich wieder links hinauf ⤳ kurz steil bergauf auf dem **Osterholzweg** ⤳ aus Röthenbach hinaus ⤳ am Hang entlang ⤳ Links-Rechts-Schwenk bergauf ⤳ es geht nun stetig bergauf über die Weiden ⤳ leicht bergab auf den Wald zu ⤳ durch den Wald hindurch ⤳ in der Rechtskurve bergauf aus dem Wald hinaus ⤳ weiterhin bergauf ⤳ über die Bahn auf der **Osterholzstraße** ⤳ diese führt Sie nach Ellhofen und mündet beim Ausgangspunkt der Tour in die Vorfahrtsstraße **1**.

Ellhofen

Tour 20   Um die Kalzhofener Höhe   20,5 km

Charakteristik
Länge: 20,5 km
Start: Oberstaufen
Ziel: Oberstaufen
Wegbeschaffenheit: Die Route verläuft ausschließlich auf asphaltierten Wegen, Radwegen und Bergstraßen.
Verkehr: Der Radweg verläuft meist auf ruhigen Wegen und verkehrsfreien Bergstraßen dahin, mit mäßigem Verkehr ist nur in Stiefenhofen und in Oberstaufen zu rechnen. 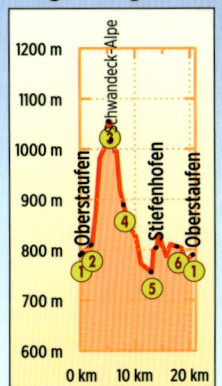
Beschilderung: Auf der Rundtour folgen Sie den Regionalschildern Allgäu mit dem Logo „Um die Kahlzhofener Höhe".

Steigungen: Die Strecke ist äußerst steigungsreich.
Anschlusstour(en): Tour 19

Auf dieser Tour erleben Sie die wunderbarsten Ausblicke über die Bergwelt der Alpen und das Allgäu. Vom Tourismusort Oberstaufen fahren Sie nach Kalzhofen, wo die Bergetappe startet. Auf der Mautstraße geht es hinauf zur Kalzhofener Höhe – bei der Berg- und auch bei der Talfahrt eröffnen sich diese bemerkenswerten Ausblicke. Im Tal radeln Sie entlang der Oberen Argen nach Stiefenhofen und schließlich zurück nach Oberstaufen.

165

Oberstaufen

PLZ: 87534; Vorwahl: 08386

- **Haus des Gastes**, Hugo-von-Königsegg-Str. 8, ☏ 9300-0, www.oberstaufen.de
- **Heimatmuseum Strumpfarhaus**, Jugetweg 10, ☏ 4242
- **St. Peter und Paul**. Dreischiffige Hallenkirche im neugotischen Stil aus dem 19. Jh.
- **Lourdeskapelle**, Montfortweg 2
- **Penninger Schnaps Kabinett**, Kirchpl. 2, ☏ 962076, ÖZ: Mo-Fr 10-18 Uhr, Sa 10-16 Uhr, So 13-16 Uhr
- **Aquaria Oberstaufen**, Alpenstr. 5, ☏ 93130, Erlebnisbad mit Saunalandschaft, Rutschen, Wasserspielen uvm.
- **Oli's Ski- und Bikeshop**, Rainwaldstr. 1, ☏ 961064
- **Limit-Bikes**, Lamprechts 10, ☏ 08325/927566
- **Hofmann Bikes & Reifen**, Lamprechts 6, ☏ 08325/780

1 Sie starten am Bahnhof ~ rechts halten und die Bahnhofstraße überqueren ~ links an der Bahn entlang auf dem Radweg ~ an der Querstraße rechts über die Bahn ~ vorbei am Heimatmuseum ~ auf der **Kalzhofer Straße** durch das wunderschöne Siedlungsgebiet ~ beim Kreisverkehr mit der Bürgermeister-Hertlein-Straße links auf den straßenbegleitenden Radweg zur Kalzhofer Straße hinaus aus Oberstaufen ~ vorbei an der Schule und schließlich kommen Sie nach Kalzhofen.

Kalzhofen

Direkt beim Hotel geradeaus über die Querstraße in den Weg **Meerau** ~ es ist hier sehr touristisches Gebiet, vorbei am Café ~ an der Gabelung links Richtung Meerau kurz bergauf auf der 30 km/h Zone ~ rechts auf den **Hompessenweg** ~ über eine kleine Brücke ~ vorbei an einem Wanderparkplatz direkt bei der Mautstube **2** hier beginnt die Mautstraße ~ es geht kräftig bergauf ~ an den Almen entlang ~ in einer Linkskurve durch ein kurzes Waldstück ⚠ hier ist es sehr eng ~ danach Rechtskurve und weiterhin stark bergauf hier kommen Sie zur Hütte Alpe Mohr, falls Sie einen Stärkung benötigen ↝ in den Wald und für eine kurzes Stück eben dahin ↝ bald schon wieder bergauf ↝ von hier oben haben Sie einen unglaublich tollen Ausblick ↝ eben an einer Holzhütte vorbei ↝ danach geht es wieder bergauf ↝ abermals kommen Sie an einer Jausenhütte vorbei ↝ Sie radeln am Hang entlang ↝ es beginnt ein leichtes Bergab **3** in der Linkskehre weiterhin bergab ↝ es geht durch diese paradiesische Landschaft und jetzt können Sie es richtig genießen, denn es geht bergab ↝ vorbei an einer Holzhütte ↝ kurz bergauf in der Linkskurve um die Hügelkuppe ↝ abermals an einer Hütte vorbei ↝ die ganze Zeit über werden Sie von einem wunderschönen Ausblick begleitet ↝ es geht erst leicht bergab ↝ zum Wald hin und nun beginnt das Bergab ins Tal hinunter ↝ es endet die Mautstraße ↝ Sie gelangen an eine Wegkreuzung **4** ↝ dem Radwegweiser nach links folgen ↝ Sie kommen zu den Höfen von Trabers.

Trabers

In Kehren bergab ↝ über eine Brücke und bergauf in der Rechtskurve ↝ zwischen den Höfen von Mutten hindurch.

Mutten
Bergab und in einer Linkskurve aus dem Weiler ↷ vorbei an der Bushaltestelle und am Wegkreuz ↷ es geht bergab Richtung Stiefenhofen ↷ an der Weide entlang ↷ an einem Bauernhaus vorbei ↷ über eine Brücke ↷ Sie sind im Tal angelangt ↷ am Beginn der Linkskurve biegen Sie rechts ein auf den Asphaltweg zu dem einzelnen Haus hin ↷ auf dem Radweg rechts an der Bahn entlang ↷ links unter der Bahn hindurch ↷ der Asphalt endet ↷ auf Kies am Waldrand und an der Oberen Argen entlang ↷ der Weg entfernt sich vom Fluss und führt asphaltiert über die Wiese nach Obertalhofen.

Obertalhofen
5 An der Kreuzung links ↷ über die Obere Argen ↷ nun folgt eine starke Steigung bis Stiefenhofen.

Stiefenhofen
PLZ: 88167; Vorwahl: 08383

 Gästeamt Stiefenhofen, Hauptstr. 16, ✆ 7200, www.stiefenhofen.de

Auf der **Schulstraße** radeln Sie zur Kirche ↷ bei der Kirche links auf die Hauptstraße ↷ Linkskurve ↷ mitten in der Linkskurve biegen Sie rechts ein auf den **Kirchholzweg** ↷ Sie treffen hier auf die Schilder der Route 8, Kalzhofener Höhe und auf Bodensee-Königssee-Radweg Schilder ↷ links Richtung Oberstaufen, stark bergauf, **Auf der Höhe** ↷ leicht bergab an einem Hof vorbei ↷ Linkskurve ↷ danach geht es weiterhin leicht bergab in der Linkskurve zwischen den Höfen von **Ranzenried** hindurch ↷ danach geht es bergab ↷ scharfe Linkskurve und weiterhin bergab ↷ links vorne sehen Sie die Häuser von Wolfsried ↷ an den Viehweiden entlang ↷ in der Rechtskurve bei einem Hof vorbei ↷ danach bergauf ↷ Sie kommen zu den ersten Häusern von Genhofen und können den wunderbaren Ausblick genießen ↷ an der Vorfahrtsstraße kurz rechts, an der Kirche vorbei und gleich links dem weißen Radschild folgend ↷ vorbei an der Schreinerei.

Genhofen
 Stephanskapelle, aus dem 14. Jh. mit einem sehenswerten spätgotischen Astkreuz, einer berühmten eisernen Sakristeitüre mit Hufeisen und dem Hauptaltar von Adam Schlanz aus 1523. Geöffnet ist die Kapelle, wenn rote Fähnchen im Regenrohr stecken. Den Schlüssel kann man auch in der Schmiedewerkstätte gegenüber abholen.

Auf dem Weg bergauf aus dem Ort hinaus über eine Kuppel und bergab ↷ in der Linkskurve bergab ↷ **6** an der T-Kreuzung links Richtung Oberstaufen und Sinswang ↷ es geht stark bergauf ↷ Rechtskurve und leicht bergab am Hof vorbei ↷ Rechtskurve und Linkskurve auf der 30 km/h Zone nach Sinswang.

Sinswang
Beim letzten Haus bergab ↷ in der Rechtskurve hinunter an die Kreuzung mit der **Argenstraße** ↷ an der Stopptafel biegen Sie rechts ab ↷ Sie kommen in die Marktgemeinde Oberstaufen ↷ durch das Gewerbegebiet ↷ auf der Argenstraße Richtung Ortsmitte ↷ unter der Straßenbrücke hindurch ↷ im weiten Rechtsbogen an die Vorfahrtsstraße, Lindauer Straße ↷ hier links abbiegen Richtung Lindau und Bahnhof direkt gegenüber vom Kurpark ↷ durch den Markt hindurch ↷ auf der **Rothenfelsstraße** in der Linkskurve in die Innenstadt ↷ durch das Zentrum auf der **Hugo von Königsegg-Straße** ↷ auf der Einkaufsstraße vorbei an der Kirche ↷ links auf die **Bahnhofstraße** ↷ am Bahnübergang liegt der Bahnhof zur Rechten **1**.

Oberstaufen

Übernachtungsverzeichnis

Dieses Verzeichnis beinhaltet folgende Übernachtungskategorien:

- H   Hotel
- Hg Hotel garni
- Gh Gasthof, Gasthaus
- P   Pension, Gästehaus
- Pz Privatzimmer
- BB Bed and Breakfast
- Fw Ferienwohnung (Auswahl)
- Bh Bauernhof
- Hh Heuhotel
- 🏠 Jugendherberge, -gästehaus
- ⛺ Campingplatz
- △   Zeltplatz (Naturlagerplatz)

Die Auflistung erhebt keinen Anspruch auf Vollständigkeit und stellt keine Empfehlung der einzelnen Betriebe dar.

Die römische Zahl (I-VII) nach der Telefonnummer gibt die Preisgruppe des betreffenden Betriebes an. Wir möchten Sie jedoch darauf hinweisen, dass die angegebenen Preiskategorien dem Stand des Erhebungs- bzw. Überarbeitungszeitraumes entsprechen und sich von den tatsächlichen Preisen unterscheiden können.

Besonders während Messezeiten, aufgrund von unterschiedlichen Zimmertypen und nicht zuletzt saisonal bedingt sind preisliche Schwankungen möglich.
Folgende Unterteilung liegt der Zuordnung zugrunde:

- I   unter € 15,–
- II   € 15,– bis € 23,–
- III   € 23,– bis € 30,–
- IV   € 30,– bis € 35,–
- V   € 35,– bis € 50,–
- VI   € 50,– bis € 70,–
- VII   über € 70,–

Die Preisgruppen beziehen sich auf den Preis pro Person in einem Doppelzimmer mit Dusche oder Bad inkl. Frühstück. Übernachtungsbetriebe mit Zimmern ohne Bad oder Dusche, aber mit Etagenbad, sind durch das Symbol ✗ nach der Preisgruppe gekennzeichnet. Fahrradfreundliche Bett+Bike-Betriebe sind mit dem Symbol 🅑 gekennzeichnet.

Da wir das Verzeichnis stets aktuell halten möchten, sind wir für Mitteilungen bezüglich Änderungen jeder Art dankbar. Der einfache Eintrag erfolgt für Betriebe natürlich kostenfrei, aus Platzgründen können wir diesen allerdings nicht garantieren.

Aach
PLZ: 78267; Vorwahl: 07774
Gh Krone, Hauptstr. 8, ☎ 413, IV-V
Gh Löwen, Mühlhauser Str. 2, ☎ 406, III

Amtzell
PLZ: 88279; Vorwahl: 07520
Gh Grüner Baum, Wieser 5, ☎ 923752, III
Gh Gerbe, Waldburger Str. 29, ☎ 6295, V
Gh Adler, Büchel 3, ☎ 3311, V
P Zum Schloss & Altes Schloss, Haslacher Str. 5, ☎ 6213, V
Pz Jocham, Haslacher Str. 22, ☎ 6151

Bad Saulgau
PLZ: 88348; Vorwahl: 07581

---

bett+bike adfc

Alle mit dem Bett+Bike-Logo (🅑) gekennzeichneten Betriebe erfüllen die vom ADFC vorgeschriebenen Mindestkriterien als „Fahrradfreundliche Gastbetriebe" und bieten darüber hinaus so manche Annehmlichkeit für Radfahrer. Detaillierte Informationen finden Sie unter www.bettundbike.de.

adfc Allgemeiner Deutscher Fahrrad-Club

169

H Romantikhotel Kleber Post, Poststr. 1, ☏ 5010, VII
H Zum Spitaltor, Schützenstr. 21, ☏ 4459, V
H Schwarzer Adler, Hauptstr. 41, ☏ 7330, V-VI ♨
H Württemberger Hof, Karlstr. 13, ☏ 51141, V-VI ♨
P Fuchs, Valentinstr. 21, ☏ 1511, II
Pz Imbery-Ramolla, Grubenäcker 12, ☏ 5170963, II
Pz Petasch, Tulpenweg 18, ☏ 7785, II
Pz Bulander, Gutshofstr. 11, ☏ 8564, II
Pz Kleck, Bühlstr. 9, ☏ 48300, II
Bh Erlebnishof Dreher, Unterdorfweg 1, ☏ 50930, IV-VI

Bad Wurzach
PLZ: 88410; Vorwahl: 07564
H Bühlerhof, Bühlerhof 1, ☏ 91212 VI
H Kurhotel am Reischberg, Karl-Wilhelm-Heck-Str. 12, ☏ 3040, VI
Gh Rosengarten, Brugg 10, ☏ 91340, III
Gh Adler, Hauerz, Mühlhaldweg 3, ☏ 7568/267, V
P Seminarhof Sonnentor Allgäu, Eintürnen, Zum Greut 3, ☏ 954777, III
P Adler-Hof, Eintürnen, Weitprechster Str. 14, ☏ 97133, II
Pz Vogt, Hinter der Burg 7, ☏ 75689100, III
Pz Walther, Enzianstraße 14, ☏ 1482, III

Bermatingen
PLZ: 88697; Vorwahl: 07544
Hg Wegis, Ahausen, Gehrenbergstr. 12, ☏ 2372, IV

Hg Buchberg, Buchbergstr. 13, ☏ 9519580, VI
Gh Zollerstuben, Gartenstr. 20, ☏ 2110, V
Gh Zum Hecht, Ahausen, Gehrenbergstr. 1, ☏ 2272, VI
Gh Frieden, Ahausen, Gehrenbergstr. 20 ☏ 9542856
P Stecher, Heidbühlstr. 8, ☏ 2229
Pz Ehinger, Forellenweg 7, ☏ 5360, II
Pz Hierlemann, Pappelweg 8, ☏ 1626
Pz Haus Härle, Markgrafenstr. 17 ☏ 4867
Pz Zander, Bergstr. 21, ☏ 5736

Bodman
PLZ: 78351; Vorwahl: 07773
ℹ Tourist-Information Ludwigshafen, ☏ 930040
H Seehotel Adler, Hafenstr. 4, ☏ 93390
H Seehaus, Kaiserpfalzstr. 21, ☏ 5662, III-V
H Zum Hafen, Parkstr. 1, ☏ 5207, V ♨
Hg Fischerhaus, Am Torkel 9, ☏ 5501, IV-V
Hg Hasler, Kaiserpfalzstr. 63-65, ☏ 93070, IV-V
Hg Seerose, Seestr. 12, ☏ 5179, III
Hg Sommerhaus, Kaiserpfalzstr. 67, ☏ 7682, IV-V
Gh Anker, Kaiserpfalzstr. 24, ☏ 5256, III-V ♨
P Gästehaus Wagner, In der Stelle 42, ☏ 1318, III
P Gästehaus Bodman, Kaiserpfalzstr. 95/97, ☏ 5959, II ⚓
Pz Kraus, Kaiserpfalzstr. 30, ☏ 5584, II
Pz Ledergerber, Im Weilergarten 1, ☏ 7670, II
Pz Ledergerber, In der Stelle 11, ☏ 5675, II
Pz Meier, Untere Schlosshalde 21, ☏ 5513, II ⚓

⛺ Campingplatz Bodman-Ludwigshafen, Radolfzeller Str. 23, ☏ 93040

Bodolz
PLZ: 88131; Vorwahl: 08382
H Relais & Chateaux Villino, Mittenbuch 6, ☏ 93450, VII
Gh Köberle, Grundstr. 2, ☏ 25657, IV
P Gästehaus Erath, Bettnau 23, ☏ 987321, IV

Daisendorf
PLZ: 88718; Vorwahl: 07532
Gh Dorfkrug, Am Fehrenberg 2, ☏ 9630, VI
P Deifel, Ortsstr. 19, ☏ 5779, III-IV
P Hella, Oberrieder Weg 1, ☏ 1264
Pz Schmid, Unterösch 4, ☏ 446479

Eglofs
PLZ: 88260; Vorwahl: 07566
Gh Zur Rose, Dorfplatz 7, ☏ 336, V ♨
Gh Gaischachen, Gaischachen 2, ☏ 1539, III

Ellhofen
PLZ: 74248; Vorwahl: 07134
H Zur Güldenen Krone, Haller Str. 5, ☏ 98420, V
Gh Linde, Hauptstr. 34, ☏ 18676
P Walter, Hauptstr. 22, ☏ 74248

Eriskirch
PLZ: 88097; Vorwahl: 07541
Hg Landhaus Vier Jahreszeiten, Dillmannshof 1, ☏ 97050, V

Gh Zur Klause, Wolfzennen 6, ☏ 82616, V
Pz Erdan, Johann-Sebastian-Bach-Str. 3, ☏ 8506, II
Pz Haus Elflein, Blumenstr. 11, ☏ 82712

Friedrichshafen
PLZ: 88045; Vorwahl: 07541
H Buchhorner Hof, Friedrichstr. 33, ☏ 2050, VI-VII
H City Krone Schanzstr. 7, ☏ 7050, VI-VII
H Goldenes Rad, Karlstr. 43 ☏ 2850, VI-VII
H Föhr, Albrechtstr. 73, ☏ 305-0, VI-VII
H Seehotel, Bahnhofpl. 2, ☏ 3030, VII
H Goldener Hirsch, Charlottenstr. 1, ☏ 92330, V-VI
H Ibis, Flugplatz 72, ☏ 399070, VI-VII ♨
H Schöllhorn, Friedrichstr. 65, ☏ 21216, IV-V
H Schlossgarten, Friedrichstr. 1, ☏ 95330, V-VI
H Schwanen, Friedrichstr. 32, ☏ 3855-0 V-VI
H Zeppelin, Eugenstr. 41/1, ☏ 70790, V-VII ♨
H Central, Olgastr. 64, ☏ 3748970, V-VI
H Knoblauch, Jettenhauser Str. 32, ☏ 6070, VI-VII
H Kleiner Berg, Moltkestr. 20, ☏ 22403, IV-V
Hg Villa von Soden, Zeppelinstr. 32, ☏ 95390, IV-V ♨
Gh Rebstock, Werastr. 35, ☏ 9501640, IV-V ♨
P el bocado, Paulinenstr. 8, ☏ 35423, IV-V ⚓
P CAP-Rotach, Lindauer Str. 2, ☏ 73421, V ♨
P Baur, Anemonenweg 35, ☏ 53208, V
BB Villa Bed & Breakfast Hochstr. 101, ☏ 59911-79, V-VI
Pz Abele, Enzianweg 17, ☏ 54123, V

Pz Müller, Am Anger 18, ☎ 583412, V
Pz Christen, Kreuzäckerring 4/1, ☎ 6403, III
Pz Im Seehof, Olgastr. 6, ☎ 8937, VI
Pz Bleckmann, Spaltensteiner Str. 4/2, ☎ 47193, V
DJH Graf Zeppelin, Lindauer Str. 3, ☎ 72404
Don-Bosco-Haus, Rotenmoos 18, ☎ 38130
Naturfreundehaus, Untereschstr. 11, ☎ 25288
CAP Rotach Camping, Lindauer Str. 2, ☎ 73421

Grünenbach
PLZ: 88167; Vorwahl: 08383
Gh Lerpscher, Schüttentobel 1, ☎ 346, II
Gh Prestelhof, Birkenweg 7, ☎ 21321, III
P Sternberg, Am Kirchenbühl 26, ☎ 7394, IV

Hagnau
PLZ: 88709; Vorwahl: 07532
Tourist-Information Hagnau, Im Hof 1, ☎ 430043
H Hansjakob, Hansjakobstr. 17, ☎ 43060, VI
H Alpina, Höheneweg 10, ☎ 4509, V
H Bodenseehotel, Hansjakobstr. 4, ☎ 494780, VI
H Burgunderhof, Sonnenbühl 30, ☎ 9590, IV
H Drei König, Hauptstr. 18, ☎ 807960, VI
H freiSicht, Kreuzäckerweg 6, ☎ 6351, VI
H Hagnauer Hof, Hauptstr. 19/1, ☎ 4410, VI
H Hagnauer Seeperle, Seestr. 22, ☎ 434990, V
H Zum Weinberg, Hauptstr. 34, ☎ 807323, III
H Der Löwen, Hansjakobstr. 2, ☎ 433980, V
H Meßmer, Meersburger Str. 12, ☎ 433114, VI
H Mohren, Am Sonnenbühl 10, ☎ 9428, V-VI
H Sonnenstube, Seestr. 17, ☎ 5900, VI
H s'Rebstöckle, Seestr. 10, ☎ 43190, V
H Von Sanden, Neugartenstr. 39, ☎ 43020, V
H Wellenhof, Meersburger Str. 13, ☎ 6225, V
Hg Panorama, Kapellenstr. 2, ☎ 43090, V
Hg Scharfes Eck, Kirchweg 2, ☎ 6261, V
Gh Schmäh, Kapellenstr. 7, ☎ 6210, V
Gh Dimmeler, Seestr. 19, ☎ 6257, IV-V
Gh Fischerstüble, Hauptstr. 30, ☎ 7333, V
Gh Zum Fässle, Dr.-Fritz-Zimmermann-Str. 5, ☎ 5066, V
Gh Zur Winzerstube, Seestr. 1, ☎ 6350, II-IV

Haus Marion
Komfort-Zimmer mit Du/WC, Kühlschrank, Farb-TV und Südbalkon mit Seeblick, reichhaltiges Frühstück, Fahrrad-Unterstellmöglichkeit
- Radfahrer herzlich willkommen -
Gertrud und Gustav Deimling
Winzerstr. 2, 88709 Hagnau
Tel.: +49 / 7532 / 5665

Ferienhof Gutemann
Hans-Peter Mecking
Seestraße 2 • 88709 Hagnau
Tel.: 07532/1862
www.Ferienhof-Gutemann.de
Ferienhof-Gutemann@t-online.de

In ruhiger, zentraler Lage, nur wenige Meter vom Bodensee entfernt, liegt unser Ferienhof, umgeben von Blumen und Reben. Wir bieten Ihnen moderne, behagliche Zimmer, mit DU/WC, Kühlschrank, TV und Radio, Balkon oder Terrasse. Für einen guten Start in den neuen Tag sorgt unser reichhaltiges Frühstücksbuffet. Auch schöne gemütliche Ferienwohnungen stehen Ihnen zu Verfügung, kompatibel mit einem weiteren Schlafzimmer. Unsere Gartenanlage bietet Entspannung von Groß und Klein. Ausreichend Parkplätze für Räder und Autos sind vorhanden.
Wir würden uns freuen, Sie als unsere Gäste begrüßen zu dürfen.
Familie Mecking

Gh Seeblick, Seestr. 11, ☎ 6282, V
Gh Mohren, Hauptstr. 18, ☎ 6265, III
P Ainser, Dr.-Fritz-Zimmermann-Str. 44, ☎ 9806, V-VI
P Central, Dr.-Fritz-Zimmermannstr. 9, ☎ 495326, V
P Haus Eva, Am Sonnenbühl 52, ☎ 6235, IV
P Haus Marion, Winzerstr. 2, ☎ 5665, IV
P Haus Waldvogel, Seestr. 5, ☎ 6249, IV
P Gnädinger, Seestr. 23, ☎ 7583, III
P Gutemann-Ainser, Steinäckerweg 16, ☎ 5236, V
P Seehaus Gutemann, Meersburger Str. 3, ☎ 9364, V
P Sonnenhof, Am Sonnenbühl 11, ☎ 9687, V
P Braunger, Seestr. 19, ☎ 43340, V
P Haus Eleonore, Hauptstr. 3, ☎ 7781, III
P Weinberghof, Bucherweg 1, ☎ 1291, V
P Winzerhof Saupp, Seestr. 24, ☎ 9712, V
Pz Central, Dr.-Zimmermann-Str. 9, ☎ 6312, IV
Pz Ibele, Im Horn 12, ☎ 6320, V
Pz Irseer Hof, Seestr. 34, ☎ 7563, II
Pz Merk, Hauptstr. 14, ☎ 5489, IV
Pz Preysing, Strandbadstr. 2, ☎ 6329, IV
Pz Sterk, Am Sonnenbühl 66, ☎ 6313, III
Pz Sayer, Seestr. 32, ☎ 6843, III
Pz Stark, Seestr. 7, ☎ 6223, IV
Pz Haus Winder, Seestr. 3, ☎ 6354, III
Pz Stengele, Dr.-Zimmermann-Str. 11, ☎ 6337
Fw Gutemann, Seestr. 2, ☎ 9446, IV

▲ Campingplatz Seeblick, Strandbadstr. 11, ✆ 6313 od. 5620
▲ Campingplatz Alpenblick, Strandbadstr. 13, ✆ 414599

Heidenheim
PLZ: 89518; Vorwahl: 07321
H Best Western Premier Schlosshotel Park Consul Heidenheim Superior, Hugo-Rupf-Pl. 2, ✆ 30530, VI-VII
H NH Aquarena Heidenheim, Friedrich-Pfenning-Str. 30, ✆ 9800, VI
Hg Andrea's, Olgastr. 1, ✆ 934850, V
Hg Alt Heidenheim, Im Flügel 21, ✆ 54689, V
Hg Pöltl, Erchenstr. 14, ✆ 95980, V
H Bäuchle, Friedenstr. 14, ✆ 23091, III 🛏
H Delphi, Wilhelmstr. 80, ✆ 45662, V
H Linde, St.-Pöltener-Str. 53, ✆ 95920, VI
Gh Traube, Oggenhausen, Oggenhauser Hauptstr. 27, ✆ 97870, V-VI
🏠 Heidenheim, Liststr. 15, ✆ 42345, III-IV

Herdwangen-Schönach
PLZ: 88634; Vorwahl:
Gh Zum Löwen, Dorfstr. 24, ✆ 352
Gh Hubmühle, Kleinschönach, Hubmühle 11, ✆ 6537, IV

Hergensweiler
PLZ: 88138; Vorwahl: 08385
H Bayrischer Hof, Lindauer Str. 85, ✆ 92010, VI-VII 🛏
Gh Bikermühle, Obernützenbrugg 2, ✆ 273, III
Gh Sonne, Dorfstr. 7, ✆ 920765, V 🛏
Gh Lang, Alpseinstr. 2, ✆ 576
P Weiß, Montfortstr. 14, ✆ 534, V 🛏

Hohenfels
PLZ: 78355; Vorwahl: 07557
Gh Bären, Ortstr. 7, ✆ 487, IV
Fw Petra Schenzle, Deutwang, Scherneggerstr. 6A, ✆ 2637, VI
Pz Haus Brodmann, Steigstr. 117, ✆ 2081, III

Hörbranz
PLZ: 6912; Vorwahl: 05573
H Brauer, Unterhochstegstr. 25, ✆ 82404, V
Gh Seeblick, Allgäustr. 124, ✆ 82783, VI
P Austria, Seestr. 5, ✆ 812128
P Christophorus, Allgäustr. 117, ✆ 82276, III
Pz Julius, Ziegelbachstr. 49, ✆ 82296
Pz Gorbach Erika, Lochauer Str. 56, ✆ 83696
Pz Gorbach Irmgard, Am Giggelstein 24, ✆ 82632
Pz Staudacher Rosa, Schwedenstr. 13, ✆ 85087
Pz Suppan Hedwig, Römerstr. 26, ✆ 83553, III

Isny im Allgäu
PLZ: 88316; Vorwahl: 07562
ℹ Isny Marketing GmbH, Büro für Tourismus, Unterer Grabenweg 18, ✆ 975630
H Hohe Linde, Lindauer Str. 75, ✆ 97597, VI 🛏
H Allgäuer Terrassen Hotel, Alpenblickweg 3, ✆ 97100, VI
H Schloss Neutrauchburg, Schlossstr. 11, ✆ 9756460, VII
H Berghotel Jägerhof, Jägerhof 1, ✆ 770, VII
H Bären, Obertorstr. 9, ✆ 2420, V
Gh Engel, Bahnhofstr. 36, ✆ 971510, V 🛏
Gh Sonne, Schlossstr. 7, ✆ 9756458, V
Gh Versperstüble Müller, Eggental 1, ✆ 2162, III
Gh Zum Kreuz, Taufachweg 1, ✆ 07567/597, III
Gh Zum Schwarzen Grat, Talstr. 1, ✆ 8470, IV
P Lerpscher, Eisenbergweg 16, ✆ 8313, II
P Tornau, Bentele 1, ✆ 912444, III
P Penker, Eisenbergweg 1, ✆ 8118, II
P Bock, Ringweg 20, ✆ 3167, IV
P Beschler, Rengers 22, ✆ 8538, II
P Euba, Kapfweg 5, ✆ 2687, II
▲ Waldbad Camping, Lohbauerstr. 61-69, ✆ 2389
▲ Campingplatz „Am Badsee", Allmisried 1, ✆ 07567/1026

Kißlegg
PLZ: 88354; Vorwahl: 07563
ℹ Gäste- und Bürgerbüro, Neues Schloss, Schlossstr. 5, ✆ 936142
H Schlosskeller, Fürst-Maximilian-Str. 3, ✆ 18060, V
H Zum Neubau, Leutkircher Str. 31, ✆ 912881, III
H Zerlaut, Haslach 1, ✆ 915300, V
Gh Ochsen, Herrenstr. 21, ✆ 9109-0, V
Gh Dorfkrug der Landgasthof, Tunau 4, ✆ 9800, V-VI
Gh Weiland, Unterriedgarten 12, ✆ 92410, V
Gh Merz, Lilienstr. 10, ✆ 8364, II
Bh Schwarz, Schindbühl 2, ✆ 7112, V
P Grüner Baum, Wiggenreute 15, ✆ 2471, IV
P Weitblick, Hunau 1, ✆ 3760, II
P Rösch, Max-Planck-Weg 12, ✆ 3782, II
Pz Merz, Lilienstr. 10, ✆ 8364, II
Pz Knoll, Löhleweg 43, ✆ 3351, II

Kressbronn
PLZ: 88079; Vorwahl: 07543
ℹ Tourist-Information, Nonnenbacher Weg 20, ✆ 96650
H Bodensee Yachthotel Schattmaier, Im Wassersportzentrum 12, ✆ 60540, VI-VII
H Teddybärenhotel Peterhof, Nonnenbacher Weg 33, ✆ 96270, V-VI 🛏
H Zur Kapelle, Hauptstr. 15, ✆ 96340, V-VI
H Friesinger, Bahnhofstr. 5, ✆ 9398787, VI-VII
Gh Forst, Wiesenweg 6, ✆ 96150, V

Gh La Casa, Kapellenstr. 26, ☎ 3028219, IV-V
Gh Prantl, Kirchstr. 25/1, ☎ 6378, III-V
Gh Dorfkrug, Tunau 4, ☎ 9800, V
Gh Frohe Aussicht, Kümmertsweiler 2, ☎ 8766, IV-V
Gh Krone, Hauptstr. 41, ☎ 96080, V
Gh Rössle, St. Gallus-Str. 47, ☎ 500887, III-V
Gh Zum Rebstock, Hauptstr. 22, ☎ 6421, IV-V
P Fugunt, Betznauer Str. 23, ☎ 96120, V
P Claudi's Radl Stadl, Kirchstr. 9/1, ☎ 6153, IV
P Rosenhof, Bodanstr. 2, ☎ 6787, V
P Engel, Lindauer Str. 2, ☎ 6542, V
P Bürgerstüble, Tunauer Weg 6, ☎ 8645, V
P Pension am Bodensee, Bodanstr. 7, ☎ 7382, VI
P Vetter, Tunauerweg 7, ☎ 8403, III
P Philippin, Nitzenweiler 1/1, ☎ 50465, II
Pz Baur, Gattnauer Str. 45, ☎ 6623
Pz Bucher, Hüttmannsberg 5/1, ☎ 8371
🅰 Iriswiese am See, Tunau 16, ☎ 8010
🅰 Campingplatz Gohren, Am Seglerhafen, ☎ 60590

Langenargen
PLZ: 88085; Vorwahl: 07543
H Löwen, Obere Seestr. 4, ☎ 3010, VI-VII
H Schiff, Marktpl. 1, ☎ 93380, VI-VII
H Litz, Obere Seestr. 11, ☎ 93110, VI-VII
H Engel, Marktpl. 3, ☎ 9344-0, VI-VII

H Seeterrasse, Obere Seestr. 52, ☎ 93290
H Schwedi, Schwedi 1, ☎ 934950, VI-VII
H Karr, Oberdorfer Str. 11, ☎ 309-0, VI-VII
H Seeperle, Untere Seestr. 46, ☎ 93360
H Amtshof, Obere Seestr. 43, ☎ 1268
H Meschenmoser, Fischerstr. 3, ☎ 93493-0, V-VI
H Krone, Marktpl. 10, ☎ 9343-0, V-VI
H Klett, Obere Seestr. 15, ☎ 2210, VI-VII
Hg Im Winkel, Im Winkel 9, ☎ 934010, VI
P Kleine Welt, Lindauer Str. 1, ☎ 2221, V
Gh Charlotte, Obere Seestr. 22 u. 32, ☎ 93200, VI
Gh Seeblick, Obere Seestr. 18, ☎ 962130, V-VI
Pz Gästehaus Sonneneck, Eichendorffstr. 1, ☎ 4266

Oberdorf
H Hirsch, Ortsstr. 1, ☎ 93030, V-VI
Gh Adler, Adlerstr. 3, ☎ 2807, IV-VI
Gh Dorfkrug, Ortsstr. 19, ☎ 3190, V-VI

Leutkirch
PLZ: 88299; Vorwahl: 07561
🛈 Touristinfo, Marktstr. 32, ☎ 87154
H Eden, Wangener Str. 101, ☎ 98020, V
H Zum Rad, Obere Vorstadtstr. 5, ☎ 2066, IV-V
H Linde, Lindenstr. 1, ☎ 913970, V
H Post, Obere Vorstadtstr. 1, ☎ 4201, IV
H Tagungshaus Regina Pacis, Bischof-Sproll-Str. 9, ☎ 8210, V

Gh Mohren, Wangener Str. 1, ☎ 98570, IV
Gh Bayrischer Hof, Kemptener Str. 53, ☎ 3742, IV
Gh Goldenes Kreuz, Rimpacher Str. 7, ☎ 182225, III-V
Pz Allgäufinca, Ziegelhütte 3, ☎ 3178, III
🅰 Moorfreibad Campingplatz, Moorfreibad 7, ☎ 5513
🅰 Campingplatz Moorbad, Moorbad 2, ☎ 3345
🅰 Ellerazhofer Weiher, Campingweg 13, ☎ 07563/7018

Lindau
PLZ: 88131; Vorwahl: 08382
🛈 ProLindau Marketing, Alfred-Nobel-Pl. 1, ☎ 260030

Alle Radfahrer zu mir!

Sie haben einen Übernachtungsbetrieb? Informieren Sie die Radler über Ihr Angebot!
Tel: 0043/2983/28982-211
E-Mail: werbung@esterbauer.com

H Reutemann, Ludwigstr. 23, ☎ 9150, VI
H Noris, Brettermarkt 13, ☎ 3645, V
H Anker, Bindergasse 15, ☎ 2609844, V
H Bayerischer Hof, Bahnhofpl. 2, ☎ 9150, VII
H Helvetia, Seepromenade 3, ☎ 9130, VI-VII
H Insel-Hotel, Maximilianstr. 42, ☎ 5017, VI-VII
H Lindauer Hof, Dammgasse 2, ☎ 4064, VI
H Schreier am See, Färbergasse 2, ☎ 944484, VII
H Seegarten, Ludwigstr. 23, ☎ 9150, V-VI
H Stift, Stiftspl. 1, ☎ 93570, V
H Medusa, Schafgasse 10, ☎ 93220, V-VI
H Ratsstuben, Ludwigstr. 7, ☎ 6626, V
Hg Seerose, Auf der Mauer 3, ☎ 24120, IV-V
Hg Spiegel, In der Grub 1, ☎ 94930, V-VI
Hg Möve, Auf der Mauer 21, ☎ 2758950, IV-V
Hg Viktoria, Auf der Mauer 27, ☎ 6278, IV-V
Hg Vis-á-vis, Bahnhofspl. 4-5, ☎ 3965, V-VI
Hg Brugger, Bei der Heidenmauer 11, ☎ 93410, V
Gh Alte Post, Fischerg. 3, ☎ 93460, V
Gh Engel, Schafg. 4, ☎ 5240, IV-V
Gh Inselgraben, Hintere Metzgerg. 4-6, ☎ 5481/23437, III-V
P Gästehaus Lädine, In der Grub 25, ☎ 5326, III

Aeschach
H Maxhotel, Giebelbachstr. 1, ☎ 6066, V
Hg Ebner, Friedrichshafener Str. 19, ☎ 93070, V-VI

173

Hg Am Rehberg, Am Rehberg 29, ✆ 3329, VI
Hg Schöngarten, Schöngartenstr. 15, ✆ 93400, IV
P Meroth, Immenreich 7a, ✆ 2776116, IV

Hochbuch
P Gästehaus Breyer, Eichbühlweg 37, ✆ 5840, III

Hoyren
P Landhaus Mayer, Schönauer Str. 31, ✆ 936161, IV

Reutin
H Reutiner Hof, Kemptener Str. 94, ✆ 977070, II-V 🛇
H Bräuhotel Steig, Steigstr. 31, ✆ 78066, V-VI
H Freihof, Freihofstr. 2, ✆ 969870, V-VI
H Bodensee Lindau, Rickenbacher Str. 3, ✆ 96700 o. 93570, V
H Montfort Schlößle, Streitelsfinger Str. 38, ✆ 72811, V
Hg Reulein, Steigstr. 28, ✆ 96450, VI
Gh Köchlin, Kemptener Str. 41, ✆ 96600, V
P Gästehaus am See, Streitelsfinger Str. 43, ✆ 3044544, V
P Sommerland, Bregenzer Str. 16, ✆ 3736, III
△ Jugendherberge, Herbergsweg 11, ✆ 96710 🛇

Bad Schachen
H Bad Schachen, Schachen 1-5, ✆ 2980, VII
H Lindenallee, Dennenmoos 3, am Lindenhofpark, ✆ 93190, VII
H Schachener Hof, Schachener Str. 76, ✆ 3116, VII
Hg Ebnet, Johannesweg 3, ✆ 2772340, IV-V

174

Schönau
H Bulligan, Schönauer Str. 97, ✆ 94800, IV
Gh Kellereistüble, Kellereiweg 1a, ✆ 3381, II

Zech
H Nagel, Bregenzer Str. 193a, ✆ 9608-5, V
Gh Zum Zecher, Bregenzer Str. 146, ✆ 961330, II-IV
△ Park Camping Lindau am See, Fraunhoferstr. 20, ✆ 72236 🛇

Lindenberg
PLZ: 88161; Vorwahl: 08381
ℹ Tourist Information, Stadtpl. 1, ✆ 803-28
H Stadthotel, Zum Goldenen Hirschen, Hirschstr. 2, ✆ 80770-0
H Waldsee, Austr. 41, ✆ 92610
Gh Bavaria, Manzen 22, ✆ 1326, V
Gh Bayerischer Hof, Hauptstr. 82, ✆ 92550
Gh Lindenberger Hof, Hauptstr. 50, ✆ 3040, V
Pz Ohmayer, Brunnenbühl 59, ✆ 2678, II
Gh Gebler-Fehr Hof, Am Wunderbrunnen 45, ✆ 2244, III
Gh Schönblick, Ried 2a, ✆ 8899255, III

Ludwigshafen am Bodensee
PLZ: 78351; Vorwahl: 07773
ℹ Tourist-Information, ✆ 930040
H Seehotel Adler, Hafenstr. 4, ✆ 93390, V-VI
H Zur Krone, Hauptstr. 25, ✆ 931340, VI

Pz Karle, Schorenstr. 19, ✆ 5508, II
Pz Lindenmayer, Fuchsweg 9b, ✆ 5151, II
Pz Noller, Schlössleweg 1, ✆ 5309, II
Pz Sinner, Gießstr. 2, ✆ 7572, II
Pz Thum, Gartenstr. 4, ✆ 5429, II
Pz Wittwer, Gießstr. 4a, ✆ 7624, II
Pz Eschle, Mühlbachstr. 9, ✆ 5001, II
Pz Schacher, Gartenstr. 11, ✆ 7662, II
Pz Zimmermann, Radolfzeller Str. 13, ✆ 1249, II
△ Campingplatz See-ende, Radolfzeller Str. 23, ✆ 937518

Markdorf
PLZ: 88677; Vorwahl: 07544
ℹ Tourismusgemeinschaft Gehrenberg-Bodensee, Marktstr. 1, ✆ 500294
H Wirthshof, Steibensteg 10, ✆ 50990, VI 🛇
H Mindness Hotel Bischofschloss, Schlossweg 2, ✆ 50910, VI-VII
H Bürgerstuben, Bahnhofstr. 21, ✆ 964546, IV
Gh Krone, Hauptstr. 2, ✆ 9542551, V
Gh Letze, Leimbacher Str. 16, ✆ 3122, V 🛇
P Landhaus Traube, Steibensteg 7, ✆ 3350, V
Pz Hammer, Garwiedenweg 23, ✆ 5689
Pz Raming, Paracelsusstr. 13, ✆ 6749
Pz Skregol, Am Bildbach 11, ✆ 5116
Pz Bechinger, Spiegelbergstr. 22, ✆ 3480

△ Wirthshof, Steibensteg 12, ✆ 96270 🛇

Meckenbeuren
PLZ: 88074; Vorwahl: 07542
ℹ Tourismus-Servicestelle, Bahnhof 1, ✆ 936244
H Ratstuben, Schlehenweg 9, ✆ 9467680, VI
H Wiesental, Tettnangerstr. 56, ✆ 4462, V
H Zum Löwen, Hauptstr. 136, ✆ 94020, VI 🛇
H Jägerhaus, Madenreute 13, ✆ 94550, VI
Hg Waldblick, Wiesentalstr. 23, ✆ 9423-0, V
Hg Haus Martha, Hügelstr. 21, ✆ 2666, IV
Gh Hirsch, Lindenauerstr. 51, ✆ 4740, III-IV
Gh Kreuz, Seestr. 70, ✆ 4733, III
P Landhaus Monika, Schlachenstr. 13, ✆ 3877, IV-V

Meersburg
PLZ: 88709; Vorwahl: 07532
ℹ Gästeinformation, Kirchstr. 4, ✆ 440400
H Wilder Mann, Bismarckpl. 2, ✆ 9011 o. 9012, VI-VII
H Weißhaar, Stefan-Lochner-Str. 24, ✆ 4504-0, V-VI
H Residenz am See, Uferpromenade 11, ✆ 80040, VII
H Löwen, Marktpl. 2, ✆ 43040, V-VII
H Seehof, Unterstadtstr. 36, ✆ 807690, V-VI
H Bacchus, Seepromenade 10-11, ✆ 807690, V-VI
H Rauchfang, Unterstadtstr. 27, ✆ 495561, IV
H Seehotel Off, Uferpromenade 51, ✆ 44740, VI-VII
H Seepromenade, Seepromenade 14, ✆ 495757, V
H Schützen, Daisendorfstr. 7, ✆ 807520, III-V

H Badische Weinstube, Unterstadtstr. 17, ✆ 49642, V
H Gasthof Zum Bären, Marktpl. 11, ✆ 43220, VI
H Iris, Unterstadtstr. 26, ✆ 6537, III-V
H La Perla, Seepromenade 8, ✆ 6191, V-VI
H 3-Stuben, Winzerg. 1-3, ✆ 80090, VI-VII
H Zum Schiff, Bismarckpl. 5, ✆ 45000, V-VI
H Alte Post, Seepromenade 15, ✆ 7811, III-IV
H Aurich's, Steigstr. 28, ✆ 4459855, V-VI
H Zum Lieben Augustin, Unterstadtstr. 35, ✆ 6511, IV
H Zum Bengel, Unterstadtstr. 30, ✆ 6060, V
H Zur Münz, Seepromenade 7, ✆ 43590, VI
H Strandcafé, Seepromenade 13, ✆ 9222, V-VI
Hg Schönblick, V.-Laßb.-Str. 8, ✆ 9750, V-VI
Hg Abri, Unterstadtstr. 23/25, ✆ 445004, III-IV
Hg Eden, Menizhoferweg 4, ✆ 43050, V-VI
Hg Fischerhaus, Unteruhldinger Str. 10, ✆ 6570, IV-V
Hg Landhaus am Weinberg, Stefan-Lochner-Str. 41, ✆ 5070, V-VI
Hg Landhaus Ödenstein, D.-Hülshoff-W. 25, ✆ 6142, V-VI
Hg Seegarten, Uferpromenade 47, ✆ 80030, VI-VII
Hg Villa Seeschau, Von-Laßberg-Str. 12, ✆ 434450, VI-VII
Hg Viktoria, Stefan-Lochner-Str. 1, ✆ 9111, V-VI
Gh Zum letzten Heller, Daisendorfer Str. 41, ✆ 6149, III-IV

P Haus Mayer-Bartsch, Stettener Str. 53, ✆ 6050, IV-V
P Rothmund, Stefan-Lochner-Str. 23, ✆ 6426, IV-V
P Ergetenstüble, Dr.-Zimmermann-Str. 8, ✆ 7988, III-IV
P Haus Irmgard, Stettener Str. 39/1, ✆ 9494, IV-V
P Claudia, Seepromenade 8, ✆ 5090, V-VI
P Brigitte, Sonnhalde 8, ✆ 48955, IV
P Am Hafen, Spitalg. 3-4, ✆ 7069, IV
P Ingeborg, Sonnhalde 19, ✆ 7092, III-IV
P Ferienhof Mohr, Stettener Str. 57, ✆ 6572, IV-V
P Becker's Gästehaus, Lindenweg 5a, ✆ 9610, III-V
P Haus Sylvia, Stettener Str. 33, ✆ 6307, III-IV
P Säntisblick, Von-Laßberg-Str. 1, ✆ 9277, III-IV

Moos
PLZ: 78345; Vorwahl: 07732
H Gottfried, Böhringer Str. 1, ✆ 92420, VI-VII
Gh Seehof, Seestr. 5, ✆ 4302, IV
Gh Sonne, Hauptstr. 17, ✆ 4306, IV-V
Gh Zum Sternen, Schienenbergstr. 23, ✆ 2422, VII
Gh Schiff, Hafenstr. 1, ✆ 99080, VI
P Brem, Mühlenstr. 1, ✆ 4462, III
P Café Perlmuschel, Seestr. 14, ✆ 57083, VI
Pz Osterwald, Dorfstr. 11, ✆ 4507, II

Mühlhausen-Ehingen
PLZ: 78259; Vorwahl 07733
Gh Mägdeberg, Von Rost-Str. 34, ✆ 8129, IV-V

Gh Zum Löwen, Schlossstr. 72, ✆ 5485, IV

Nonnenhorn
PLZ: 89333; Vorwahl: 08382
H Seewirt, Seestr. 15, ✆ 988500, V-VI
H Seehalde, Seehalde 6, ✆ 277569, V
H Spa Torkel, Seehalde 14, ✆ 9862-0, VI
H Haus am See, Uferstr. 23, ✆ 988510, VII
Gh Adler, Sonnenbichlstr. 25, ✆ 8234, V
Gh Zur Kapelle, Kapellenpl. 3, ✆ 8274, V
P Gästehaus Hornstein, Uferstr. 14/12a, ✆ 8483, III-V
P Landhaus Hornstein am See, Conrad-Forster-Str. 50, ✆ 98780, IV-V
P Sonnengrund, In den Erlen 4, ✆ 8747, III
P Haus Seehalde, Seehalde 6, ✆ 277590, III
P Baur, Seestr. 35, ✆ 988911, IV-V
P Bodensee, Sonnenbichlstr. 17, ✆ 988570, III
P Fragner, Uferstr. 18, ✆ 8647
P Gierer, Sonnenbichlstr. 29, ✆ 8171, II
P Reutemann, Conrad-Forster-Str. 15, ✆ 8698, III
P Schnell, Mauthausstr. 10, ✆ 8124, IV
P Landhaus Zita, Uferstr. 36, ✆ 8009, III
Pz Karl Rosenberger, Conrad-Forster-Str. 6, ✆ 99090, III-VI

Oberreute
PLZ: 88179; Vorwahl: 08387
Gästeamt Oberreute, Hauptstr. 34, ✆ 1233

Gh Kresser, Hauptstr. 9, ✆ 666, II
H Krone, Hauptstr. 40, ✆ 2536, III
Bh Hartmann, Staufner Str. 32, ✆ 8757, II

Oberstaufen
PLZ: 87534; Vorwahl: 08386
Oberstaufen Tourismus Marketing GmbH, Hugo-von-Königsegg-Str. 8, ✆ 9300-0
H Kronenhof, Bürgermeister-Hertlein-Str. 12, ✆ 4890, V-VII
H Platzhirsch, Kapfweg 7, ✆ 9917990, VI
H Allgäuer Rosenalp, Am Lohacker 5, ✆ 7060, VII
H Hotel Landhaus Staufenblick, Paul-Rieder-Str. 6, ✆ 93050, VI
H Alpenhof Kur- und Ferienhotel, Gottfried-Resl-Weg 8a, ✆ 4850
H Mühlenhof, Mühlenstr. 13, ✆ 93260, V-VI
H Schindelberger, St.-Rochus-Weg 4, ✆ 8184, V
H Lindner Parkhotel & Spa Oberstaufen, Argenstr. 1, ✆ 7030, VII
H Königshof Hotel Resort, Mühlenstr. 14-16, ✆ 4930, VII
H Concordia Wellness & SPA Hotel, In Pfalzen 8, ✆ 4840, VII
H Kur- & Sporthotel Interest, Auf der Höh 1, ✆ 9100, VI-VII
H Adler, Kirchpl. 6, ✆ 93210, VII

175

H Schrothkurhotel Alphorn, Bgm.-Wucherer-Str. 16, ✆ 93520, V
H MONDI HOLIDAY Hotel Oberstaufen, Malas 8-16, ✆ 7000, IV
H Hotel Löwen, Kirchpl. 8, ✆ 4940, VI
H Kurhotel Alpina, Am Kurpark 7, ✆ 93200, VII
H Steinhausers Hotel Hochbühl, Auf der Höh 12, ✆ 93540, VI
H Diana, Unterm Schloss 2, ✆ 4880, VI-VII
H Hotel Am Rathaus, Schloßstr. 3, ✆ 93350, V
H Allgäuer Kräuteralm - Wohlfühlhotel, Bgm.-Wucherer-Str. 15+17, ✆ 2077
H Allgäuer Panoramahotel, Stießberg 3, ✆ 4920, VII
H Bayerischer Hof, Hochgratstr. 2, ✆ 4950, VII
H Kur- und Aktivhotel Allgäuer Hof, Kalzhofer Str. 19, ✆ 4870
H Hotel Bavaria, Isnyer Str. 2, ✆ 93250, VII
H Landhaus Hotel Bingger, Lindauer Str. 17, ✆ 93180, VI
H Kur- Golf & Sporthotel Staufner Hof, Am Kühlen Grund 2, ✆ 4970, VI
H Kur- und Ferienhotel Pelz, Bgm.-Hertlein-Str. 1, ✆ 93090, VI
H Haus Daheim, Freibadweg 6, ✆ 903700, IV
Hg Bergkranz, Bgm.-Aichele-Weg 3, ✆ 93020, VII
Hg Tanneck, Am kühlen Grund 4, ✆ 93400, V

Gh Sonnenschein, Sägmühle 3, ✆ 8161, IV
Gh Brandl, Stießberg 6, ✆ 2234, III
Gh Gnadl, Konstanzer 2, ✆ 218, III
Gh Xaver, Orthalde 4, ✆ 1333, IV
Gh Unverdorben, Mühlenstr. 10, ✆ 2707, III
Gh Wagner, Kreuzwiesenweg 9, ✆ 1465, V
P Hummel-Stiefenhofer, Alte Schulstr. 8, ✆ 565, III
P St Ull'r, Im Dorf 38, ✆ 8401, V
P Spohn, Jahnstr. 6, ✆ 3829877, V

Hinterstaufen
H WellVital-Hotel Bad Rain, Hinterstaufen 9, ✆ 93240, VII-VII

Thalkirchdorf
H Dorfhaus Chalets, Kirchdorfer Str. 5, ✆ 8325/9264380, VII

Kalzhofen
H Haubers Gutshof, Meerau 37, ✆ 93305, VII

Buflings
H Johanneshof, Buflings 1, ✆ 93430, VII

Lamprechts
Gh Landgasthof Alte Post, Lamprechts 3, ✆ 8325/9265383, V

Oberteuringen
PLZ: 88094; Vorwahl: 07546
H Am Obstgarten, Blitzenhofen, Gehrenbergstr. 16/1, ✆ 9220, V-VI

Gh Wester, Berghalde 20, ✆ 2404, IV
Gh Adler, Kornstr. 1, ✆ 92900, V-VI
P Dorner, Fasanenweg 7, ✆ 2072, III
Pz Haag-Vöhringer, Stauffenbergstr. 14, ✆ 2549, III

Opfenbach
PLZ: 88145; Vorwahl: 08385
Gh Rädler, Kapellenweg 3, ✆ 328, IV
Gh Löwen, Mellatz 33, ✆ 2914, III
Gh Natterer Georg, Bleichen 154, ✆ 219, II
Gh Fuhge, Kirchhalde 9, ✆ 364, II
Gh Zanker Rita, Birkenweg 2, ✆ 924950, III

Owingen
PLZ: 88696; Vorwahl: 07551
Gh Adler, Lindenstr. 25, ✆ 241, IV
Gh Billafingen, Kirchstr. 1, ✆ 928141
Gh Engel, Überlingenstr. 27, ✆ 63891, III
P Schwanen, Dorfstr. 32, ✆ 7557748

Radolfzell
PLZ: 78315; Vorwahl: 07732
ℹ Tourist-Information, im Bahnhof, ✆ 81500
H Krone, Obertorstr. 2, ✆ 4804, V-VI
Hg Hotel am Stadtgarten, Höllturmpassage 2, ✆ 9246-0, VI-VII
Hg Iris am See, Rebsteig 2, ✆ 94700, VI
Hg Kreuz, Obertorstr. 3, ✆ 947030, VI
Hg Christine, Strandbadstr. 62, ✆ 9470, VI

Hg Adler, Seestr. 34, ✆ 92530, VI
Hg Art Villa, Rebsteig 2, ✆ 94440, VI
Hg Waldhaus, Schützenstr. 64, ✆ 9455690, V-VI
Hg Zur Schmiede, Friedrich-Werber-Str. 22, ✆ 99140, V-VI
P Braun, Schäferhalde 16, ✆ 3730, V-VI
P Naturfreunde Haus Bodensee, Radolfzeller Str. 1, ✆ 823770, V
Gh Seerose, Mooser Str. 36, ✆ 3579, V-VI

Böhringen
H Sternen, Singener Str. 5, ✆ 55290, V-VI
Gh Diana, Hindenburgstr. 4a, ✆ 55183, III-IV
Pz Glander, Aachweg 5b, ✆ 55443, III

Rielasingen-Worblingen
PLZ: 78239; Vorwahl: 07731
H Krone, Hauptstr. 3, ✆ 87850, V-VI
Hg Kupferdächle, Ramsener Str. 21, ✆ 93010, V-VI
H Löwen, Hauptstr. 18, ✆ 972970, V-VI
Gh Zur Alten Mühle, Singener Str. 3, ✆ 911371, V-VI
Gh Goldenes Rössle, Riednerstr. 3, ✆ 12021, IV
P Lindenhof Vesperstube, Betenhöfler 1, ✆ 22748, III

Röthenbach
PLZ: 88167; Vorwahl: 08384
Gh Post, Lindauer Str. 1, ✆ 304, III
P Gästehaus Sontheim, Am Bühl 3, ✆ 543, III
P Baldauf-Gorlo, Tobelbachstr. 3, ✆ 396, II

▲ Camping am Bauernhof, In der Höll 1, ☏ 08383/617

Salem
PLZ: 88682; Vorwahl: 07553
H Reck's Hotel-Restaurant, Bahnhofstr. 111, ☏ 201
H Apfelblüte, Markdorfer Str. 45, ☏ 92130, VI
H Schwanen, Im Schlossbezirk 1, ☏ 2983, VI
Gh Grüner Baum, Markdorfer Str. 27, ☏ 919880
Gh Hirschen, Bodenseestr. 135, ☏ 828758
Gh Lindenbaum, Bodenseestr. 1, ☏ 829684, III 📶
Gh Salmannsweiler Hof, Salmannsweiler Weg 5, ☏ 92720, V
Gh Adler, Schwedenstr. 17, ☏ 07554/323, V
P Aach Stube Anna, Langer Weg 1, ☏ 376
P Schwalbe, Bildgartenstr. 8, ☏ 07554/293, IV
▲ Hh Campinghof Salem, Weildorfer Str. 46, ☏ 829685, I 📶

Scheidegg
PLZ: 88175; Vorwahl: 08381
H Birkenmoor, Am Brunnenbühl 10, ☏ 92000, V
H Herzberger, Bräuhausstr. 28, ☏ 2563
Hg Allgäu, Am Brunnenbühl 11, ☏ 925620, IV
Hg Sebastian, Bräuhausstr. 12, ☏ 890099-0, V
Gh Hau Johannes, Alpenweg 150, ☏ 6204, II
Gh Ellerhof, Hagspiel 3, ☏ 99160, IV-V
H Montfort, Höhenweg 4, ☏ 1450, IV

Gh Bergblick, Am Brunnenbühl 12, ☏ 7291, IV
Gh Hummel, Hochbergstr. 25, ☏ 5240, III
Bh Sportalm, Kurstr. 14, ☏ 926420, III

Schwarzenbach
PLZ: 88239; Vorwahl: 09284
H Jean Paul, Ludwigstr. 13, ☏ 9493140
Gh Quellenreuther, Quellenreuth 8, ☏ 7580, III 📶

Siggen
PLZ: 88260; Vorwahl: 07566
Pz Rudolf Hüsler, Aufreute 6, ☏ 1320

Singen
PLZ: 78224; Vorwahl:07731
H Best Western Lamm, Alemannenstr. 42, ☏ 402-0, VII
H Bodenseehotel, Ekkehardstr. 84-86, ☏ 1439-0, VI-VII
H Hegau-Haus, Durchtlinger Str. 55, ☏ 44672, V
H Hohentwiel, Hohentwiel 1, ☏ 9907-0, V
H Holiday Inn Express, Am Schlossgarten 5, ☏ 91298-0, VII
H Victoria, Heugaustr. 40, ☏ 7897-30, VI
H Hegau Tower, Maggistr. 5, ☏ 16699, VII
H Widerhold, Schaffhauser Str. 58, ☏ 8807-0 VII 📶
H Zapa, Bohlinger Dorfstr. 48, ☏ 7961-61, VII
Hg Relax, Byk-Gulden-Str. 2, ☏ 9950-0, VI
Hg Halbherr, Alemannenstr. 7, ☏ 9585-0, VI

Hg Sternen, Schwarzwaldstr. 6, ☏ 8228300, V
Gh Kreuz, Mühlenstr. 13, ☏ 67222, III
Gh Sternen, Bohlinger Dorfstr. 12, ☏ 42569929, III
Gh Alte Mühle, Brunnerstr. 22, ☏ 83859810, V
Gh Weinstube, Theodor-Hanloser-Str. 4, ☏ 41180, III
P Isele, Zum Espen 10, ☏ 25881, II
P Zebra, Ringstr. 24, ☏ 838, II
Hh Pferdehotel Weltin, Riedstr. 19, ☏ 22145, II 📶

Stiefenhofen
PLZ: 88167; Vorwahl: 08383
ℹ Gästeamt Stiefenhofen, Hauptstr. 16, ☏ 7200
Gh Landgasthof Rössle, Hauptstr. 14, ☏ 92090, V 📶
Gh Rössle, Oberthalhofen 11, ☏ 307, III
P Fink, Kirchholzweg 6, ☏ 340
P Fäßler, Auf der Breite 3, ☏ 1043

Balzhofen
P Katharina, Balzhofen 36, ☏ 2849

Tettnang
PLZ: 88069; Vorwahl:07542
H Bären, Bärenpl. 1, ☏ 6945, V
H Jägerhaus, Madenreute 3, ☏ 9455-0, V-VII
H Rad, Lindauer Str. 2, ☏ 540-0, V-VI
H Ritter, Karlstr. 2-4, ☏ 53020, V-VI
Gh Torstuben, Bärenpl. 8, ☏ 93860, V
Gh Traube, Storchenstr. 1, ☏ 7307, III-IV
Gh zum Hirsch, Argenstr. 29, ☏ 1265, VI

Gh Kreuz, Schletterholzstr. 1, ☏ 8118, III
H Brauerei und Gasthof zur Krone, Bärenpl. 7, ☏ 7452, V-VI
P Sonnenheim, Büchel 7, ☏ 7692, III

Überlingen
PLZ: 88662; Vorwahl: 07551
ℹ Kur- und Touristik Überlingen GmbH, Landungspl. 5, ☏ 9471522
Hg Alpenblick, Nußdorfer Str. 35, ☏ 92040, V
H Bad Hotel Am Kurgarten, Christophstr. 2, ☏ 8370, VI
H Wohlfühlhotel Sonnengarten, Zum Brandbühl 19, ☏ 83000 📶
H Bürgerbräu, Aufkircher Str. 20, ☏ 9274-0, V
H Parkhotel St. Leonhard, Ob.-St. Leonhard-Str. 71, ☏ 808100, VI
H Ochsen, Münsterstr. 48, ☏ 919960, V-VI
H Johanniter Kreuz, Johanniterweg 11, ☏ 937060, V-VI
H Schäpfle, J.-Kesselringstr. 14, ☏ 83070, V
H Kneipp- & Vital-Hotel Röther, Uhlandstr. 2, ☏ 9224-0, V-VI
H Naturata, Rengoldshauser Str. 21, ☏ 951613, IV-V
H Kreta, Seepromenade 3, ☏ 972847, VI
H Mokkas, Münsterstr. 5, ☏ 949933, V
H Schellenberg, Schellenberg 1, ☏ 07553/825990, V
H Seegarten, Seepromenade 7, ☏ 918890, V-VI

177

Uhldingen-Mühlhofen

H Seehof, Strandweg 6, ✆ 947980, V-VI 🌐
H Apart-Hotel Stadtgarten, Bahnhofstr. 22, ✆ 4522, V-VI
H Sonne, Münsterstr. 27, ✆ 972718, III-V
H Zum Römer, Jakob-Kessenring-Str. 10, ✆ 62090, V
Hg Landhaus Grafenholz, Grafenholzweg 13, ✆ 9370770
H Rotes Haus, Obertorstr. 12, ✆ 947890
Hg Villa Rosengarten, Am Stadtgarten, ✆ 92820, V-VI
Hg Wiestor, Wiestorstr. 17, ✆ 83060, V-VI
Hg Zähringer Hof, Münsterstr. 36-38, ✆ 63665, IV-V

Gh Landgasthaus Keller, Riedweg 2, ✆ 07553/827290, II
Gh Jehle, Zur Salm 8, ✆ 63843, III-IV

P Gästehaus Simone, Heinrich-Emrich-Str. 39, ✆ 945224
P Hagen, H.-Emerich-Str. 28/30, ✆ 4270, IV
P Fernblick, Karl-Stephan-Str. 21, ✆ 63630, III
P Ritsche, Zur Forelle 6, ✆ 62004, III-IV
P Haus Graf, Theod.-Hetzer-Str. 16, ✆ 61321, III
P Haus Seefrieden, Untermaurach 1, ✆ 62016, III
P Susanne, Rauensteinstr. 78, ✆ 92970, II-IV
P Vogelbacher, Waldhornstr. 8, ✆ 4423, IV
P Hausmann, Nußdorfer Str. 21, ✆ 5572, III-IV
P Klosterhof, Christophstr. 17, ✆ 3582, III 🌐

P Haus Keller, Kessenringstr. 22, ✆ 3438, III-IV
P Kussberger, Goldbacher Str. 6, ✆ 5749, III-IV
P Haus „La Perla", Nußdorfer Str. 51, ✆ 916136, IV
P Haus Seeblick, Alte Owinger Str. 9, ✆ 4845, II-III
Pz Beck, Theodor-Lachmann-Str. 6, ✆ 7401, II
Pz Glöckler, Jodokstr. 19, ✆ 7866, II
Pz Gottschling, Litscherweg 17, ✆ 4472, I
Pz Regenscheit, Goldbach 18, ✆ 62783, II-III
Pz Hueber, Gartenstr. 9, ✆ 4794, I
Pz Krause, Mozartstr. 9, ✆ 4573, II
Pz Busjahn, Bruderhof 1, ✆ 65260, I

🏕 DJH Jugendherberge, Alte Nußdorfer Str. 26, ✆ 4204 🌐
🏕 Campingpark Überlingen, Bahnhofstr. 57, ✆ 64583 🌐

Deisendorf
Gh Landgasthof Löwen, Riedbachstr. 21, ✆ 308070 🌐

Goldbach
P Ankes Pension, Goldbach 18, ✆ 62783 🌐

Uhldingen-Mühlhofen
PLZ: 88690; Vorwahl: 07556

ℹ Tourist-Information, Schulstr. 12, ✆ 92160

Oberuhldingen
H Pilgerhof und Rebmannshof, Obermaurach 2, ✆ 9390 V-VI
H Aach Bodensee Motel, Alte Uhldinger Str. 3, ✆ 50276, III
Gh Uhldinger Hof, Bahnhofstr. 24, ✆ 5776, IV
Gh Storchen, Aachstr. 17, ✆ 6591, V
Pz Steinhilber, Auf der Höhe 17a, ✆ 6859, II-III

🏕 Seeperle, Seefelden 6, ✆ 5454
🏕 Campingplatz Birnach-Maurach, Alte Uhldinger Str. 9, ✆ 6699

Unteruhldingen
H Knaus, Seestr. 1, ✆ 8008, V-VII
H Seehof, Seefelder Str. 8, ✆ 92930, VI
H Seevilla, Seefelder Str. 36, ✆ 93370, VII
H Mainaublick, Seefelder Str. 22, ✆ 92130, VI
H Seepark, Meersburger Str. 27, ✆ 92150, VI
H Al Porto, Seefelder Str. 2, ✆ 93490, V-VI
Hg Alpenblick, Meersburger Str. 11, ✆ 6070, V
P Am See, Meersburger Str. 19a, ✆ 9813793, V
P Herzog, Seestr. 17, ✆ 8721, V
P Kessler, Aachstr. 45, ✆ 8691, IV-V
P Mäder, Seefelder Str. 4, ✆ 6067, III-IV
P Zimmermann, Poststr. 18, ✆ 6741, IV 🌐
P Seestern, Seefelder Str. 5, ✆ 8383, IV
P Haus Seefrieden, Seefelder Str. 44, ✆ 8616, III-IV
P Haus am See, Fischerg. 6, ✆ 931373, IV-V
P Heitzmann, Unterer Waldweg 1, ✆ 6337, IV-V
P Gästehaus Anker, Gartenstr. 5, ✆ 6702, V
P Haus Seeblick, Fischerg. 2, ✆ 8282, II

P An der Mole, Fischerg. 3, ✆ 6844, III
Pz Blumenstein, Bergstr. 6, ✆ 8709, III
Pz Scheide, Poststr. 11, ✆ 6557, III
Pz Knoblauch, Poststr. 8, ✆ 932332, III
Pz Haus Seefreunde, Seefelderstr. 30, ✆ 929904, III-IV

Mühlhofen
H Kreuz, Grasbeurer Str. 2, ✆ 92889-0, V
H Sternen, Daisendorfer Str. 4-8, ✆ 6532, V

Wangen im Allgäu
PLZ: 88239; Vorwahl: 07522

ℹ Gästeamt, Bindstr. 10, ✆ 74211
H Mohren-Post, Herrenstr. 27, ✆ 9784949, V
H Blaue Traube, Zunfthausg. 10, ✆ 6627, V-VI 🌐
H Alte Post, Postpl. 2, ✆ 97560, V-VI
Hg Rössle, Ebnetstr. 2, ✆ 4071, V
Hg Allgovia, Scherrichmühlweg 15, ✆ 9168890, V
Gh Baumgarten, Schillerstr. 13, ✆ 6606, III

🏕 Camping Röhrenmoos, Röhrenmoos 1, ✆ 21413

Wasserburg
PLZ: 88142; Vorwahl: 08382

ℹ Tourist-Information, Lindenpl. 1, ✆ 887474
H Zum lieben Augustin am See, Halbinselstr. 70, ✆ 9800, V-VI
H Lipprandt, Halbinselstr. 63-67, ✆ 98760, V-VI
H Seestern, Halbinselstr. 60, ✆ 988550, V-VI

H Schloss Wasserburg, Halbinselstr. 78, ✆ 2733300, V-VI
H Gierer, Hege 9, ✆ 98720, V-VI
H Wasserburger Stuben, Halbinselstr. 17, ✆ 998333, II-IV
H Walserhof, Nonnenhorner Str. 15, ✆ 98560, V
Ig Kraft, Dorfstr. 11, ✆ 98610, V
Gh Seemann, Uferstr. 6-8, ✆ 89755 V 🅿
Gh Adler, Fuggerstr. 62, ✆ 3544, V
Gh Pfälzer Hof, Lindenpl. 3, ✆ 988530, IV-V
Gh Haus des Gastes, Halbinselstr. 75, ✆ 887330, V
Gh Waldhorn, Hengnau 21, ✆ 89001, V
Gh Wilhelms Höhe, Reutener Str. 73, ✆ 5043231, IV
P Fischerklause am See, Uferstr. 17, ✆ 887066, V
P Bezler, Hege 61, ✆ 888432, II
P Baumann's am See, Reutener Str. 42, ✆ 5888, IV
P Jennifer, Im tiefen Brunnen 3, ✆ 98500, V
P Haus Truckenbrodt, Reutener Str. 56, ✆ 24018, V
P Edelweiß, Hege 60, ✆ 8270, IV
Pz Zürn, Höhenstr. 25, ✆ 98510, V
Pz Bauer Dorfstr. 30, ✆ 89739, II
Pz Beck, Hengnauerstr. 2, ✆ 89325, II 🅿
Pz Hotz, Nonnenhorner Str. 5, ✆ 89036, III
Pz Ferienhof Karoline, Hege 38, ✆ 888249, II
Pz Marginot, Im tiefen Brunnen 2, ✆ 887553, III
▲ Campingplatz, Höhenstr. 16, ✆ 887951

Weiler

PLZ: 88171; Vorwahl: 08387

🛈 Tourist-Information, Hauptstr. 14, ✆ 391-50
H Tannenhof, Lindenberger Str. 33, ✆ 1235, VII
P Villa Lessing, Bahnhofstr. 14, ✆ 463, V
Gh Zur Post, Fridolin-Holzer-Str. 4, ✆ 1070, V
Gh Zum Plaze, Kirchpl. 7, ✆ 07563/7018
H Johanneshof, Nazenbergstr. 12, ✆ 92150, III
Gh Katrin, Hirschkellerstr. 7, ✆ 1005, III
Gh Rudloph, Alte Salzstr. 42, ✆ 7454, V
Gh Krone, Alte Salzstr. 50, ✆ 1046

Wendlingen

PLZ: 79240; Vorwahl: 07024

H Löwen, Nürtinger Str. 1, ✆ 949-0, VI
H Fair Erbschenk, Unterboihinger Str. 25, ✆ 40592-0, VI
Gh Lamm, Kirchheimer Str. 26, ✆ 7296, V

Winterspüren

PLZ: 78333; Vorwahl: 07771

H Zum Goldenen Ochsen, Zoznegger Str. 2, ✆ 4517, VII
H Foruna, Bahnhofstr. 8, ✆ 91848, VI
H Paradies, Radolfzellerstr. 36, ✆ 3520, VI
H Linde – Bodenseehotel, Goethestr. 23, ✆ 875980, VI
Gh Zum Adler, Leonhardstr. 29, ✆ 3527, V 🅿

Ortsindex

Einträge in *grüner Schrift* beziehen sich aufs Übernachtungsverzeichnis.

A

Aach	22, *169*
Achberg	112
Adrazhofen	126
Aeschach	*173*
Ahausen	72
Allmishofen	126
Altenbeuren	48
Amtzell	142, *169*
Arlen	19
Arnach	135

B

Bad Saulgau	55, *169*
Bad Schachen	99, *174*
Bad Wurzach	130, 134, *170*
Balzhofen	*177*
Bermatingen	72, *170*
Beuren an der Aach	22
Bodman	*170*
Bodolz	104, *170*
Bohlingen	18
Böhringen	*176*
Bolstern	55
Brochenzell	92

Brugg	120, 148
Buflings	*176*
Busenhaus	104

C

Christazhofen	118

D

Daisendorf	70, *170*
Degersee	104
Deisendorf	*178*
Deuchelried	116
Deutwang	40
Dingelsdorf	32

E

Edensbach	138
Eglofs	118, *170*
Eglofstal	148
Ellhofen	161, 164, *170*
Enzisweiler	104
Eriskirch	82, 88, 90, 96, *170*

F

Frenkenbach	68
Freudental	34
Friedrichshafen	76, *170*

G

Gattnau	102

179

Ortsindex

Genhofen	168
Gestratz	120, 148, 164
Goldbach	*178*
Goppertsweiler	114
Göritz	157
Gospoldshofen	130
Göttlishofen	118
Großschönach	40
Grünenbach	145, 163, *171*

H

Hagnau	68, 75, *171*
Hannober	140
Heidenheim	*172*
Heimenkirch	158
Heimhofen	163
Herdwangen-Schönach	40, *172*
Hergensweiler	106, *172*
Hinterstaufen	*176*
Hochbuch	*174*
Hohenfels	*172*
Hopfen	162
Hörbolz	104
Hörbolzmühle	104
Hörbranz	*172*
Hoyren	*174*
Humbrechts	114

I

Immenried	135
Immenstaad	58, 66, 76
Insel Mainau	30

Isny im Allgäu	120, 144, 148, *172*
Itzlings	157

K

Kaltbrunn	35
Kalzhofen	166, *176*
Karsee	138
Kau	82
Kehlen	92
Kißlegg	136, *172*
Kleinschönach	40
Kluftern	60
Konstanz	26, 36
Kressbronn	*172*
Kresssbronn	102

L

Laimnau	86
Lamprechts	*176*
Langenargen	86, *173*
Lengatz	158
Leupolz	137
Leutkirch	126, 128, *173*
Liebenau	93
Liggersdorf	40
Lindau	98, 106, *173*
Lindenberg	150, *174*
Litzelstetten	31
Lochbrücke	91
Ludwigshafen	38, *174*

M

Maierhöfen	144
Mariatal	96
Markdorf	66, 68, 72, *174*
Meckatz	158
Meckenbeuren	*174*
Meersburg	70, 74, *174*
Mellatz	158
Mimmenhausen	48
Mittelhofen	162
Möggingen	34
Mollenberg	106
Moos	*175*
Mühlhausen	24
Mühlhausen-Ehingen	*175*
Mühlhofen	*178*
Mutten	168

N

Neuhaus	152
Neuhäusle	86
Neuravensburg	112
Nieratz	142
Nitzenweiler	103
Nonnenhorn	100, *175*

O

Oberdorf	*173*
Oberhäuser	146
Oberhofen	94
Oberreute	162, *175*
Oberstaufen	166, 168, *175*

Obertalhofen	168
Oberteuringen	62, *176*
Oberuhldingen	*178*
Opfenbach	157, *176*
Owingen	42, *176*

P

Pfingstweid	82
Pfrungen	53

R

Radolfzell	16, *176*
Ratzenried	116
Ravensburg	94
Rentershofen	146
Reute	68
Reuten	99
Riedhausen	53
Riedheim	61
Riedhirsch	146
Riedholz	144
Rielasingen	19
Rielasingen-Worblingen	*176*
Roggenbeuren	64
Röthenbach	146, 164, *176*
Rutzhofen	163

S

Salem	*177*
Sammletshofen	92
Sattelbach	64

Scheffau	152
Scheidegg	151, *177*
Schlachters	107
Schleinsee	103
Schönau	146, 163, *174*
Schwarzenbach	*177*
Sießen	55
Siggen	118, *177*
Simmerberg	161
Singen	20, *177*
Sinswang	168
Starkenhofen	129
Stiefenhofen	162, 168, *177*

T

Taisersdorf	40
Taldorf	62
Taubenberg	104
Tettnang	83, *177*
Thal	153
Thalkirchdorf	*176*
Thumen	106
Trabers	167
Truschwende	130

U

Überlingen	42, 46, *177*
Uhldingen-Mühlhofen	46, *178*
Unterreitnau	104
Untersiggingen	48
Unterteuringen	62
Unteruhldingen	*178*

Urlau	125
Urnau	64

V

Volkertshausen	22

W

Waldburg	138
Wallhausen	32
Wangen	110, 116, 142, *178*
Wasserburg	100, *178*
Weiherstobel	96
Weildorf	48
Weiler	154, *179*
Weißenau	96
Wendlingen	65, *179*
Wilhelmsdorf	52
Wilhelmskirch	63
Winterspüren	39, *179*
Wittenhofen	50
Wohmbrechts	157
Wolfertshofen	158
Wolketsweiler	63

Z

Zech	*174*
Zußdorf	52